Heinz Dedering/Gottfried Feig
Personalplanung und Weiterbildung im Betrieb

Heinz Dedering/Gottfried Feig

Personalplanung und Weiterbildung im Betrieb

Ein Lern- und Arbeitsbuch

DUV Deutscher Universitäts Verlag
GABLER · VIEWEG · WESTDEUTSCHER VERLAG

Die Deutsche Bibliothek — CIP-Einheitsaufnahme

Dedering, Heinz:
Personalplanung und Weiterbildung im Betrieb : ein Lern- und
Arbeitsbuch / Heinz Dedering ; Gottfried Feig. — Wiesbaden :
DUV, Dt. Univ.-Verl., 1993
 (DUV : Sozialwissenschaft)
 ISBN 3-8244-4135-7
NE: Feig, Gottfried P.

Der Deutsche Universitäts-Verlag ist ein Unternehmen der
Verlagsgruppe Bertelsmann International.

© Deutscher Universitäts-Verlag GmbH, Wiesbaden 1993

Das Werk einschließlich aller seiner Teile ist urheberrechtlich geschützt. Jede Verwertung außerhalb der engen Grenzen des Urheberrechtsgesetzes ist ohne Zustimmung des Verlags unzulässig und strafbar. Das gilt insbesondere für Vervielfältigungen, Übersetzungen, Mikroverfilmungen und die Einspeicherung und Verarbeitung in elektronischen Systemen.

Druck und Buchbinder: Rosch-Buch, Hallstadt
Gedruckt auf chlorarm gebleichtem und säurefreiem Papier
Printed in Germany

ISBN 3-8244-4135-7

Inhalt

Vorbemerkungen 9

ERSTER TEIL: BETRIEBLICHE PERSONALPLANUNG ... 21
Einführung 22
a) Inhaltlicher Überblick 22
b) Lernziele 24
c) Literatur zur Einführung und Vertiefung 27

1. **Aufgaben und Bedeutung der betrieblichen Personalplanung** 30
1.0 Fallstudie: Einführung von CNC-Maschinen 30
1.1 Zweck der Personalplanung 32
1.2 Personalplanung im Zusammenhang mit Arbeitsmarkt und Unternehmensplanung 45
1.3 Das System der Personalplanung 53
    Übungsaufgabe 1 74

2. **Personalplanung unter dem Aspekt der Vermittlung von Arbeitsanforderungen und Qualifikationen** 75
2.0 Fallstudie: Personalkostensenkung im Angestelltenbereich 75
2.1 Der Organisations- und Stellenplan als Grundlage der Personalplanung 77
2.2 Anforderungs- und Fähigkeitsprofile 89
2.3 Funktionen und Probleme der Personalinformationssysteme 94
2.4 Stellenbesetzungspläne 109
2.5 Kontrolle des Personaleinsatzes 124
    Übungsaufgabe 2 127

3. **Personalplanung und Betriebsverfassung** 128
3.0 Fallstudie: Stillegung und Neubau einer Gießerei 128

3.1	Beteiligungsrechte des Betriebsrats	129
3.2	Notwendigkeit der Erweiterung der Beteiligungsrechte und aktuelle Möglichkeiten	135
3.3	Institutionelle Voraussetzungen der Personalplanung	141
	Übungsaufgabe 3	144

ZWEITER TEIL: BETRIEBLICHE WEITERBILDUNG 147
Einführung 148
a) Inhaltlicher Überblick 148
b) Lernziele 151
c) Literatur zur Einführung und Vertiefung 153

4.	**Bedeutung und Funktionen der betrieblichen Weiterbildung**	157
4.0	Fallstudie: Personalentwicklung in einem Unternehmen der Fernmeldetechnik	157
4.1	Weiterbildung als Bestandteil der Personalentwicklung	160
4.2	Begründungsansätze und Ziele der Weiterbildung	173
4.3	Zur aktuellen Situation der Weiterbildung	187
	Übungsaufgabe 4	208
5.	**Weiterbildung zwischen Arbeitskraftanpassung und Arbeitsplatzgestaltung**	209
5.0	Fallstudie: Innerbetriebliche Weiterbildung vor Einführung einer neuen Technologie	209
5.1	Instrumentelle Grundlagen	213
5.2	Mitarbeiter- und Führungskräfteschulung	221
5.3	Lernstatt	230
5.4	Modelle zum Partizipationslernen	237

5.5 Weiterbildung durch Beteiligung an der
    Personalplanung 241
    Übungsaufgabe 5 245

6. **Zur Wirksamkeit der betrieblichen Weiterbildung** 246
6.0 Fallstudie: Transferevaluierung eines
    Kommunikations- und Kooperationstrainings 246
6.1 Bedeutung der Evaluation in der Weiterbildung 250
6.2 Methoden der Evaluation 255
6.3 Gegenstände der Evaluation 258
    Übungsaufgabe 6 265

ANHANG 266
Lösungshilfen zu den Übungsaufgaben 266
Verzeichnis der Abbildungen und Übersichten 274
Glossar 277
Literaturverzeichnis 294

Vorbemerkungen

Dieses Buch ist als Einführung in die betriebliche Personalplanung und Weiterbildung gedacht. Da es hierzu eine Fülle von Veröffentlichungen gibt, haben wir es mit einigen Besonderheiten ausgestattet, auf die zunächst einmal hingewiesen sei.
Die ursprüngliche Fassung des Textes waren zwei Studienbriefe für die Fernuniversität - Gesamthochschule - Hagen. Diese haben wir gründlich überarbeitet und erweitert. Insbesondere wurden auch praktische Beispiele und Veranschaulichungen neu aufgenommen. Das nunmehr vorliegende Buch soll einen Einblick in die betriebliche Praxis, aber auch einen Überblick über die entsprechenden Theorien bieten. Außerdem soll es Anregungen geben, mit welchen Perspektiven und Möglichkeiten daran weitergearbeitet werden könnte. Es stehen also instrumentelle Aspekte im Vordergrund.
Didaktisch ist das Lern- und Arbeitsbuch so angelegt, daß es sowohl zum Durcharbeiten von Anfang bis zum Ende geeignet ist als auch zum Lernen mit Auswahl, zur Vermittlung von Kenntnissen über einzelne Themenbereiche. Querverweise zeigen Zusammenhänge auf, Studierhinweise erleichtern die weitere Arbeit, Zusammenfassungen vermitteln einen Überblick und ein Glossar gibt Schnellinformationen über wichtige Begriffe und Sachverhalte. Außerdem ist die Konzeption des Buches der Fallstudiendidaktik verpflichtet. Das bedeutet, daß in jedem Kapitel von einer Fallschilderung ausgegangen wird. Übungsaufgaben finden sich am Ende der Abschnitte, entsprechende Lösungshilfen bietet der Anhang.
Mit den Sach- und Problemdarstellungen dieser Einführung wollen wir einen breiten Leser- und Benutzerkreis ansprechen. Sie soll Studenten der Berufs- und Wirtschaftspädagogik sowie der Erwachsenenbildung dazu dienen, mit Begriffen und Modellen der betrieblichen Personalplanung und Weiterbildung vertraut zu werden und sich hiermit eine Sachkompetenz zum Verständnis und zur Beurteilung eines wichtigen Teilbereichs der Arbeitswelt anzueignen, um auch ihre Lernenden auf die zukünftige bzw.

gegenwärtige Arbeitssituation inhaltlich angemessen vorbereiten zu können. Darüber hinaus wenden wir uns an hauptberufliche und freie Mitarbeiter in der betrieblichen Weiterbildung und in anderen Institutionen der Erwachsenenbildung sowie an Lehrer, die ihr Wissen auffrischen und ergänzen wollen. Schließlich richten wir uns an jene Praktiker in Betrieb und Wirtschaft, die sich auf betrieblichem Parkett möglichst gut informiert bewegen wollen, also (Personal-)Verwaltungsexperten, Betriebsräte, REFA-Fachleute etc.

Nun einige Anmerkungen zu den Zielen und zum Inhalt dieses Lern- und Arbeitsbuches!

Soweit es um die betriebliche Personalplanung geht, sind in den letzten Jahrzehnten starke Veränderungen zu konstatieren.

Zunächst weckte in den 60er Jahren die Knappheit an Arbeitskräften überhaupt erst einmal das Interesse an betrieblicher Personalplanung; im Vordergrund stand somit die Ermittlung des quantitativen Personalbedarfs und die Personalbeschaffungsplanung. In der zweiten Hälfte der 70er Jahre war des öfteren von Personalüberhang die Rede; Personalplanung diente vordringlich dem Personalabbau. Mitte der 80er Jahre gewannen qualitative Personalbedarfsermittlungsmethoden an Bedeutung. Vor dem Hintergrund dieser Entwicklung ist es zu erklären, daß in der betrieblichen Praxis die unterschiedlichsten Modellvarianten bestehen. Anspruchsvolle, formalisierte Personalplanung wird auch heute noch nur relativ selten betrieben. Gründe hierfür sind nicht nur die Größe des Unternehmens, die Beschäftigtenzahl oder die Branchenzugehörigkeit; vielmehr führen Akzeptanzhindernisse dazu, daß Personalplanung für überflüssig oder sogar unmöglich gehalten wird. Neuere Untersuchungen dokumentieren jedoch, daß einige (Groß)-Unternehmen strategische Planung zur Ermittlung des Bedarfs, des Bestandes, der Entwicklung und der Beschaffung des Personals betreiben. Es ist davon auszugehen, daß in Zukunft das betriebliche Personalmanagement professionalisierter wird und sich damit der Einsatz anspruchsvoller Methoden im Bereich der Personalplanung und -führung erhöht.

Die Schwerpunktverlagerung zur qualitativen Personalplanung bedeutete eine direkte Herausforderung der betrieblichen Weiterbildung. Auch sie ist vielfältiger geworden. Eine große Rolle spielt dabei die Zusammensetzung der Belegschaft, die spezifische Form der Arbeitsorganisation, die Beteiligung an Weiterbildung bestimmter Statusgruppen, die Struktur der Weiterbildungsangebote und schließlich auch die jeweilige Unternehmenskultur. Noch Mitte der 70er Jahre hatte man eine patriarchalische Auffassung von betrieblicher Weiterbildung: Weiterbildung als Belohnung. Mittlerweile nimmt die betriebliche Weiterbildung vom Umfang her eine zentrale Position in der Erwachsenenbildung ein. Es wird angenommen, daß nahezu die Hälfte aller Angebote der beruflichen Weiterbildung von den Unternehmen durchgeführt wird.

Seit den 80er Jahren, das belegen wissenschaftliche und betriebliche Quellen, hat die quantitative Expansion der Weiterbildung auch zu einer Diskussion über die Funktionen und Interessendifferenzen geführt. Darüber hinaus wurde erkannt, daß Weiterbildung eine strategische Bedeutung für die Unternehmensentwicklung hat. Die Zielsetzungen der betrieblichen Weiterbildung haben sich im Laufe der Zeit ausgeweitet und differenziert. So soll fachliche Weiterbildung nach Möglichkeit mehreren, gelegentlich sogar unterschiedlichen Arbeitsbereichen dienen. Andererseits findet eine "Verbetrieblichung" von Weiterbildung statt, die auf die Besonderheiten des jeweiligen Betriebes abstellt. Daß hier auch Widersprüche entstehen können, ist klar. Immer deutlicher wird Weiterbildung als ein Beitrag zur längerfristigen Personalentwicklung gesehen und der Wert von sogenannten Schlüsselqualifikationen und einer funktionierenden Unternehmenskultur hervorgehoben. So werden zunehmend Weiterbildungsveranstaltungen gefordert, die der Entwicklung extrafunktionaler Qualifikationen dienen und über eine enge berufliche Qualifizierung hinausgehen. In diesem Zusammenhang werden in steigendem Maße externe Programme mit nahestehenden Weiterbildungsträgern genutzt. In den neuen Bundesländern überwiegt diese Nutzung von Bildungsressourcen, da die Mehrzahl der früheren Betriebsakademien nicht mehr existiert. Verstärkt werden Tarifverträge und Betriebsvereinbarungen zur betrieblichen Weiterbildung abgeschlossen.

Das vorliegende Buch vermittelt erklärtermaßen einen Einblick. Dabei soll jedoch nicht der Eindruck erweckt werden, als gäbe es zur Weiterbildung im Betrieb abgeschlossene Konzeptionen. Gerade vom Gegenteil muß man überzeugt sein, wenn man die hierzu im Jahre 1990 erschienenen Gutachten aus der Sicht der Arbeitgeber und Arbeitnehmer betrachtet. Hier wird ein erheblicher Forschungsbedarf auf dem Gebiet der betrieblichen Weiterbildung identifiziert.

So müssen sich nach Auffassung des Instituts der Deutschen Wirtschaft (IW) die Forschung und Weiterentwicklung zunächst auf die "Grundlagen der Weiterbildung" beziehen. Das bedeutet, daß erst einmal Daten zur Struktur der Angebote und Anbieter, zu den Teilnehmerzahlen und zur Teilnehmerstruktur (demographische Entwicklung, Schulbildung, berufliche Qualifikation, Stellung im Betrieb, die Formen der Weiterbildung, Dauer, zeitliche Lage, Inhalte, Abschlüsse und die Organisationformen) gewonnen werden müssen. Bereits diese Punkte verweisen darauf, daß eine repräsentative Erfassung betrieblicher Weiterbildungsaktivitäten bis heute noch aussteht (vgl. IW 1990).

Selbst Fragen grundsätzlicher Art, so etwa, warum Unternehmen Weiterbildung betreiben und warum Mitarbeiter auf Weiterbildung verzichten, welche Hemmnisse überhaupt bestehen, betriebliche Weiterbildung in Angriff zu nehmen bzw. aufzubauen, oder ob sich Unterschiede auch durch die Unternehmensphilosophie erklären bzw. begründen lassen, müssen noch geklärt werden.

Insbesondere bei dem immer bedeutungsvoller werdenden Komplex "Technik und Weiterbildung" ist zunächst einmal zu fragen, welche Qualifikationsanforderungen sich unter dem Gesichtspunkt verschiedener, untereinander verknüpfter Techniken ergeben, wie sich Schlüsselqualifikationen verbessern lassen, welche Wirkungen die Qualifizierungsforschung selbst auf die Technik hat, wie die Abstimmung von betriebsspezifischem Wissen und Grundwissen zu vermitteln ist usw. Bei den Arbeitgebern setzt sich immer mehr die Meinung durch, daß die Qualifikationen, die im Betrieb verfügbar sind oder auch erst entwickelt werden müssen, einen Wettbewerbsfaktor erster Ordnung darstellen. Grundsätzlich hängt der Einsatz von Technik auch von dem Potential an vorhandenen Qualifikationen ab. Insofern ist auch von einer Wechselwirkung zwischen Qualifikationen und der Unternehmensentwicklung auszugehen.

Bei der Weiterbildung von Führungskräften, Planern und Entscheidungsträgern geht es den Arbeitgebern heute vor allem darum, sie zur Anwendung moderner Organisationsformen zu qualifizieren. Die Forschungsschwerpunkte zu den Kosten und zur Nutzung der Weiterbildung sollen sich nach Ansicht des Instituts der Deutschen Wirtschaft hauptsächlich auf die erheblichen Unterschiede zwischen den einzelnen Branchen und innerhalb der Branchen auf die einzelnen Unternehmen beziehen; hier spielen Kostenerfassung, Bedarf, Unternehmensphilosophie und wirtschaftliche Potenz eine große Rolle. Darüber hinaus sind Methoden zur Qualitätsmessung zu verbessern und zu evaluieren. Dem Gutachten zufolge zeigen sich Schwächen in der Ermittlung des "objektiven" und "subjektiven" Weiterbildungsbedarfs, in der Auswahl der Teilnehmer, in der mangelnden Transparenz der Weiterbildungsangebote und schließlich in der Evaluation und im Transfer durch Multiplikatoren. Wenn schon davon die Rede ist - so die Gutachter -,daß Weiterbildung explizit an der Unternehmensplanung und der Investitionsplanung auszurichten ist, dann ist ein entsprechendes konsistentes System zu bilden, das sich zudem durch Methodenvielfalt auszeichnet.

Als ein spezielles Problem wird die Verbesserung des Weiterbildungsverhaltens im Handwerk betrachtet. Insbesondere hier wird bei der Bedarfsentwicklung gefragt, welche Qualifizierungsfelder sich innerbetrieblich überhaupt bewältigen lassen bzw. es muß geklärt werden, wie betriebsinterne und betriebsexterne Weiterbildung miteinander kooperieren können.

Als ein gravierendes Problem sehen die Gutachter an, die Effektivität der betrieblichen Weiterbildung zu messen, denn noch steht die Entwicklung praktikabler Controller-Konzepte aus, die sowohl betriebswirtschaftlichen als auch arbeitspädagogischen Anforderungen gerecht werden. Die zielgruppenspezifischen Fragen betrieblicher Weiterbildung beziehen sich aus der Sicht des Instituts vor allem darauf, wie weit das Interesse auf Themen, Organisationsformen und Lernorte der verschiedenen Mitarbeitergruppen gerichtet ist und wie die Weiterbildungsmotivation sowie das Durchhaltevermögen verbessert werden kann. Im Bereich der Weiterbildung von Facharbeitern, technischen und kaufmännischen Angestellten spielt auch heute noch die Frage eine große Rolle, welche künftigen Qualifikationsdefizite sich abzeichnen. Die Entwicklung ist abhängig von der Art, vom Umfang und von der Ausbreitungsgeschwindigkeit der jeweiligen Technik. Zum Problem wird hierbei aber oft, daß die zukünftige Entwicklung der jeweiligen Technik und vor allem ihre Anwendung im Betrieb relativ ungewiß ist.

Im didaktischen Bereich ergeben sich aus der Sicht der Arbeitgeber vor allem vier Fragestellungen bzw. Probleme: (1) Die Möglichkeiten des Transfers von Erfahrungen des Methodeneinsatzes aus dem schulischen Bereich in den betrieblichen Weiterbildungssektor sind begrenzt; (2) das Methodenproblem ist nur lückenhaft aufgearbeitet; (3) evaluierte Ergebnisse sind wegen der sich ständig verändernden Lernziele nur von zeitgebundener Relevanz; (4) es ist fraglich, ob ermittelte Forschungsergebnisse generalisierbar sind. Hinzu kommt, daß ein unübersichtlicher Weiterbildungsmarkt bisher dem Anliegen gegenübersteht, Angebot und Nachfrage optimal aufeinander abzustimmen.

Die Sicht der Arbeitnehmer von Personalplanung und Weiterbildung ist neuerdings vor allem vom Soziologischen Forschungsinstitut (SOFI) aufgezeigt worden (vgl. BAETHGE u.a. 1990). Es wird u.a. konstatiert, daß Lernpsychologie, Sozialisationstheorie, Didaktik, Bildungssoziologie und - ökonomie unzureichend auf betriebliche Lernprozesse bezogen sind. Zudem befürchtet das SOFI, daß sich die sogenannte Segmentation und damit die Benachteiligung bildungsferner Schichten weiter verschärft. Das würde bedeuten, daß Disparitäten zugunsten bereits Qualifizierter oder Privilegierter sich noch verstärken. Entscheidend ist also aus SOFI-Sicht, wie weit bisher benachteiligte Arbeitnehmer als Zielgruppen berücksichtigt werden, ob - über die unmittelbaren Anforderungen hinaus - berufsfachliche und soziale Inhalte vermittelt werden, um den Menschen verbesserte Berufschancen zu geben. Schließlich muß hiernach geklärt werden, wie weit die Beteiligung der betrieblichen Interessenvertretung bei der Maßnahmengestaltung zur Personalplanung und betrieblichen Weiterbildung gesichert ist. Die Stärkung der öffentlichen Verantwortung für diesen Sektor ist z.b. eine Forderung, die über das Interesse des Instituts der Deutschen Wirtschaft hinausgeht.

Dem gesellschaftlichen Bedeutungsgewinn von Personalplanung und betrieblicher Weiterbildung stehen also - sowohl aus Arbeitgeber - wie auch aus Arbeitnehmersicht - eine Fülle von Defiziten und Disparitäten gegenüber. Um so notwendiger ist eine intensive Auseinandersetzung in Wissenschaft und Praxis mit diesem Problemkomplex. So ist die vorliegende Einführung auch als ein Versuch zu verstehen, betriebliche Personalplanung und Weiterbildung als zukunftsorientierte Instrumente zu charakterisieren, mit denen einige immer wichtiger werdende Probleme und strukturelle Veränderungen der modernen Industriegesellschaft besser bewältigt werden können. Nur - von diesen Instrumenten müssen auch jene Arbeitnehmer erfaßt werden, die bisher von adäquater Qualifizierung ausgeschlossen waren. Insbesondere in den neuen Bundesländern wird ein solches Denken vonnöten sein, denn mit den dramatischen Einbrüchen am Arbeitsmarkt werden sich auch die Berufs- und Qualifikationsgefüge verschieben, und es ist zu befürchten, daß sich die in den alten Bundesländern zu beobachtenden Selektionsprozesse hier wiederholen, allerdings viel schneller.

Natürlich sind die Interessen an Weiterbildung von Unternehmern einerseits und Arbeitnehmern andererseits recht unterschiedlich, teilweise überschneiden sie sich aber auch. So ist etwa betriebliche Weiterbildung im Rahmen der Personalentwicklung nicht unbedingt darauf angelegt, die Mobilitätschancen der Arbeitnehmer zu verbessern; andererseits wird zunehmend auf "extrafunktionale" Qualifikationen Wert gelegt und versucht, sozialkommunikative Befähigungen sowie Kooperationsfähigkeit zu fördern, Qualifikationen also, die durchaus die Mobilität der Arbeitskräfte erhöhen.

In dem bereits erwähnten Gutachten des Instituts der Deutschen Wirtschaft ist deutlich die Rede davon, daß Bildung nicht auf Erkenntnisgewinn oder Erweiterung von Fähigkeiten und Fertigkeiten zu beschränken ist, sondern auch Handlungsnormen und eine Werthaltung vermittelt werden sollen. Diese Werthaltung soll auf "Lebensoptimismus, Zukunftsbejahung und Fortschrittshoffnung" zielen, denn sonst würde mit der notwendigen "Prozeß- und Produktinnovation" nicht zu rechnen sein. Aber es müßten auch - so das Wirtschaftsinstitut - die strukturellen Veränderungen aktiv gestaltet werden. Dazu bedürfe es "verantwortungsvoller, kritikfähiger und selbstbewußter Persönlichkeiten". Da sich die Weiterbildung am Bedarf orientiere, müsse sie - viel stärker als sie es heute ist - "integrierbarer und wichtiger Bestandteil" des Gesamtbildungssystems sein. Betriebliche Weiterbildung müsse "gesellschaftspolitische Weiterbildung" im Sinne einer Unternehmenskultur sein, die von einer "notwendigen Perspektive zur Analyse betrieblicher Strukturen und Prozesse" ausgeht. Sie würde immer mehr in die Verantwortlichkeit des einzelnen gegeben, nicht nur als "Bringschuld" der Unternehmen und der öffentlichen Hand. Aus- und Weiterbildung sollten in längerfristigen Konzepten stärker miteinander verzahnt werden.

Die betriebliche Realität sieht jedoch - jenseits dieser Forderungen - teilweise noch ganz anders aus: So wird betriebliche Weiterbildung auch heute noch nicht selten ausschließlich unter Kostengesichtspunkten betrachtet; folglich wird viel zu wenig dafür ausgegeben. Manchmal wird betriebliche Weiterbildung sogar als ein Belastungsfaktor angesehen und nicht erkannt, daß mit dem gewohnten Baukasten betriebswirtschaftlicher und technischer Methoden zukünftige Problemstellungen nicht oder nur ungenügend bewältigt werden können. Auch werden viele Maßnahmen - vor allem in kleineren Unternehmen - ad hoc und mehr improvisiert als geplant durchgeführt und sie werden nur in die Wege geleitet, wenn auf Engpaßsituationen reagiert werden muß. In der Theorie ist mittlerweile ziemlich klar der Zusammenhang von betrieblicher Personal- und Organisationsentwicklung mit der Unternehmensplanung erkannt worden, in der betrieblichen Praxis hingegen wird Weiterbildung oft der Technik- und Investitionsplanung nachgeordnet. Ergebnis dieser Denk- und Planungsweise ist eine technikfixierte Anpassungsqualifizierung. Da sie nur reaktiv durchgeführt wird, besteht die Gefahr, daß sie zum Engpaßfaktor beim Einsatz neuer Technologien wird. Man kann also feststellen, daß Weiterbildungsmaßnahmen bei Innovationsprozessen auch heute noch nur in Ausnahmefällen prospektiv und gleichwertig einbezogen werden. Andererseits ist klar, daß die wirtschaftliche, technische und soziale Entwicklung ihre Dynamik nur behalten wird, wenn die dafür erforderlichen Qualifikationen existieren bzw. potentialorientiert entwickelt werden. Steigender Termin- und Preisdruck, erhöhte Anforderungen an die Qualität der Produkte, allgemein die Sicherung oder sogar Erhöhung der Wettbewerbsfähigkeit zwingen die Unternehmen, neue Strategien der Fertigungsabläufe, der Qualitätsproduktion und -kontrolle zu entwickeln. Da das erforderliche Personal nicht im gewünschten Maße auf dem Arbeitsmarkt zur Verfügung steht, müssen die entsprechenden Qualifikationen im Betrieb selbst entwickelt werden. Diese Situation bietet Möglichkeiten, unternehmerische Interessen mit denen von Arbeitnehmern an einer transparenten und gut organisierten Weiterbildungsorganisation zur Deckung zu bringen. Ein gutes Beispiel ist die Veränderung der Produktionsformen. Es wird auf diesem Feld - wieder einmal - von einer neuen industriellen Revolution gesprochen, die uns bevorsteht, und - nicht zum ersten Mal - aus Japan kommt: die sogenannte schlanke Produktion (lean production). Es werden dabei weniger Standardprodukte hergestellt, dafür mehr individuell den Kundenwünschen angepaßte Einzelstücke. Experten sagen dem Handwerk eine Renaissance voraus, allerdings eingebettet in die Organisationsform der Industriebetriebe. Freilich wird die Fließbandfertigung mit ihrer Arbeitsteilung in kleine und kleinste Arbeitsvorgänge damit nicht ganz hinfällig; allerdings wird sie sich zukünftig auf die Fertigung großer Serien bei Produkten beschränken, die aus nur wenigen Teilen bestehen. Wo jedoch die Kunden individuellere Lösungen verlangen und deshalb kleinere Losgrößen in der Produktion notwendig sind - dies ist ein Trend, der heute weltweit in der Wirtschaft vorherrscht - sind flexiblere Arbeitsorganisationen gefragt. Bei der schlanken Produktion werden in diesem Sinne weniger Standardprodukte hergestellt, dafür mehr individuell den Kundenwünschen angepaßte Einzelstücke. 'Schlank' ist diese Produktion aber auch, weil sie vor allem weniger einsetzt als traditionelle Produktion: Sie erfordert vielleicht die Hälfte des Personals, die Hälfte der Investition in Werkzeuge, die Hälfte der Produktions- und Lagerfläche und - bei guter Organisation - die Hälfte der Zeit für die Entwicklung eines neuen Produkts. (Allerdings entstehen dadurch neue Probleme und Abhängigkeiten bei der Zulieferindustrie). Man muß auch berücksichtigen, daß es den Fabrikarbeiter als kritiklosen Befehlsempfänger heute kaum noch gibt. Die Arbeitnehmer lehnen zunehmend Tätigkeiten ab, die ihnen sinnentleert erscheinen, sie möchten besser informiert sein, vielleicht auch besser organisiert. Auf der anderen Seite werden Massenprodukte zukünftig immer schlechter abzusetzen sein, auch im Konsum wird also Individualität sichtbar werden.

Für die Produktionsorganisation bedeutet das, daß qualifizierte Mitarbeiter in Gruppen arbeiten, an flexiblen, computergesteuerten Maschinen, statt vereinsamt an monotonen Fließbändern. Vorreiter auf diesem Gebiet ist die Autoindustrie, die sich immer wieder als Trendsetter innovativer Prozesse erweist. Auch in Europa lassen sich Manager von der neuen Produktionsmethode inspirieren - mit allen qualifikatorischen Folgen. In einigen deutschen Autofirmen wird zur Zeit das Fließband durch flexible Montagesysteme und Gruppenarbeit ersetzt. Opel Bochum will bis 1993 70%

der Belegschaft in teilautonomen Arbeitsgruppen produzieren lassen. Bei VW in Salzgitter und Kassel arbeiten mehrere tausend Menschen in dieser Gruppenorganisation. Ähnliche Entwicklungen gibt es bei Daimler Benz, Audi und BMW und bisher ansatzweise im Maschinenbau. Mit der Veränderung der Produktionsorganisation ist die Übertragung von Verantwortung in die Arbeitsgruppe verbunden; Voraussetzung dafür ist eine entsprechende Qualifikation, die wiederum verstärkte Weiterbildungsanstrengungen erfordert.

Die Vollendung des EG-Binnenmarktes wird diese Entwicklung weiter forcieren, denn dessen Erfolg wird von der Wettbewerbsfähigkeit der Unternehmen und damit zum großen Teil von den Qualifikationen der Arbeitnehmer abhängen.
Am 5. Juni 1989 verabschiedete der EG-Rat eine Grundsatzentschließung zur beruflichen Weiterbildung, in der deren Rolle als "maßgebender Faktor der Wirtschafts- und Sozialpolitik bei der (EG-)Strategie zur Vollendung des Binnenmarktes bis zum Jahr 1992" bestätigt wurde. Am 9. Dezember 1989 legten die Staats- und Regierungschefs der Mitgliedstaaten eine "Gemeinschaftscharta der sozialen Grundrechte der Arbeitnehmer" fest. In dieser Charta ist nicht nur ein Bekenntnis zur Bedeutung der beruflichen Weiterbildung enthalten, sondern ein konkreter Rechtsanspruch jedes Arbeitnehmers auf Weiterbildung, dem entsprechende Verpflichtungen der EG-Staaten und insbesondere der Wirtschaft gegenüberstehen. Vor dem Hintergrund dieser Beschlüsse hat die EG-Kommission im Auftrag des Rates Ende 1989 ein "Aktionsprogramm zur Förderung der beruflichen Weiterbildung in der EG" vorgelegt, das am 29. Mai 1990 vom Rat beschlossen worden ist. Das Aktionsprogramm trägt den Namen FORCE und läuft seit dem Januar 1991. Bei diesem Programm spielen die sozialen Komponenten der Weiterbildung eine wichtige Rolle, d.h. daß es nicht in erster Linie um Zusatzqualifikationen für hochspezialisierte Fachkräfte geht, sondern um den Schutz vor und den Abbau von Arbeitslosigkeit. In dieses Bildungsprogramm sind die Sozialpartner und die Kammerorganisa-

tionen, aber auch die Unternehmen einbezogen. Man kann davon ausgehen, daß die Gemeinschaft auch künftig ihre Programme im Bereich der beruflichen und damit auch der betrieblichen Weiterbildung ausbauen wird. Allerdings sind die Initiativen in der Vergangenheit eher punktuell und experimentell angelegt als flächendeckend.

Aus einer Stellungnahme einer Arbeitsgruppe aus Vertretern der Europäischen Gewerkschafts- und Arbeitgeberverbände und der EG-Kommission, die im Rahmen des "Sozialen Dialogs" nach Artikel 118 b der Römischen Verträge berät, geht hervor, daß es noch erhebliche Qualifizierungsdefizite in Europa gibt, die sich in den Unternehmen bemerkbar machen. Effiziente Berufs- und Erwachsenenbildung setzt nach Meinung dieser Experten u.a. die Festlegung von Ausbildungsplänen oder -programmen voraus, die nach Möglichkeit breit angelegt sein sollen und eine Weiterbildung in Wirtschafts- und Sozialfragen anbieten. Man ist überzeugt davon, daß nur die Unternehmen erfolgreich und wettbewerbsfähig sein werden, die in der Lage sind, qualitätsmäßig auf hohem Niveau stehende berufliche Weiterbildung durchzuführen und darüber hinaus zulassen, daß vorweg Arbeitnehmer und Arbeitnehmerinnen und/oder ihre Vertretungsorgane eingehend mitwirken.

Unternehmen, die solche Programme nicht vorsehen bzw. anbieten, werden auf Dauer kaum in der Lage sein, Arbeitnehmer mit den gewünschten und erforderlichen Qualifikationen anzuwerben oder zu halten. Hier tauchen Fragen auf, die auch in Deutschland noch nicht beantwortet sind. Hinzu kommen aber auch noch neue Probleme, die sich auf die Formen, Finanzierung, Rechtsgrundlagen, Zertifizierungsmöglichkeiten der verschiedenen Weiterbildungssysteme beziehen.

ERSTER TEIL: BETRIEBLICHE PERSONALPLANUNG

EINFÜHRUNG

a) INHALTLICHER ÜBERBLICK

Im ersten Teil ist der Problemzusammenhang von *Qualifikationen* als Angebot der Arbeitnehmer und *Arbeitsanforderungen* als Nachfrage der Unternehmen zentraler Gegenstand. Auf der Ebene des Betriebes sind die Komplexe 'Arbeitsanforderungen' und 'Qualifikationen' in den Gegensatz zwischen den Rentabilitätsinteressen des Arbeitgebers und den Sicherheits- und Verbesserungsbedürfnissen der Arbeitnehmer hinsichtlich ihrer sozialen Situation im allgemeinen und ihres Arbeitsplatzes im besonderen gestellt. Die *betriebliche Personalplanung* ist im Idealfall ein integrierter Teil der Unternehmensplanung und ein Instrument, mit dem zukunftsbezogene Beziehungen zwischen den arbeitenden Menschen und den Arbeitsplätzen geregelt werden; insofern vermittelt sie zwischen den widersprüchlichen Interessen von Arbeitgeber und Arbeitnehmern. Entsprechend bezieht sich dieser Teil auch auf die Frage, wie die Vermittlung innerhalb dieser Spannungszonen möglich ist.

Mit der Betonung des speziellen Aspekts der Abstimmung zwischen Arbeitsanforderungen und Qualifikationen wird der Tatsache entsprochen, daß diese qualitative Aufgabe der Personalplanung - neben ihrer quantitativen - im Zuge des verschärften Prozesses der Rationalisierung und der seit etwa 1974 in ihrem Kern sich verfestigten Massenarbeitslosigkeit immer mehr an Bedeutung gewonnen hat: Es wurde deutlich, daß die negativen Wirkungen technischer und organisatorischer Rationalisierungen in den Unternehmen nicht nur in *Versetzungen* und *Entlassungen* bestehen, sondern daß damit - neben *steigenden Belastungen* - *Qualifikationsentwertungen* bis hin zur völligen *Substitution der Arbeitsqualifikation* durch die Technik verbunden sind. Das hierfür häufig zitierte Beispiel des Druckerstreiks in den Jahren 1977 und 1978 zeigt besonders deutlich den Zusammenhang zwischen der technischen Entwicklung in der Satzherstellung (regelgesteuerte Textsysteme in Form von Foto- und Lichtsatzgeräten an Stelle des 'traditionellen' Bleisatzes) und den Anforderungen an die Qualifikation der betroffenen Arbeitskräfte, insbesondere der Schriftsetzer, deren Funktionen durch technische Geräte vollständig ersetzt wurden. Solche Wirkungen sind freilich nicht auf die Druckindustrie beschränkt; vielmehr ist die 'neue Technik', vor allem in Form der EDV, der *Mikrocomputer* und neuer Nachrichtenübertragungstechniken in der Lage, die komplizierten Arbeitsabläufe prinzipiell in sämlichten Produktions- und Verwaltungsbereichen aller Wirtschaftszweige zu steuern, so daß *verbreiteter Arbeitsplatzverlust* und *weitreichende Dequalifikation* in der deutschen Wirtschaft als reale Möglichkeit gegeben sind.

Angesichts dieser Gefahren versuchen die Gewerkschaften und die Interessenvertreter der Arbeitnehmer im Betrieb, die Personalplanung als *'Frühwarnsystem'* einzusetzen, als Instrument zur frühzeitigen Beeinflussung der unternehmerischen Beschäftigungs- und Bildungspolitik. Demgegenüber verstehen die Unternehmer die Personalplanung häufig gerade als *Rationalisierungsinstrument*, als Mittel zum reibungslosen Personalabbau bei gleichzeitiger Erhöhung der Arbeitsleistung. Im Mittelpunkt ihrer Bemühungen steht die Einsparung von Personal durch die Realisierung von technischen Rationalisierungsmaßnahmen und anderen technisch-organisatorischen Veränderungen - letzten Endes also der Ersatz von menschlicher Arbeit durch Kapital. Damit ist bereits angedeutet, daß es sich bei der betrieblichen Personalplanung um eine *(Sozial-)Technik* handelt, um ein Instrument zur Erreichung bestimmter Ziele.

Entsprechend stehen in diesem Teil Fragestellungen *instrumenteller* Art im Vordergrund. Im einzelnen werden der *Organisations- und Stellenplan* als Bezugsgrundlage der betrieblichen Personalplanung beschrieben, zur Abstimmung der Anforderungs- und Fähigkeitsprofile Stellung genommen, die verschiedenen *Stellenbesetzungspläne* als konkreter Niederschlag des Profilvergleichs vorgestellt und den Möglichkeiten der Kontrolle des Personaleinsatzes nachgegangen (Kapitel 2). Um diese Erörterungen aber verstehen und einordnen zu können, sind zuvor Informationen über die *allgemeinen Aufgaben* und die Bedeutung der Personalplanung für Betrieb und Gesellschaft notwendig (Kapitel 1). Da die *Beteiligungsrechte des Betriebsrats* - dem betrieblichen Interessenvertretungsorgan der Arbeitnehmer - bei der Personalplanung begrenzt sind und die Personalplanung ihre Aufgabe des Interessenausgleichs infolgedessen i.d.R. nur teilweise erfüllen kann, wird - über die Darstellung der Mitwirkungs- und Mitbestimmungsrechte hinaus - nach den aktuellen Möglichkeiten zur *Erweiterung dieser Rechte* und nach dem *institutionellen Rahmen* gefragt, in dem die Zusammenarbeit zwischen Arbeitgeber und Betriebsrat erfolgen könnte (Kapitel 3).

b) LERNZIELE

b1) ALLGEMEINE LERNZIELE

Wenn Sie den ersten Teil durchgearbeitet haben,

- verfügen Sie über grundlegende Kenntnisse über das Instrument 'betriebliche Personalplanung', insbesondere über seine Vermittlungsfunktion zwischen objektiven Arbeitsanforderungen und subjektiven Qualifikationen;

- vermögen Sie ansatzweise die Bedeutung der Personalplanung in der gegenwärtigen, durch forcierte Rationalisierung gekennzeichneten ökonomischen Situation der Bundesrepublik und im Spannungsfeld von Arbeitgeber- und Arbeitnehmerinteressen zu beurteilen und die Benachteiligung der lohnabhängig Beschäftigten gegenüber dem Arbeitgeber (auch) durch die betriebliche Personalplanung zu erkennen, so daß Sie möglicherweise auch in bezug auf Inhumanität und soziale Ungerechtigkeit in der Arbeitswelt sensibilisiert sind;

- sind Sie in der Lage, an einzelnen Personalplanungsmaßnahmen mitzuwirken.

b2) SPEZIELLE LERNZIELE

Bezogen auf die Inhaltskomplexe des ersten Teils besitzen Sie nach ihrer Durcharbeitung folgende Fähigkeiten:

AUFGABEN UND BEDEUTUNG DER BETRIEBLICHEN PERSONALPLANUNG

- Sie wissen, warum Personalplanung in den Unternehmen betrieben wird; Sie sind über die wichtigsten Zusammenhänge zwischen Personalplanung und öffentlichem Arbeitsmarkt sowie zwischen Personalplanung und der übrigen Unternehmensplanung informiert, und Sie kennen die Teilbereiche der Personalplanung, ihre Aufgaben und ihre Beziehungen zueinander;

- Sie können die Personalplanung als Instrument des Interessenausgleichs zwischen Arbeitgeber und Arbeitnehmern bewerten. Sie vermögen einzusehen, daß die Personalplanung dabei nur ein Hilfsmittel sein kann;

- Sie sind fähig, an der Entscheidung über die Organisation einer praktikablen Personalplanung mitzuarbeiten;

PERSONALPLANUNG UNTER DEM ASPEKT DER VERMITTLUNG VON ARBEITSANFORDERUNGEN UND QUALIFIKATIONEN

- Sie kennen den Abstimmungsprozeß von Arbeitsanforderungen und Qualifikationen und besitzen grundlegende Informationen über den Organisations- und Stellenplan mit den Stellenbeschreibungen in deren Funktion als zentrale Grundlage der Personalplanung, über Anforderungs- und Fähigkeitsprofile und ihre Abstimmung, über die Stellenpläne und deren Änderungen bei Verschiebungen in den Anforderungs- und Fähigkeitsprofilen, über die Funktionen und zentralen Probleme der Personalinformationssysteme sowie über die wichtigsten Instrumente der Personaleinsatzkontrolle;

- Sie sind in der Lage, die verschiedenen Planungsmittel im Hinblick auf den Aspekt der Arbeitshumanisierung zu beurteilen, und Sie sind von der Notwendigkeit der weiteren Humanisierung der Arbeitswelt überzeugt;

- Sie können die Erstellung der Planungsmittel sachverständig verfolgen und dabei Hinweise zu ihrer Gestaltung geben;

PERSONALPLANUNG UND BETRIEBSVERFASSUNG

- Sie kennen die Beteiligungsrechte des Betriebsrats und einige Möglichkeiten zu ihrer Erweiterung und wissen, welche Aufgaben Personalplanungsausschüsse übernehmen können und wie sie besetzt sind;

- Sie können die Beteiligungsrechte des Betriebsrats bei der Personalplanung daraufhin beurteilen, ob sie zur Realisierung des Interessenausgleichs zwischen Arbeitgeber und Arbeitnehmern im allgemeinen und zur Abstimmung von Arbeitsanforderungen und Qualifikationen ausreichen; Sie vermögen festzustellen, daß die Beteiligungsrechte erweitert werden müssen und sie sind in der Lage, die besondere Bedeutung betriebsnaher Maßnahmen zur Realisierung von mehr Mitbestimmung im Bereich der Personalplanung einzuschätzen;

- Sie sind von der Zweckmäßigkeit von Personalplanungsausschüssen überzeugt;

- Sie verfügen über grundlegende Fähigkeiten zur Mitwirkung an der Entscheidungsfindung bei personellen Maßnahmen und ihrer Kontrolle.

c) LITERATUR ZUR EINFÜHRUNG UND VERTIEFUNG

c1) EINFÜHRENDE LITERATUR

DEDERING, H.: Personalplanung und Mitbestimmung. Opladen 1972

EMRICH-OLTMANNS, S. u.a.: Arbeitsbuch Personalplanung - 6 Lernprogramme -, Rationalisierungs-Kuratorium der Deutschen Wirtschaft. Frankfurt a.M. 1978

HENTZE, J.: Personalwirtschaftslehre, Bd. 1+2. Bern/Stuttgart 1989[4]

IG-METALL: Personalplanung - Seminare für Arbeitnehmervertreter, Teil A - D, Rationalisierungs-Kuratorium der Deutschen Wirtschaft. o.O., o.J.

MAG, W.: Hemmnisse und Fortschritte bei der Entwicklung der Personalplanung in der Bundesrepublik Deutschland. In: Schmalensbachs Zeitschrift für betriebswirtschaftliche Forschung, Jg. 37, H. 1, 1985, S.3-25

RKW-Handbuch: "Praxis der Personalplanung", Teil I - X, Rationalisierungs-Kuratorium der Deutschen Wirtschaft. Neuwied/Darmstadt 1978

SCHOLZ, C.: Strategische Personalplanung In: Personalwirtschaft, Jg. 11, H. 8, 1984, S. 261-266

SEYER, K.P.: Aus der Praxis der Personalplanung und Personalentwicklung. In: DÜRR, W. u.a. (Hrsg.): Personalentwicklung und Weiterbildung in der Unternehmenskultur. Baltmannsweiler 1988, S. 65-79

WIMMER, P.: Personalplanung: Problemorientierter Überblick - Theoretische Vertiefung. Stuttgart 1985

c2) VERTIEFENDE LITERATUR

BARDENS, R.E.: Personalplanung und CIM. In: CIM Management, H. 1, 1988, S. 41-47

BRESSER, P.: Personalbedarf der Arbeitsplanung. Berlin 1985

DRUMM, H.J./SCHOLZ, C.: Personalplanung: Planungsmethoden und Methodenakzeptanz. Bern/Stuttgart 1983

DYBOWSKI, G./HERZER, H./SONNTAG, KH. (Hrsg.): Strategien qualitativer Personal- und Bildungsplanung bei technisch-organisatorischen Innovationen. Frankfurt a.M. 1989

MEIRITZ, W.: Eignungsorientierte Personaleinsatzplanung. Frankfurt a.M. 1984

OECHSLER, W.: Personal und Arbeit - Einführung in die Personalwirtschaft. München/Wien 1985

RÖTHIG, P.: Zum Entwicklungsstand der betriebswirtschaftlichen Personalplanung. In: Die Betriebswirtschaft, Jg. 46, H. 2, 1986, S. 203-223

SEIBT, D./MÜLDER, W. (Hrsg.): Methoden- und computergestützte Personalplanung. Köln 1986

STAUDT, E.: Die Führungsrolle der Personalplanung im technischen Wandel. In: Zeitschrift Führung und Organisation, Jg. 53, H. 7, 1984, S. 395-399, S. 402-405

ZINK, K.J. (Hrsg.): Personalwirtschaftliche Aspekte neuer Technologien. Berlin 1985

1. AUFGABEN UND BEDEUTUNG DER BETRIEBLICHEN PERSONALPLANUNG

1.0 FALLSTUDIE: EINFÜHRUNG VON CNC-MASCHINEN[1]

Bei der Maschinenbau MAIER KG sind 1350 Arbeitnehmer beschäftigt. Sie arbeiten zum überwiegenden Teil seit zwei Jahren zehn Stunden täglich auf freiwilliger Basis, ohne daß der Betriebsrat im Einzelfall der Mehrarbeit vorher noch zustimmt. Die Belegschaft, aber auch der Betriebsrat erfahren aus der Tageszeitung, daß technische Änderungen vorgesehen sind. Es wird die Einführung von CNC-Maschinen^x angedeutet. Diese Änderung wird auf längere Sicht zu Einsparungen von Arbeitsplätzen führen müssen. Auf Rückfrage wird dem Betriebsrat von der Unternehmensleitung bestätigt, daß durch Änderung der Produktion Arbeitsplätze frei bzw. verändert werden. Es sei aber zur Zeit noch nicht möglich, konkrete Aussagen zu machen. Das bisherige Arbeitszeitangebot von zehn Stunden solle bis zur Umstellung bestehen bleiben. Ein Grund zur Sorge bestehe nicht. Drei Monate später wird in der Halle X mit umfangreichen Fundamentarbeiten begonnen. Die gewerkschaftlichen Vertrauensleute der Abteilung befragen das zuständige Betriebsratsmitglied, was das zu bedeuten habe. Zunächst weiß auch das Betriebsratsmitglied nichts Genaues, erst bei der Diskussion im Betriebsratszimmer wird vermutet, daß diese Arbeiten etwas mit der angekündigten Produktionsänderung zu tun haben könnten.

Es wird eine Sitzung bei der Unternehmensleitung beantragt und um Aufklärung gebeten. Eine Woche später findet die vereinbarte Sitzung statt. Dort wird erklärt:

"Die Planung ist soweit abgeschlossen, daß ein klarer Überblick gegeben ist. Nach dem jetzigen Stand müssen von den 134 Arbeitnehmern der Halle X 60 Arbeiter und 4 Angestellte mit Ablauf von drei Monaten aus-

---

1) In Anlehnung an: IG METALL o. J., Teil C. S. 7f.
x) Die mit einem ^{x} versehenen Wörter werden im Glossar erklärt.

geschieden sein. 35 Arbeitnehmer sollen durch eine zusätzliche Ausbildung Kenntnisse vermittelt bekommen, um eine Übernahme für die neuen Aufgaben zu ermöglichen. 35 Arbeitnehmer können ohne besondere Umschulung in eine andere Abteilung versetzt^x werden. Durch die Umstellung werden nach der geplanten Betriebsversammlung keine Überstunden mehr angeboten. Das bedeutet, daß lediglich 8 Stunden täglich gearbeitet wird. Nur die mit der Vorbereitung der Umstellung beschäftigten Arbeitnehmer müssen zur Verfügung stehen, um die Umstellzeit so schnell wie möglich zu überbrücken. Die Unternehmensleitung bittet den Betriebsrat, bei der Auswahl der Arbeitnehmer mitzuwirken. Es sollen eine Liste von Betroffenen erstellt und die notwendigen Maßnahmen eingeleitet werden. Den zu entlassenden Arbeitnehmern soll die Wiedereinstellung für den Fall versprochen werden, daß sich die Absatzentwicklung weiter verbessert und eine zweite Schicht notwendig wird. Der Betriebsrat wird gebeten, den Sachverhalt bis zur turnusmäßigen Betriebsversammlung in zwei Wochen geheimzuhalten und erst dort darüber zu berichten, um die Arbeitnehmer nicht unnötig zu verunsichern. Dieser Bitte kommt der Betriebsrat nach. In der Betriebsversammlung ist man über die Entscheidung der Unternehmensleitung entsetzt. Es herrscht eine allgemeine Ratlosigkeit, die erst gemildert wird, als der Betriebsrat verspricht, alles zu tun, um das Schlimmste zu verhindern. Vor allem will er sich für die zu entlassenden Arbeitnehmer einsetzen. Drei Monate später ist die Umstellung beendet; die neuen Maschinen und Anlagen sind installiert. Es wurden mit Zustimmung des Betriebsrats 60 Arbeiter und 4 Angestellte entlassen, 35 Arbeiter wurden bei Lohngarantie umgeschult, 25 Arbeiter und 10 Angestellte wurden versetzt, wobei sich in einigen Fällen eine Besitzstandssicherung nicht realisieren ließ.

Die Bemühungen des Betriebsrats werden in der nächsten Betriebsversammlung vom Unternehmer besonders hervorgehoben. Der Betriebsrat dringt jedoch auf die Einführung einer Personalplanung, "um solche Vorkommnisse für die Zukunft zu vermeiden". Nach anfänglichem Zögern stimmt die Unternehmensleitung der Einführung einer Personalplanung grundsätzlich zu, da auch sie sich hiervon Vorteile verspricht. Zuvor soll jedoch geklärt werden, welche Bedeutung einer Personalplanung im Unternehmen zukommt und welche Aufgaben sie erfüllen kann. Es wird eine Arbeitsgruppe - bestehend aus einem Personalsachbearbeiter, dem Betriebsingenieur, dem Ausbilder des Unternehmens und zwei Betriebsratsmitgliedern - gebildet, die in einem "Gutachten" zu folgenden Fragen Stellung nehmen soll:

1. Welchen Zweck hat die Personalplanung vor dem Hintergrund der Interessen von Arbeitgeber und Arbeitnehmern?

2. In welchem Zusammenhang steht die Personalplanung mit dem Arbeitsmarkt und der übrigen Unternehmensplanung?

3. Aus welchen Teilbereichen besteht die Personalplanung, und welche Einzelaufgaben kann sie erfüllen?

1.1 ZWECK DER PERSONALPLANUNG

Planung ist nicht Selbstzweck, sondern dient zunächst der Steigerung von Effektivität und Effizienz der Unternehmung durch antizipative Reaktion auf Risiken im Um- und Insystem; das gilt auch für die Personalplanung. In der Literatur bestehen die unterschiedlichsten Vorstellungen von Personalplanung; sie reichen von der Auffassung, zukünftige Arbeitskräftepotentiale zu ermitteln, bis zur Ansicht, daß Personalplanung sämtliche Personalbeziehungen berücksichtigt. Dabei ist man sich über das "Warum" und über das "Was" zunehmend einig, hingegen bleibt das "Wie" weitgehend ungeklärt (vgl. STRUBE 1982, S. 14).

Personalplanung ist eingebunden in die zehn Personalmanagementfelder *Personalbestandsanalyse, Personalbedarfsermittlung, Personalbeschaffung, Personalfreisetzung, Personalentwicklung, Personalveränderung, Personaleinsatz, Personalführung, Personalkostenmanagement, Personalinformationsmanagement* (einen Überblick vermittelt SCHOLZ 1989). → STUDIERHINWEIS: (Zur historischen Entwicklung der Managementtheorien und der sog. Personalwirtschaftslehre vgl. STAEHLE 1985[2], 1987).

In der betrieblichen Personalplanung werden personalpolitische Maßnahmen (Wege, Mittel) des betreffenden Unternehmens im voraus festgelegt.

Generell gilt es sicherzustellen, daß zu jedem Zeitpunkt die vorhandenen Arbeitsplätze mit geeigneten Arbeitskräften besetzt werden können bzw. daß für die vorhandenen Arbeitskräfte die richtigen Arbeitsplätze zur Verfügung stehen. Die Personalplanung ist also ein *betriebliches Instrument* zur zukunftsbezogenen Regelung der Beziehungen zwischen den arbeitenden Menschen und ihren Arbeitsplätzen. Hierbei geht es nicht nur um Maßnahmen der *quantitativen*, sondern auch um solche der qualitativen Abstimmung zwischen Arbeitskräften und Arbeitsplätzen.

Betriebliche Personalplanung soll der *Vermeidung künftiger Fehlentwicklungen* im Personalbereich dienen, wie sie etwa durch *Massenentlassungen*^{x} oder durch ergebnislose Suche nach Arbeitskräften mit bestimmten (Arbeits-)Qualifikationen^x besonders offensichtlich werden. Fehlentwicklungen liegen auch dann vor, wenn die Eingliederung der Arbeitnehmer in den Arbeitsablauf unvorbereitet, in mangelhafter Weise und/oder zu unzumutbaren Bedingungen erfolgt. Solche Maßnahmen führen zu unproduktiver Leistungserstellung und zu inhumanen Verhältnissen in der Arbeitswelt. Das bedeutet, daß die Personalplanung mit der Vermeidung derartiger Entwicklungen allgemein auf die Erhöhung der *Arbeitsproduktivität*^{x} und auf die *Humanisierung der Arbeit*^{x} zielt. Während der Arbeitgeber vor allem an der Erhöhung der Arbeitsproduktivität interessiert ist, geht es den Arbeitnehmern in erster Linie um die Humanisierung der Arbeitswelt.

Somit ist davon auszugehen, daß sowohl die Unternehmer als auch die Arbeitnehmer und darüber hinaus auch die Gesamtgesellschaft (bzw. der Staat als ihr Repräsentant) Interesse an einer funktionierenden Personalplanung in den Unternehmen haben. Das war nicht immer so: Noch in den sechziger Jahren wurde die betriebliche Personalplanung verbreitet als ausschließliches Instrument des Managements zur *Vermeidung betriebswirtschaftlicher Fehlentscheidungen im Personalbereich* betrachtet. Zwar gab es in der Literatur zur Personalplanung gelegentlich Hinweise auf die Bedeutung des Menschen im betrieblichen Produktionsprozeß, in der Praxis fanden die Belange der Arbeitnehmer aber nur am Rande Berücksichtigung. Die Aufgaben der Personalabteilung waren auf verwaltende Arbeiten beschränkt, nur selten gelangten sie "vor das Forum der Unternehmensleitung" (HORN 1967, S. 21). Im Zusammenhang mit der Diskussion um den technisch-ökonomischen Wandel (*'Rationalisierung'*^{X}) in der Bundesrepublik haben dann die Gewerkschaften immer wieder auf die Notwendigkeit einer detaillierten Personalplanung hingewiesen, mit der es vor allem die *Beschäftigung zu sichern* und *Benachteiligungen für die Arbeitnehmer* zu vermeiden gelte. Ihre Forderungen führten unter anderem dazu, daß die Sozialpolitische Gesprächsrunde beim Bundesministerium für Arbeit und Sozialordnung im Jahre 1971 einen Empfehlungskatalog zur betrieblichen Personalplanung vorlegte, in dem dieses Instrument als "ein wesentliches Element der Betriebsverfassung" deklariert wurde, an dem nicht nur die Arbeitgeber, sondern auch die Arbeitnehmer und die Gewerkschaften wie die Öffentlichkeit überhaupt interessiert seien (vgl. SOZIALPOLITISCHE GESPRÄCHSRUNDE 1971). Die Bemühungen der Gewerkschaften fanden schließlich im neuen *Betriebsverfassungsgesetz* aus dem Jahre 1972 ihren konkreten Niederschlag, in das die betriebliche Personalplanung erstmalig als Mitwirkungsrecht des Betriebsrates Eingang fand. → STUDIERHINWEIS: (Siehe Näheres in Kapitel 3). Damit war die gesetzliche Voraussetzung dafür geschaffen, daß bei der betrieblichen Personalplanung neben den wirtschaftlichen Interessen des Arbeitgebers auch die sozialen Interessen der Arbeitnehmer beachtet werden (vgl. Abb. 1, S. 35, entnommen aus: MAUL/BÖNISCH 1976, S. 121).

Die seitdem in der Bundesrepublik in verstärktem Maße geführte Diskussion um Fragestellungen wie *'menschengerechte Arbeit'* und *'Qualität des Arbeitslebens'* im allgemeinen und um die betriebliche Personalplanung im besonderen hat vor allem folgende *Interessenschwerpunkte* von Arbeitgebern, Arbeitnehmern und der Gesamtgesellschaft (des Staates) an der

Abb. 1: Interessenlagen von Arbeitnehmern und Arbeitgebern

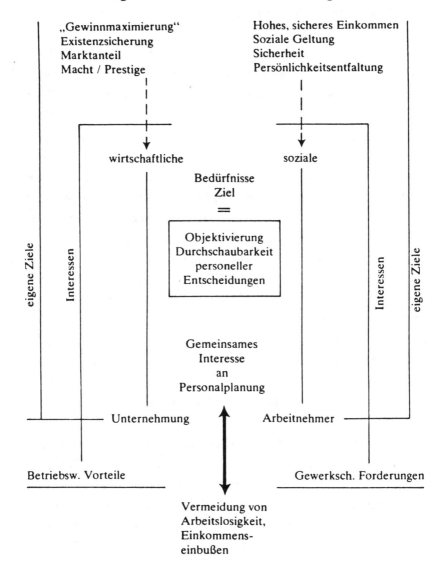

Personalplanung deutlich gemacht (vgl. Abb. 2, S. 37, entnommen aus: RKW-Handbuch 1978, Teil I, S. 13).

Aus dem breiten gesellschaftlichen Interesse an der betrieblichen Personalplanung darf freilich nicht geschlossen werden, daß dieses Instrument in der Praxis bereits hinreichend Anwendung findet. Zwar hat die ökonomische Situation der Bundesrepublik in den sechziger Jahren (zunehmende Knappheit an Arbeitskräften, technischer Wandel, Marktänderungen, erhöhte *Fluktuation*^{x} der Arbeitnehmer) manchen Unternehmer zur Einführung einer Personalplanung veranlaßt. Auch konnten viele Betriebsräte aufgrund der entsprechenden Regelungen im Betriebsverfassungsgesetz den Einsatz von Planungstechniken im Personalbereich durchsetzen. Es ist aber festzustellen, daß Maßnahmen der Personalplanung nach wie vor unzulänglich angewandt werden. Es ist seit langem bekannt, daß die *Verbreitung schriftlich fixierter Personalpläne* vor allem in Klein- und Mittelbetrieben gering ist (vgl. ISF 1976, S. 11, vgl. auch SCHULTZ-WILD 1980, S. 48 ff.); sie nimmt mit zunehmender Beschäftigtenzahl zu. → STUDIERHINWEIS: (Zu den konkreten Umsetzungsmöglichkeiten einer strategischen Personalplanung in Klein- und Mittelbetrieben vgl. MEIER 1991). Zudem finden Personalpläne nicht in dem Umfang Anwendung wie etwa Investitions-, Produktions- und Absatzpläne.

LUTZ kam in einer 1975 durchgeführten repräsentativen Studie (Rücklauf 1619 Fragebögen) zu dem Ergebnis, daß die Existenz schriftlicher Personalpläne, die nach Beschäftigtengruppen differierten, von 13 % bei Unternehmen unter 200 Beschäftigten auf bis zu 74 % bei Unternehmen von über 5.000 Beschäftigten stieg; somit hatten immerhin 26 % der Großunternehmen keine Personalpläne (vgl.LUTZ 1977, S. 210 ff.).

Abb. 2: Interessenschwerpunkte gesellschaftlicher Gruppen an der Personalplanung

Arbeitgeber	Arbeitnehmer	Gesamtgesellschaft (Staat)
• Verfügbarkeit des Produktionsfaktors Arbeit – in der erforderlichen Anzahl – mit den erforderlichen Qualifikationen – zum richtigen Zeitpunkt – am richtigen Ort • Anforderungs- und eignungsgerechter Personaleinsatz • Verbesserung des Qualifikationsniveaus der Mitarbeiter • Vermeidung von Personalbeschaffungskosten durch Stellenbesetzung »aus den eigenen Reihen« • Motivation der Mitarbeiter • Überschaubarkeit der Personalkostenentwicklung	• Sicherheit der Arbeitsplätze bzw. Vermeidung von Härten bei Um- oder Freisetzung • Minderung der Risiken, die sich aus technischem und wirtschaftlichem Wandel ergeben können • Sichere, anforderungs- und leistungsgerechte Arbeitseinkommen • Menschengerechte Arbeitsbedingungen und Vermeidung gesundheitsschädigender Belastungen • Chancen beruflicher Aus- und Weiterbildung • Aufstiegschancen im Unternehmen • Schutz besonderer Arbeitnehmergruppen (Ältere, Behinderte, Jugendliche)	• Vermeidung gesellschaftlicher Belastungen, die auf unzureichend geplanten Personalentscheidungen beruhen (vermeidbare Kündigungen, Inanspruchnahme der Arbeitsgerichte u. a.) • Rechtzeitige Information der zuständigen Arbeitsämter über bevorstehende Nachfrage nach Arbeitskräften oder Entlassungen • Versachlichung der Beziehungen zwischen Arbeitgeber und Arbeitnehmer im Betrieb • Realisierung und Ausfüllung gesetzlicher Vorschriften (§ 92 BetrVG) • Realisierung gesellschaftspolitischer Zielvorstellungen (Empfehlungen der Sozialpolitischen Gesprächsrunde beim Bundesminister für Arbeit und Sozialordnung)

Auch spätere Untersuchungen belegen diesen Zustand. So wurden 1978 196 Großbetriebe mit mehr als 2.000 Beschäftigten angeschrieben und danach befragt, ob sie *formale (quantitative) Personalplanungsmethoden*[x] verwenden. Nur 90 Unternehmen hatten geantwortet; 14 dieser Unternehmen setzten eine oder mehrere Planungsmethoden ein, nur 7 waren bereit, in Interviews weitere Auskünfte zu geben (vgl. DRUMM/SCHOLZ 1983, S. 11). In einem weiteren Schritt wurde festgestellt, daß zumindest 30 % von 54 angeschriebenen Unternehmen eine Teilplanung betreiben, die sich meist auf den Personalbedarf oder Personalbestand und die Personalbeschaffung bezieht; im allgemeinen wird aber eine formale Personalplanung weitgehend für überflüssig, wenn nicht gar unmöglich gehalten (vgl. DRUMM/SCHOLZ 1983, S. 28 ff.). Ein empirischer Exkurs von

SCHOLZ über verschiedene Studien der 70er und 80er Jahre zur Verbreitung der Personalplanung bestätigt diese Zustandsbeschreibung (vgl. SCHOLZ 1989, S. 38-50). Der Entwicklungsstand nicht-formaler Personalplanungsmethoden wird sowohl in der Theorie als auch in der Praxis recht unterschiedlich beurteilt.

Die Palette möglicher *Gründe für die unzureichende Verbreitung von Personalplanung* ist breit. Das Rationalisierungs-Kuratorium der Deutschen Wirtschaft (RKW) führt in seinem Handbuch "*Praxis der Personalplanung*" z.b. folgende Hindernisse an (vgl. RKW-Handbuch, Teil I, a.a.O., S. 19):

- Fehlende Planungsmentalität bei der Unternehmensleitung
- Negative Erfahrungen mit Planung aufgrund zu hoch gesteckter Erwartungen
- Abneigung gegen perfektionistische Planungsmodelle oder -systeme
- Zu geringe Verbreitung vorhandenen Personalplanungswissens auf Unternehmensseite
- Unzureichende Einsicht der Betriebsräte in die Materie der Personalplanung
- Fehlen genügend sicherer und gleichzeitig praktisch anwendbarer Prognosemethoden
- Fehlende oder ungenügende Information über Planungen in anderen, mit dem Unternehmen in Produktions-, Leistungs- oder Marktverbund stehenden Unternehmen.

So ist es möglich, daß formale Modelle für überflüssig gehalten werden, weil die bisherigen Verfahren der Praxis ausreichend erscheinen oder daß die Entscheidungsprobleme schlecht zu strukturieren sind bzw. sich durch Modelle kaum ausreichend abbilden lassen. Die wichtigste Akzeptanzbarriere scheint jedoch der fehlende bis mangelhafte Transfer von Kenntnissen formaler Personalplanungsmethoden aus der Wissenschaft in die Praxis zu sein; diese Transfermängel sind vor allem auf Aus- und Fortbildungslücken zurückzuführen (vgl. DRUMM/ SCHOLZ/ POLZER 1980, S. 735 ff.). In anderen Planungsbereichen der Unternehmen wie Produktions- und Lagerplanung, Logistik, Standortplanung, Absatzplanung etc. hat dieser Methodentransfer - wenn auch auf unterschiedlichem Niveau - stattgefunden.

Die verhältnismäßig seltene Anwendung der Personalplanung ist angesichts der Tatsache kaum legitimierbar, daß mit ihr eine Reihe von Vorteilen sowohl für die Unternehmen als auch für die Arbeitnehmer verbunden sein können (vgl. RKW-Handbuch 1978, Teil I, S. 12 ff. und PROJEKTGRUPPE PERSONALPLANUNG DER HBV o.J. S. 101 ff.), nämlich
- personelle Maßnahmen und Entscheidungen der Unternehmen durchsichtiger zu machen und dadurch die Personalpolitik zu versachlichen,
- die Regelung betrieblicher Konflikte durch Beteiligung des Betriebsrats und der betroffenen Arbeitnehmer zu rationalisieren und zu verbessern,
- die Entwicklung des Unternehmens auch im Personalbereich zu verstetigen,
- soziale Härten für die betroffenen Arbeitnehmer bei Betriebsänderungen auszugleichen bzw. zu mildern,
- durch frühzeitige Berücksichtigung der Ausfallzeiten den notwendigen Einsatz zusätzlicher Beschäftigten zu sichern,
- Arbeitsbelastungen gleichmäßiger zu verteilen,
- die regelmäßigen Pausen zu garantieren,
- Arbeitszeitverkürzungen ohne zunehmende Arbeitsintensivierung durchzusetzen,
- ökonomische und soziale Risiken, verursacht durch Ungleichgewichte im quantitativen und qualitativen Personalbedarf, durch mangelnde Sicherheit des Arbeitsplatzes und der Arbeitsbedingungen und durch

Friktionen in der Beschäftigungssituation mit der Folge des Entstehens von volkswirtschaftlichen Kosten zu vermindern,
- die Kommunikationsmöglichkeiten des Betriebes mit dem überbetrieblichen Arbeitsmarkt zu verbessern und so zu einer stärkeren Integration der Teilarbeitsmärkte beizutragen.

Diese Leistungen der betrieblichen Personalplanung nötigen zu ihrer Förderung und Verbreitung; sie ist "eine wichtige Aufgabe mit hoher gesellschaftspolitischer Priorität" (RKW-Handbuch 1978, Teil I, S. 18). Deshalb sind in den Betrieben neben den Personalfachkräften insbesondere auch die Betriebsräte aufgefordert, sich für die Verbreitung der Personalplanung einzusetzen. → STUDIERHINWEIS: (Zur Einführung der Personalplanung siehe u.a. KADOR/PORNSCHLEGEL 1977, S. 41 ff., SCHOLZ 1989 und MEIER 1991). Der fortschreitende Einsatz der neuen Technologien, die im wesentlichen durch Mikroelektronik bestimmt sind, wird die Unternehmen dazu zwingen, langfristigere Personalplanung zu betreiben. Denn Untersuchungen zeigen, daß die Mikroelektronik-Anwendungen heute durch Schwierigkeiten geprägt sind, die vor allem im Personalbereich begründet sind. So hat z.b. eine im Jahr 1985 durchgeführte Befragung von 166 Betrieben ergeben, daß 77% der Betriebe massive Probleme im Personalbereich haben (vgl. SCHEPANSKI 1987, S. 94; vgl. auch Abb. 3, S. 41, entnommen aus: SCHEPANSKI 1987, S. 95).

Die Leistungsfähigkeit der Personalplanung darf allerdings nicht darüber hinwegtäuschen, daß ihre Möglichkeiten zur Realisierung der angeführten Interessenschwerpunkte begrenzt sind. Das ist vor allem auf die unzulängliche Planbarkeit des Menschen als Arbeitskraft sowie auf die Tatsache zurückzuführen, daß über dessen Verhalten am Arbeitsplatz gegenwärtig noch keine hinreichend abgesicherten Erkenntnisse vorliegen. Im übrigen findet die Verplanung des Menschen ohnehin dort ihre Grenzen, wo sie dessen Würde beeinträchtigt (vgl. RKW-Handbuch 1978, Teil I, S. 11 ff.).

Abb. 3: Schwierigkeiten aufgrund des Mikroelektronik-Einsatzes

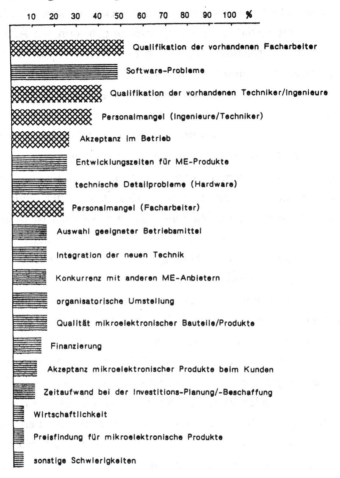

Die Personalplanung muß auch insofern unvollkommen bleiben, als man aus gegenwärtigen Zuständen - insbesondere längerfristige - Ziele nur begrenzt vorgeben kann. Das ist vor allem darauf zurückzuführen, daß zukünftige Entwicklungen in der Wirtschaft u.a. wegen unvorhergesehener konjunktureller Schwankungen und struktureller Veränderungen kaum hinreichend prognostiziert werden können. Betriebliche Planung kann jedoch nicht Wirtschaftspolitik, Sozialpolitik, Beschäftigungspolitik und

Tarifpolitik ersetzen. Allerdings konnte bei dem viele Jahre anhaltenden Abbau von Arbeitsplätzen - z.B. in der Metallindustrie -"... beobachtet werden, daß die sozialen Auseinandersetzungen, dort wo Arbeitnehmerinteressen im unternehmenspolitischen Entscheidungsprozeß sich bereits im Planungsstadium durchsetzen konnten, wesentlich reduziert wurden" (JÄGER 1987, S. 136). Jedoch sind Personallücken (ein 'Zuwenig' an Personal) einerseits und Personalüberhänge (ein 'Zuviel' an Personal) andererseits meist nicht zu vermeiden. Das bedeutet insbesondere aber, daß mittels personeller Planungsmaßnahmen *den Arbeitnehmern das Risiko des Arbeitsplatzverlustes generell nicht genommen werden* kann - eine Tatsache, die angesichts andauernder Arbeitslosigkeit in der deutschen Wirtschaft gegenwärtig allzu offenkundig ist. Hinzuweisen ist in diesem Zusammenhang schließlich auf die Unterentwicklung der meisten Techniken und Methoden der Personalplanung, so daß sie die gestellten Aufgaben meist nur zum Teil erfüllen kann.

Mit diesen Anmerkungen sei vor der Vorstellung gewarnt, die betriebliche Personalplanung sei ein Allheilmittel für die Beseitigung der sozialen Konflikte in Betrieb und Gesellschaft. Diese Einschätzung war in der Vergangenheit des öfteren zu finden. Vielmehr stellt die Personalplanung lediglich ein *Hilfsmittel für Arbeitgeber und Arbeitnehmer* dar, ihre ökonomischen bzw. sozialen Ziele zu erreichen (vgl. IG METALL o.J., Teil B, S. 7). Ihrer eigenen Zielsetzung entsprechend vermag die Personalplanung diese Hilfsfunktion vor allem im Hinblick auf die speziellen Ziele der Produktivitätserhöhung und der Humanisierung der Arbeitswelt zu erfüllen. Dabei kommt ihr die *zentrale Aufgabe* zu, die planerischen Voraussetzungen für den Ausgleich dieser Ziele zu schaffen. Es ist nämlich davon auszugehen, daß Erhöhung der Arbeitsproduktivität und Humanisierung der Arbeitswelt zwar nicht prinzipiell unvereinbar sind, aber auch nicht in jedem Fall übereinstimmen. So entstehen Ausgleichsprobleme dann, wenn betriebliche Maßnahmen wohl zu einer menschengerechteren Gestaltung der Arbeit, aber zugleich zu Produktivitätseinbußen führen oder wenn Produktivitätserhöhungen mit inhumaner Arbeit und inhumanen Arbeits-

43

verhältnissen verbunden sind. In diesen Fällen sind die Interessen des Arbeitgebers und der Belegschaft zugleich berührt, insofern nämlich, als Produktivitätsrückgänge dem Interesse des Arbeitgebers an der Erwirtschaftung möglichst hoher Gewinne zuwiderlaufen und Inhumanitäten in der Arbeitswelt dem Interesse der Arbeitnehmer an Sicherung und Verbesserung ihrer sozialen Situation widersprechen. Das bedeutet, daß die Ziele "Erhöhung der Arbeitsproduktivität" und "Humanisierung der Arbeitswelt" in die unterschiedlichen Interessenlagen von Arbeitgebern und Arbeitnehmern eingebunden sind; sie sind Gegenstand des *Konflikts zwischen Kapital und Arbeit*. Das heißt aber auch, daß die Maßnahmen zur Realisierung dieser Ziele prinzipiell auf den Interessengegensatz zwischen Arbeitgebern und Arbeitnehmern zu beziehen sind: Betriebliche Personalpolitik ist jener Handlungsbereich der Unternehmung, in dem die personalbezogenen Grundsätze und Richtlinien (Ziele und Verhaltensnormen) bestimmt werden. Ebenso wie die Personalplanung (als ihre Voraussetzung) hat die betriebliche Personalpolitik stets mit Bezugnahme auf den Konflikt zwischen Kapital und Arbeit zu operieren. Damit sind auch die Kategorien *Arbeitsanforderungen*[x] und Qualifikationen in dieses Konfliktverhältnis gestellt. Die *Anforderungen* an die Arbeitnehmer werden im wesentlichen durch die mehr oder weniger differenzierten und spezialisierten Arbeitsaufgaben, die es an den Arbeitsplätzen mit je vorgegebener Organisation zu erfüllen gilt, und die damit verbundenen Belastungen bestimmt. Arbeitsaufgaben und *Arbeitsorganisation*[x] sind aber in ganz bestimmter Weise ausgerichtet, nämlich so, daß der Arbeitgeber seine Ziele der Gewinnerwirtschaftung und Produktivitätserhöhung optimal erreichen kann. Demgegenüber sind die Arbeitnehmer an humanen Arbeitsplätzen interessiert, an denen sie u.a. ihre *Qualifikationen* bestmöglich, d.h. unter Vermeidung von Über- und Unterforderungen einsetzen und weiterentwickeln können. Es ist also notwendig, Arbeitsanforderungen und Qualifikationen in einem für Arbeitgeber und betroffene Arbeitnehmer vertretbaren Maße miteinander abzustimmen. Dieses ist eine wichtige Aufgabe der betrieblichen Personalplanung. → STUDIERHINWEIS: (Siehe Näheres hierzu bei SCHOLZ 1989,

S. 69 ff.). Damit ist allerdings nichts darüber ausgesagt, ob und inwieweit die Personalplanung diese Aufgabe wie den Interessenausgleich zwischen Arbeitgeber und Arbeitnehmern gegenwärtig überhaupt erfüllen kann. Diesbezüglich sind erhebliche Zweifel berechtigt: "Die Unterordnung des Arbeitnehmers unter das Direktionsrecht, welches als Mittel ökonomischer Ziele fungiert, bedingt (nämlich) die unterlegene Objektstellung des Arbeitnehmers im Betrieb und die Vernachlässigung seiner sozialen Belange" (DIDICHER 1981, S. 71). Die *soziale Komponente ist also im Betrieb der ökonomischen nachgeordnet*, was sich natürlich auch im Bereich der Personalplanung bemerkbar macht. Diese Tatsache ändert freilich nichts an der prinzipiellen Notwendigkeit, im Rahmen der Personalplanung die Interessen beider Seiten in gleicher Weise zum Zuge kommen zu lassen. Damit ist "die zentrale gesellschaftspolitische Machtfrage" angesprochen, vor der wir in der Bundesrepublik noch immer stehen und deren "Lösung zugunsten des Arbeitnehmers" diesen selbst wie die Gewerkschaften und seine Interessenvertreter im Betrieb vor ganz neue Aufgaben stellt (vgl. SPIEKER/KOHL 1978, S. 23).

ZUSAMMENFASSUNG:
Die in diesem Abschnitt unterbreiteten Informationen seien hier kurz zusammengefaßt: Die Aufgabe der betrieblichen Personalplanung besteht allgemein in der zukunftsbezogenen wechselseitigen Zuordnung von Arbeitsplätzen und Arbeitskräften. Die qualitative Seite dieser Aufgabe besteht in der Abstimmung zwischen Arbeitsplatzanforderungen und Qualifikationen der Arbeitskräfte. Hieran sind i.d.R. sowohl der Arbeitgeber als auch die Arbeitnehmer interessiert. Sie verfolgen mit der Personalplanung jedoch unterschiedliche Ziele: Dem Arbeitgeber geht es primär um die Erhöhung der Arbeitsproduktivität, den Arbeitnehmern hingegen vor allem um die Humanisierung der Arbeit. Diese Ziele von Arbeitgeber und Arbeitnehmern müssen vor dem Hintergrund des prinzipiell bestehenden Widerspruchs zwischen Kapital und Arbeit gesehen werden, zu dessen Ausgleich die Personalplanung die planerischen Voraussetzungen zu schaf-

fen hat. Die Personalplanung kann diese Aufgabe in der Praxis jedoch meist nur zum Teil erfüllen, insbesondere weil in den Unternehmen die soziale Komponente der wirtschaftlichen nachgeordnet ist, die Methoden der Personalplanung unzulänglich sind und die Personalplanung ohnehin nicht hinreichend verbreitet ist.

1.2 PERSONALPLANUNG IM ZUSAMMENHANG MIT ARBEITSMARKT UND UNTERNEHMENSPLANUNG

Erhöhung der Arbeitsproduktivität und Humanisierung der Arbeitswelt sind *komplexe Zielkategorien*, zu deren Realisierung die Personalplanung zwar notwendig, aber nicht hinreichend ist. Vielmehr ist davon auszugehen, daß die gesamte Unternehmenspolitik und darüber hinaus die Gesellschafts- und Wirtschaftspolitik zur Erreichung dieser Ziele beizutragen haben. Unter anderem aufgrund dieser gemeinsamen Zielsetzung bestehen zwischen den einzelnen betrieblichen und außerbetrieblichen Aufgabenbereichen vielfältige *Abhängigkeits- und Wirkungsverhältnisse*. Für die Personalplanung sind hiervon vor allem jene zu dem außerbetrieblichen Arbeitsmarkt und zu den übrigen Unternehmensplanungen von Bedeutung. Das heißt aber, daß die Personalplanung ihre Aufgaben im Hinblick auf die Ziele der Erhöhung der Arbeitsproduktivität und der Humanisierung der Arbeitswelt nur dann zufriedenstellend erfüllen kann, wenn die Verhältnisse des Arbeitsmarktes bei der personellen Maßnahmenplanung berücksichtigt werden und die Personalplanung als integrierter Bestandteil der gesamten Unternehmensplanung konzipiert ist.

Die Beziehungen der betrieblichen Personalplanung mit dem außerbetrieblichen Arbeitsmarkt (siehe hierzu u.a. RKW-Handbuch 1978, Teil I, S. 38 ff.) sind darauf zurückzuführen, daß der betriebliche Arbeitsmarkt als Aktionsfeld der Personalplanung Teil des Gesamtarbeitsmarktes ist. Als solcher bleibt er an dem durch den Gesamtarbeitsmarkt vorgegebenen

Bedingungsrahmen gebunden. Die *öffentliche Arbeitsmarktpolitik* stellt neben der betrieblichen Personalpolitik und -planung gewissermaßen *das andere Bein* der Regelung der Arbeitsbeziehungen dar: Während sich die Personalplanung auf die betrieblichen Beziehungen zwischen Mensch und Arbeit konzentriert, stehen bei der Arbeitsmarktpolitik die außerbetrieblichen Beziehungen zwischen Mensch und Arbeit im Vordergrund. Sind jene durch das Angebot an und die Nachfrage nach Arbeitskräften im Betrieb determiniert, so diese durch das entsprechende Angebot und die entsprechende Nachfrage auf den (örtlichen, regionalen, gesamtwirtschaftlichen) Arbeitsmärkten. Nach dem Arbeitsförderungsgesetz (AFG) hat die Arbeitsmarktpolitik die Aufgabe, die Verhältnisse am Arbeitsmarkt mit dem Ziel der *Vollbeschäftigung*, der *Verbesserung der Beschäftigungsstruktur* und der *Förderung des Wirtschaftswachstums* zu beeinflussen. Durch die Erfüllung gerade dieser Aufgabe vermag die Arbeitsmarktpolitik i.d.R. auch einen wichtigen Beitrag zur Humanisierung der Arbeitswelt und zur Produktivitätserhöhung zu leisten; ohne ihre Bemühungen wären diese Ziele gar nicht zu erreichen. Dabei obliegen ihr nicht nur *korrigierende Maßnahmen* (z.B. Beseitigung von Arbeitslosigkeit, von unterwertiger Beschäftigung, von nachteiligen Folgen aufgrund struktureller Wandlungen), sondern auch solche *präventiver* Art (z.B. Förderung der beruflichen Eingliederung von Behinderten und älteren Arbeitnehmern, Sicherung und Verbesserung der beruflichen Mobilität). Hierzu bedarf die Arbeitsmarktpolitik ihrerseits der Abstimmung mit der übrigen Gesellschafts- und Wirtschaftspolitik, insbesondere mit der Bildungspolitik, zumal *Maßnahmen zur Qualifizierung der Arbeitnehmer* selbst zentraler Bestandteil der Arbeitsmarktpolitik sind: Die von der Bundesanstalt für Arbeit - neben der Bundesregierung Träger der staatlichen Arbeitsmarktpolitik - bereitgestellten Maßnahmen zur Förderung beruflicher Erstausbildung und Fortbildung, der Umschulung, Einarbeitung und Rehabilitation nach dem AFG belegen, daß der *qualitative Ausgleich* des Angebots an und der Nachfrage nach Arbeitskräften - neben ihrem *quantitativen Ausgleich* - eine wichtige Aufgabe der Arbeitsmarktpolitik ist. Diese Maßnahmen gilt es systematisch in die Überlegungen der Personalplanung einzubeziehen.

Umgekehrt sind natürlich auch die *Wirkungen der Personalplanung auf den Arbeitsmarkt* zu beachten. So können durch *unerwartete Nachfragewellen* nach bestimmten Arbeitskräften auf dem örtlichen Arbeitsmarkt ebenso wie durch *plötzliche Entlassungen* der Arbeitsmarktpolitik Probleme entstehen, die eine Personalplanung 'von Qualität' möglicherweise vermeiden oder mildern könnte. Zwar hat der Gesetzgeber durch die Regelung der Pflichten des Arbeitgebers zur Auskunft des zuständigen Arbeitsamtes über voraussichtliche Kündigungen und Umsetzungen aufgrund von erkennbaren Veränderungen des Betriebes sowie über Einstellungen (siehe die §§ 7 - 10 AFG) versucht, derartige Probleme zu vermeiden; solche Informationen sind jedoch an die Existenz einer vorausschauenden Personalplanung gebunden. Diese könnte gegenüber dem Arbeitsmarkt eine *wesentliche Funktion* erfüllen: Sie könnte zur Entlastung des Arbeitsmarktes dadurch beitragen, daß sie den *Ausgleich von partiellen Ungleichgewichten* auf den innerbetrieblichen Arbeitsmarkt verlagert. Diese *Möglichkeit der Arbeitsmarktentlastung* ist allerdings an die *Voraussetzung einer hinreichenden Verbreitung der Personalplanung* gebunden, die gegenwärtig (noch) nicht - wie oben bereits ausgeführt - gegeben ist. Sie hängt zudem maßgeblich von der *Qualität der eingesetzten Maßnahmen* ab: So kann die Personalplanung beispielsweise eine umfassende Qualifikation der Arbeitnehmer und damit deren *Mobilitätsförderung* vorsehen; sie kann deren Qualifizierung aber auch - was in der Praxis üblich ist - auf den eigenen Betrieb beschränken und so *mobilitätshemmend* wirken. Ähnlich können die Entscheidungen im Rahmen der Personalplanung, z.B. bei Rationalisierungsmaßnahmen, auf die weitere Beschäftigung der betroffenen Arbeitnehmer - etwa nach notwendigen Umschulungen - hinauslaufen oder aber zu ihrer Entlassung führen, so daß die *negativen Wirkungen der Rationalisierung* auf den Arbeitsmarkt und damit auf die Gesamtgesellschaft abgewälzt werden. Die Folge ist dann, daß die öffentliche Arbeitsmarktpolitik mit ihrem Ziel der Vollbeschäftigung durch privatwirtschaftliche Entscheidungen unterlaufen wird. Der Personalabbau der einzelnen Unternehmen muß dann von der Gesamtheit finanziert werden (Lohnersatzleistungen, Steuer- und Sozialversicherungsausfälle, Umschulungskosten usw.). Hierfür gibt es in der Bundesrepublik eine Fülle von Beispielen: Der in den letzten Jahren verschärfte Prozeß der Rationalisierung hat nicht zur Arbeitsmarktentlastung geführt, vielmehr zu andauernder Massenarbeitslosigkeit auf hohem Niveau. Dabei scheuen sich viele Unternehmer nicht, die Rationalisierungen mit jenen staatlichen Investitionszulagen zu finanzieren, die der Schaffung von Arbeitsplätzen dienen sollen und eben nicht ihrer Vernichtung (bei gleichzeitiger Leistungssteigerung an den verbleibenden Arbeitsplätzen). Auch sind der Entlastungsfunktion der Personalplanung beispielsweise dadurch Grenzen gesetzt, daß nur große Unternehmen die Möglichkeit zum innerbetrieblichen Ausgleich von Ungleichgewichten haben oder daß Arbeitslosigkeit aufgrund *konjunktureller Schwankungen* und ökonomischer *Einbrüche auf breiter Ebene* nicht durch Maßnahmen der Personalplanung aufgefangen werden kann. Hier zeigt sich, daß die betriebliche Personalplanung die Arbeitsmarktpolitik wohl ergänzen, aber nicht ersetzen kann. Aus allem folgt, daß Personalplanung und Arbeitsmarktpolitik sich einerseits wohl *wechselseitig beeinflussen*, andererseits aber relativ autonom durchgeführt werden können. Wie schon angedeutet, führt das vielfach dazu, daß sich die beiden Bereiche gegenseitig unterlaufen. Deshalb ist eine *bessere Verzahnung* von betrieblicher Beschäftigungspolitik und Personalplanung auf der einen und Arbeitsmarktpolitik auf der anderen Seite notwendig und angesichts der anhaltenden Beschäftigungskrise dringlicher denn je (zu den entsprechenden Vorschlägen siehe KÜHL 1978, S. 219 ff.). Personalplanung ist einer Vielzahl von situativen Einflüssen ausgesetzt (vgl. Abb. 4, S. 49, entnommen aus: SCHOLZ 1989, S. 49).

Abb. 4: Situative Einflüsse auf die Personalplanung

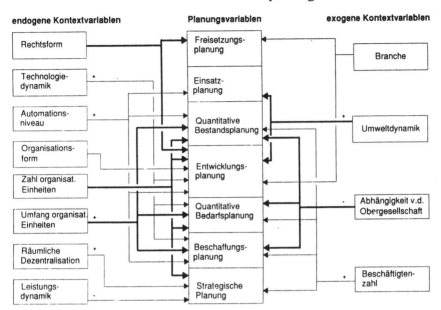

Primäre Variablen sind dabei die Beschäftigtenzahl, die Umweltdynamik, ggf. die Abhängigkeit von einer Obergesellschaft und von den Wachstums- und Schrumpfungsproblemen der jeweiligen Branche.

Hinsichtlich der Stellung der Personalplanung im Gesamtsystem der Unternehmensplanung ist festzustellen, daß die Personalplanung mit allen Bereichen der Unternehmung, in denen Arbeitskräfte beschäftigt sind, in Wechselbeziehung steht. → STUDIERHINWEIS: (Zur Unternehmensplanung siehe Näheres bei WSI-PROJEKTGRUPPE 1981, S. 483 ff. und bei BAETGE u.a. 1984).

Einerseits ist die Personalplanung Grundlage der anderen Unternehmensplanungen. Die im Absatz-, Produktions- oder Investitionsplan festgelegten

Maßnahmen bleiben so lange hypothetisch, bis im Rahmen der Personalplanung die notwendigen Arbeitskräfte ermittelt und deren Beschaffung, Vorbereitung und Einsatz gesichert sind. Stehen diese nicht zur Verfügung, so müssen in den anderen Planungen Revisionen vorgenommen werden. Das Personal bildet dann den *Engpaßfaktor*, auf den sich die übrigen Planungsbereiche einspielen müssen. Grundsätzlich ist davon auszugehen, daß die unternehmerischen Ziele i.d.R. dann nicht erreicht werden können, wenn die personellen Probleme unberücksichtigt bleiben. So ist eine isolierte Beschäftigung mit Personalplanung ohne Beachtung der anderen Planungsbereiche unzweckmäßig. Durch gesetzliche und tarifvertragliche Schutzbestimmungen ist die Unternehmensleitung ohnehin oft gezwungen, den Arbeitnehmern bei vielen ihrer Maßnahmen Beachtung zu schenken. Der in den letzten Jahren zugenommenen Bedeutung des Personalbereichs hat der Gesetzgeber u.a. mit der Vorschrift im *Mitbestimmungsgesetz* (1976)[x] entsprochen, daß in den Unternehmen mit mehr als 2000 Beschäftigten ein gleichberechtigtes Vorstandsmitglied für das *Personalwesen*[x] (i.d.R. der Arbeitsdirektor) vorhanden sein muß (§ 33 MitbestG.). Zwar sind die Aufgaben des Arbeitsdirektors im *Mitbestimmungsgesetz* nicht näher beschrieben, aber es ist klar, daß sie im Bereich personeller und sozialer Angelegenheiten liegen (vgl. PRZYBYLSKI 1983). → STUDIERHINWEIS: (Zur Entstehungsgeschichte und zu den Anwendungsproblemen des Mitbestimmungsgesetzes vgl. DÄUBLER 1985, S. 567-583 und KITTNER 1991, S. 852-862). Aber auch in vielen anderen Unternehmen ist die Personalabteilung heute auf der höchsten Ebene der unternehmerischen Willensbildung angesiedelt. Nach dem *Montan-Mitbestimmungsgesetz*[x] (1951) ist für das Personal- und Sozialwesen ein *Arbeitsdirektor* (als gleichberechtigtes Vorstandsmitglied) zuständig. Insbesondere wegen des interessengebundenen Bestellungsverfahrens des Arbeitsdirektors wird diese Regelung von den Gewerkschaften für sämtliche Großunternehmen verlangt (vgl. u.a. IG METALL o.J., Teil B, S. 40 f.).

Andererseits hängt die Personalplanung aber auch *von den anderen Teil-*

planungen der Unternehmungen ab. Die im Unternehmen arbeitenden Menschen sind direkt oder indirekt von Beschaffung, Investition, Produktion und Verkauf betroffen. Sie sind damit oft auch 'Gegenstand' der Kosten-, Finanz- und Gewinnplanung. Deshalb muß die Personalplanung die Informationen und Plandaten der übrigen Planungen bei ihren Festlegungen beachten. Nur dann kann sie geplante Betriebsänderungen rechtzeitig berücksichtigen und deren Auswirkungen auf die Beschäftigten beeinflussen. Das darf jedoch nicht zu einer Personalplanung führen, die - was in der betrieblichen Praxis weitgehend der Fall ist - lediglich als "Folgeplanung der wirtschaftlichen und technischen Planung" (vgl. STAUDT 1987) verstanden wird und damit außerstande ist, auf die Ziele der Unternehmung und ihren Entscheidungsablauf Einfluß zu nehmen. Vielmehr gilt es, der wechselseitigen Abhängigkeit zwischen der personellen Planung und den übrigen Unternehmensplanungen dadurch gerecht zu werden, daß die Personalplanung "*auf allen Planungsstufen*" als "*gleichberechtigter Bestandteil*" in die Unternehmensplanung integriert wird (vgl. auch EMRICH-OLTMANNS u.a. 1978, Lernprogramm I, S. 27). Es ist also erforderlich, betriebliche Personalplanung im Gleichtakt mit der technischen Entwicklung zu vollziehen oder noch besser sie im Vorlauf hierzu zu bringen (vgl. STAUDT 1984, S. 395 ff.; STAUDT 1987, S. 31 ff.). Dabei muß sie - zumindest in der langfristigen Grobplanung - interne Einflußgrößen berücksichtigen, die zwar außerhalb des Personalbereichs liegen, von denen aber Rückwirkungen auf die Personalplanung ausgehen, und zwar
- die Entwicklung auf dem Absatzmarkt; in der Praxis ist der Ausgangspunkt meist die prozentuale Absatzveränderung der verschiedenen Produkte;
- die Entwicklung der Investitionen; hier sind vor allem Neuinvestitionen von Bedeutung;
- die Entwicklung im Produktionsbereich; insbesondere sind Angaben über Produktionsverfahren, Kapazitätsauslastung der Maschinen und Maschinenbelegzeiten zu beachten.

Vor allem Neuentwicklungen haben Auswirkungen auf den Personalbedarf. Damit personelle Maßnahmen zeitgerecht durchgeführt werden können, ist die Personalplanung auf rechtzeitige Information angewiesen. Rationalisierung kann zu einer Minderung des Personalbedarfs oder zu einer Verminderung einer Bedarfserhöhung führen.

Weiterhin wird die Personalplanung durch Veränderungen der Aufbau- und Ablauforganisation, der Mitarbeiterstruktur und der betrieblichen Arbeitszeit bestimmt.

Eine für alle Unternehmen gültige Rangliste von Bezugsgrößen, die die Personalplanung beeinflussen, kann es nicht geben; dazu sind die Prioritäten in der Unternehmenspolitik zu unterschiedlich.

ZUSAMMENFASSUNG:
Wir können somit festhalten, daß die Personalplanung im Zusammenhang zum einen mit dem öffentlichen Arbeitsmarkt und zum anderen mit den übrigen Unternehmungsplanungen gesehen und organisiert werden muß. Soweit es um die Beziehungen zwischen Personalplanung und Arbeitsmarkt geht, ist festzustellen, daß aufgrund verschiedener Maßnahmen der quantitativen und qualitativen Arbeitsmarktpolitik einerseits die Personalplanung vom Arbeitsmarkt abhängt. Andererseits hängt aber auch der Arbeitsmarkt von den Personalplanungen der Unternehmen ab; denn diese - je nachdem, welche Qualität sie aufweisen - können den Arbeitsmarkt sowohl entlasten als auch die Maßnahmen der Arbeitsmarktpolitik unterlaufen. Beziehungen zwischen Personalplanung und übriger Unternehmensplanung bestehen insofern, als die Personalplanung einerseits Grundlage der anderen Unternehmensplanungen ist, andererseits hat sie von den dort getroffenen Entscheidungen und Festlegungen aber auszugehen. Diese wechselseitigen Abhängigkeiten erfordern die volle Integration der Personalplanung in die Unternehmensplanung. Allerdings wird dieser Anspruch in der betrieblichen Praxis nur selten eingelöst. Insbesondere bleibt der betriebliche Planungs- und Entscheidungsprozeß meist hierarchisch und arbeitsteilig rivalisierenden Fachabteilungen überlassen.

1.3 DAS SYSTEM DER PERSONALPLANUNG

Die Personalplanung stellt innerhalb der Unternehmensplanung ein eigenes Planungssystem dar, das *aus mehreren, eng verknüpften Teilplanungen* besteht. → STUDIERHINWEIS: (Zu den Teilbereichen der Personalplanung siehe Näheres u.a. in RKW-Handbuch 1978; BILDUNGSWERK DER BAYERISCHEN WIRTSCHAFT 1980; IG METALL o.J., insbes. Teil B, WIMMER 1985, MEIER 1991). Das macht Abb. 5 deutlich (vgl. Abb. 5, entnommen aus: SCHOLZ 1989, S. 11).

Abb. 5: Zusammenhang zwischen den Personalmanagementfeldern

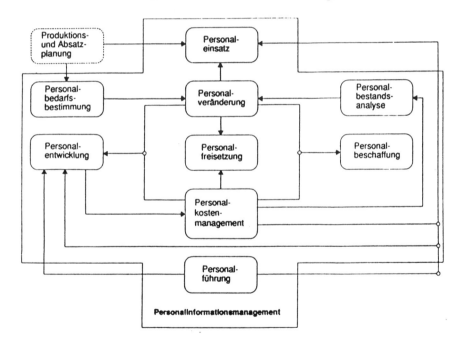

Die zentralen Fragen dieser Planungsbereiche sind in Abb. 6 zusammengestellt (vgl. Abb. 6, S. 55, entnommen aus SCHOLZ 1989, S. 10). Das System der Personalplanung ist im Hinblick auf die Art der personellen Planungsmaßnahmen differenziert. Diese *sachliche Spaltung der Perso-*

nalplanung ist notwendig, weil die Planung nicht in einem Akt vorgenommen werden kann. Sie hat eine Reihe *unterschiedlicher Aufgaben* zu erfüllen, die sich insbesondere aus folgenden Gründen ergeben:

- In der Personalplanung sind die Arbeitskräfte unter verschiedenen Gesichtspunkten und in verschiedenen Stadien zu erfassen, z.b. gilt es, den Personalbedarf zu ermitteln, die Personalkosten vorauszuschätzen, die Personalbeschaffung zu planen, die Zuweisung, Einführung und Eingliederung in die vorgesehene Arbeitsgruppe vorzubereiten, eine Förderung des Personals vorzusehen und die Grundlagen für die Personalführung und -betreuung zu schaffen. Die Personalplanung hat also *verschiedene sachliche Bezugspunkte*, die sich in den Teilbereichen niederschlagen.
- Die personelle Planung soll sich einerseits auf die ganze Belegschaft (ganzheitliche Planung) und andererseits auf einzelne Positionen bzw. Positionsinhaber (*individuelle Planung*) erstrecken, z.B. auf den einzelnen Arbeitnehmer bezogene Beschaffungs-, Einsatz- und Entwicklungsmaßnahmen.
- Mit den einzelnen Funktionen der auf verschiedenen Ebenen und in verschiedenen Bereichen der Unternehmung beschäftigten Arbeitskräfte sind *unterschiedliche Personalprobleme* verbunden, die es entsprechend planerisch zu erfassen gilt.
- Die Personalplanung muß für besondere Anlässe durchgeführt werden, z.b. bei technischen Umstellungen oder bei Änderungen des Produktionsprogramms.

Die *sachliche Personalplanung* wird üblicherweise durch die *zeitliche Personalplanung* ergänzt. Hierin wird die Personalplanung *zeitlich gespalten*, d.h. es werden die Zeitpunkte bestimmt, in denen die nach sachlichen Gesichtspunkten festgelegten Maßnahmen durchgeführt werden sollen. Dabei hängt der Zeitabschnitt, auf den sich die Personalplanung erstreckt, von den Möglichkeiten und Bedürfnissen eines Unternehmens ab, seine

Ziele langfristig zu planen. Grundsätzlich sollte er unter drei Gesichtspunkten bestimmt werden:

Abb. 6: Zentrale Fragen der Personalmanagementfelder

> **Personalbestandsanalyse:**
> Wie viele Mitarbeiter welcher Qualifikation sind zur Zeit vorhanden beziehungsweise werden aufgrund der bereits feststehenden Veränderungen zu welchem Zeitpunkt vorhanden sein?
>
> **Personalbedarfsbestimmung:**
> Wie viele Mitarbeiter welcher Qualifikation werden aufgrund der vorgegebenen Sachaufgaben zu welchem Zeitpunkt benötigt?
>
> **Personalbeschaffung:**
> Wie können und sollen zusätzlich benötigte Mitarbeiter auf dem externen oder internen Arbeitsmarkt gewonnen werden?
>
> **Personalentwicklung:**
> Wie können und sollen die Fähigkeiten der Mitarbeiter im Hinblick auf den bestehenden beziehungsweise den zukünftigen qualitativen Personalbedarf erhöht werden?
>
> **Personalfreisetzung:**
> Wie kann überzähliges Personal aus einem Unternehmensbereich unter Berücksichtigung sozialer Gesichtspunkte abgebaut werden?
>
> **Personalveränderung:**
> Wie soll zwischen den alternativen Möglichkeiten zur Personalveränderung (Beschaffung, Entwicklung, Freisetzung) entschieden werden?
>
> **Personaleinsatz:**
> Wie stellen sich die Rahmenbedingungen der betrieblichen Leistungserstellung dar und wie können und sollen Mitarbeiter entsprechend ihrer Fähigkeiten und entsprechend der Sachaufgaben eingesetzt werden?
>
> **Personalführung:**
> Wie kann und soll das Verhältnis zwischen Vorgesetzten und Untergebenen im Hinblick auf eine weitergehende Integration von Unternehmens- und Individualzielen ausgestaltet werden?
>
> **Personalkostenmanagement:**
> Welche gegenwärtigen und zukünftigen Kosten verursachen der aktuelle beziehungsweise der zukünftige Personalbestand, die aktuellen beziehungsweise geplanten personellen Einzelmaßnahmen sowie die (vorgesehenen) Planungsmaßnahmen?
>
> **Personalinformationsmanagement:**
> Welche Informationen über die Beschäftigten im Unternehmen sollen auf welche Art und Weise verarbeitet werden?

1. Die in den *langfristigen Planungen* (ca. 6-10 Jahre und länger) nur grob geplanten Daten werden für einen *mittleren* (ca. 3-5 Jahre) bzw. *kurzen* Zeitabschnitt (ca. 1-2 Jahre) detailliert.

2. Die Planungen werden laufend überprüft und der tatsächlichen Entwicklung angepaßt.

3. Die kurz-, mittel- und langfristigen Planungen werden *laufend fortgeschrieben*, so daß in groben Zügen oder im Detail immer die gleichen Zeiträume erfaßt sind.

Je komplexer die einzelnen Funktionen sind und je höher der Qualifikationsbedarf ist, um so langfristiger muß geplant werden.

Der Planung des *Personalbedarfs* kommt innerhalb des Personalplanungssystems zentrale Bedeutung zu. Einerseits ist sie das *direkte Verbindungsstück zu den anderen Planungsbereichen der Unternehmung* (Absatz-, Produktions-, Investitionsplan u.a.) sowie zur Personalpolitik, andererseits bildet sie die *Grundlage für die in den Teilbereichen der Personalplanung anzuwendenden Maßnahmen*. "Fehlplanungen in diesem Bereich wiegen ungleich schwerer als in anderen; denn wenn der Personalbedarf in quantitativer und qualitativer Hinsicht falsch eingeschätzt wird, sind alle auf dieser Einschätzung beruhenden Überlegungen zur Personalbeschaffung bzw. -abbau, Personalentwicklung und -einsatz bis hin zu den Personalkosten ebenfalls falsch" (RKW-Handbuch 1978, Teil I, S. 30). Die Personalbedarfsbestimmung legt ausgehend vom geplanten Leistungsprogramm fest, "in welcher Situation, aufgrund des geplanten Produktions- und Leistungsprogramms, wieviele Mitarbeiter, welcher Qualifikation, zu welchen Zeitpunkten erforderlich sind" (SCHOLZ 1989, S. 93). Die *Ermittlung des Personalbedarfs* muß unter drei Aspekten erfolgen (siehe hierzu BEYER 1981, BAETGE/WAGENER 1983, SCHOLZ 1989, S. 97 ff.):

1. *Quantitativ*, d.h. Bestimmung der Personalkopfzahl (quantitative Personalbedarfsplanung);

2. *Qualitativ*, d.h. Bestimmung des Personals nach Qualifikationsgruppen (ungelernte Arbeiter, angelernte Arbeiter, Facharbeiter, technische, kaufmännische, leitende Angestellte), Funktionen (z.b. Schlosser, Dreher, Buchhalter) und/oder einzelnen Qualifikationen (qualitative Personalbedarfsplanung). Hier werden Aussagen über die Anforderungsmerkmale einer Stelle und ihre jeweiligen Ausprägungen verlangt; diese Merkmale führen dann zu einem Anforderungsprofil, das für den jeweiligen Personaleinsatz den Fähigkeitsprofilen der Arbeitnehmer gegenübergestellt werden kann.

3. *Zeitlich*, d.h. Bestimmung des in bestimmten Zeitpunkten notwendigen Personals (zeitliche Personalbedarfsplanung).

Zur Ermittlung des quantitativen und qualitativen Personalbedarfs zu bestimmten Zeitpunkten sind im wesentlichen folgende *Schritte* notwendig (vgl. IG METALL o.J., Teil C, S. 19 f., MAUL/BÖNISCH 1976, ARBEITSKREIS 1979, DRUMM/SCHOLZ 1983, S. 104 ff., BRESSER 1985), deren Zusammensetzung auch aus Abb. 7 deutlich wird (vgl. Abb. 7, S. 58, entnommen aus: MOHR 1977, S. 24).

- Zunächst wird der *Bruttopersonalbedarf* bestimmt bzw. vorausgeschätzt, der zur Erfüllung der Betriebsaufgaben erforderlich ist und aus dem technisch und organisatorisch bedingten Einsatzbedarf und dem Reservebedarf (für unvermeidbare Ausfälle wegen Krankheit, Unfall, Urlaub u.a.) besteht.

- Danach wird der *Personalbestand* erfaßt. Ausgangspunkt ist der gegenwärtige Ist-Personalbestand, von dem die im Planungszeitraum erwarteten Abgänge (Pensionierungen, Kündigungen, Versetzungen, Beur-

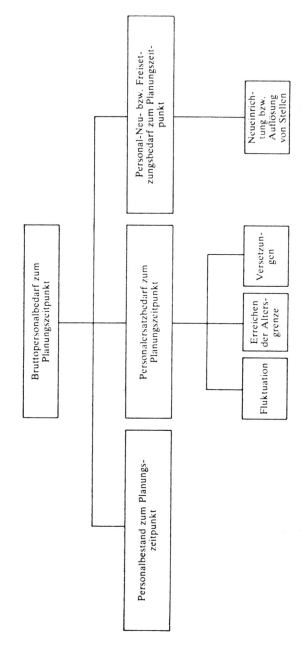

Abb. 7: Zusammensetzung des Personalbedarfs

laubungen u.a.) abgezogen und die bereits feststehenden Zugänge (Rückkehr von der Bundeswehr, Übernahme aus dem Ausbildungsverhältnis u.a.) addiert werden.

- Schließlich wird der *Nettopersonalbedarf* als positive bzw. der *Personalüberhang* (Personalminderbedarf) als negative Differenz zwischen Bruttopersonalbedarf und Personalbestand errechnet. Der Nettopersonalbedarf besteht aus dem Bedarf für die Erhaltung des gegenwärtigen Personalbestandes (Ersatzbedarf) und/oder aus dem Bedarf aufgrund von Erweiterungen, Arbeitszeitverkürzungen u.a. (Neubedarf). Ein Personalüberhang wird z.b. durch Rationalisierungsmaßnahmen, Einschränkungen der Produktion oder Betriebsstillegungen verursacht.

Dabei ist zunächst der gegenwärtige Nettopersonalbedarf bzw. der gegenwärtige Personalüberhang und daran ansetzend - durch Prognose der Entwicklung während des Planungszeitraumes - der zukünftige Nettopersonalbedarf bzw. der zukünftige Personalüberhang zu berechnen. Hierfür, wie auch für die anderen Teilplanungen, stehen der Praxis eine Reihe von Methoden zur Verfügung, von denen die Arbeitsplatzmethode für die Ermittlung des Bruttopersonalbedarfs und die Abgangs-Zugangs-Rechnung für die Berechnung des Personalbestandes am häufigsten angewandt werden (vgl. Abb. 8, S. 60, entnommen aus BAETGE u.a.1984, S. 531).

In den 70er und 80er Jahren sind verschiedene qualitative Analyse- und Prognosemethoden (Umfeldanalysen, Expertenbefragungen, die Delphi-Technik[x], die Relevanzbaum-Technik[x] sowie die Cross-Impact-Matrix[x] und Szenario-Technik[x]) entwickelt worden, über deren praktische Relevanz allerdings wenig bekannt ist. Insbesondere die Bedarfsanalysen der "unbekannten" Zukunft beim Einsatz innovativer Technologie erweisen sich als problematisch. Quantitative Verfahren sind statistisch angelegt, beziehen Kennziffern mit ein, stellen Verlaufshypothesen mit Zeitreihenverfahren auf oder versuchen, ein Bedarfsanalysemodell in ein lineares Programm

Abb. 8: Teilplanungen und Planungsansätze der Personalplanung

Teilplanungen	Planungsansätze (Auswahl)
1. Personalbedarfsplanung (Wieviele Mitarbeiter welcher Qualifikation werden wann, wo, wofür benötigt?)	Ermittlungsverfahren • statistische Verfahren (z. B. Trendextrapolation, Regressionsrechnungen) • Kennzahlenmethode • Arbeitsplatzmethode Entscheidungsmodelle Intuitive Verfahren • einfache Schätzverfahren • Expertenbefragungen
2. Personalbeschaffungsplanung (Wieviele Mitarbeiter welcher Qualifikation sollen/können wann, woher, wie gewonnen werden?)	Methoden und Modelle zu • Beschaffung auf dem internen Arbeitsmarkt (Versetzung, Mehrarbeit) • Beschaffung auf dem externen Arbeitsmarkt (Einstellungen, Arbeitnehmerüberlassungsverträge)
3. Personalabbauplanung (Wieviele und welche Mitarbeiter welcher Qualifikation sollen/können wann, wo, unter welchen Bedingungen, wie freigesetzt werden?)	Methoden und Modelle zu • Arbeitszeitverkürzung • Frühpensionierung • Übergangsberatung (Outplacement/Newplacement) • dauerhafte Freisetzung • Kündigung von Arbeitnehmerüberlassungsverträgen
4. Personalentwicklungsplanung (Wieviele und welche Mitarbeiter welcher Qualifikation sollen/können wie, für welche Positionen gefördert werden?)	Methoden und Modelle zu • on-the-job/off-the-job • Aus- und Weiterbildung • Laufbahnentwicklung
5. Personaleinsatzplanung (Wieviele und welche Mitarbeiter sollen/können/wollen wie, wo, wann unter welchen Bedingungen eingesetzt werden?)	Quantitative Zuordnungsmodelle • Modelle der linearen Programmierung • Methoden der Netzplantechnik Qualitative Zuordnungsmodelle • summarische Zuordnung • analytische Zuordnung (z. B. Profilmethode)
6. Personalverwaltungs-, Personalorganisations-, Personalkostenplanung (Wie soll die Personalverwaltung, die Personalarbeit struktur- und ablauforganisatorisch sowie kostenoptimal gestaltet werden?)	Methoden und Modell zu • EDV-gestützter Personalarbeit • Zentraler/dezentraler Personalarbeit • funktionaler/divisionaler Organisation • Kosten-/Leistungsrechnung

zu transformieren. Für die Lösung solcher Aufgabenstellungen existiert eine Reihe von Computerprogrammen. → STUDIERHINWEIS: (Zu den

neuen Methoden der quantitativen Personalbedarfsermittlung siehe HENTZE 1989[4], Bd. 1, S. 184 ff.).
Wegen der notwendigen Berücksichtigung unvorhersehbarer Einflüsse sind die Methoden der Bedarfsplanung meist lediglich geeignet, den Personalbedarf 'annähernd' zu bestimmen. Das gilt insbesondere für den weit in der Zukunft liegenden Personalbedarf, der aufgrund der Schwierigkeit seiner qualitativen Ermittlung oft nur quantitativ berechnet wird. Die Personalbedarfsplanung ist dann eine reine "Mengenplanung" (vgl. MAASE/SCHULTZ-WILD 1980). Hinzu kommt, daß diese Rechnungen keine objektiven Vorgänge sind; sie entstehen aus unterschiedlichen Interessenlagen. Außerdem haben sie Auswirkungen auf Arbeitsgestaltung, Arbeitspausen und die Höchstbelastungsgrenzen. In Krisenzeiten werden nicht selten personelle Unterdeckungen geplant und damit die von den Gewerkschaften erstrebten gesundheits- und beschäftigungspolitischen Effekte verkürzter Arbeitszeit unterlaufen (vgl. KOHL 1979, S. 20). In einigen Branchen, z.B. in der Stahlindustrie, existieren hingegen Reservequoten, die Urlaub, Krankheit, sonstige Abwesenheit adäquat berücksichtigen. Die Höhe der jeweiligen Reservequoten kann gewissermaßen als Barometer der Durchsetzbarkeit von Arbeitnehmerinteressen angesehen werden (vgl. KOHL 1979, S. 32).

Ein Netto-Personalbedarf ist entweder über den außerbetrieblichen oder über den innerbetrieblichen Arbeitsmarkt zu decken. Hierfür werden in der *Personalbeschaffungsplanung* Maßnahmen vorgesehen. Die Planung der Personalbeschaffung hat sicherzustellen, daß die *notwendigen Arbeitskräfte termingerecht und für die gewünschte Dauer zur Verfügung stehen*, damit Produktionsunterbrechungen oder gar Produktionseinstellungen vermieden werden. Die Maßnahmen der Personalbeschaffungsplanung beziehen sich auf *die Anwerbung von Arbeitskräften mit bestimmter Qualifikation, ihre Auswahl, Einführung in den Betrieb und Einarbeitung am Arbeitsplatz.* → STUDIERHINWEIS: (Siehe Näheres hierzu u.a. bei KOMPA 1984, PILLAT 1986, Praxisbeispiele verschiedener Firmen vermittelt SCHOLZ

1989, S. 144 ff.). Hierfür sind möglichst genaue Kenntnisse über die Möglichkeiten zur Deckung der Personalbestände notwendig. Diese können durch *Analyse und Prognose der Arbeitsmarktsituation* mit dem Ziel der Ermittlung des Beschaffungspotentials an Arbeitskräften und durch *Untersuchung der möglichen und zu wählenden Beschaffungsarten* (externe Beschaffung durch Neueinstellungen oder Personalleasing (im Sinne des Arbeitnehmerüberlassungsgesetzes vom 7.8.1972); interne Beschaffung durch Versetzung, Arbeitskräfteaustausch oder Mehrarbeit) gewonnen werden (siehe hierzu EMRICH-OLTMANNS u.a. 1978, Lernprogramm III, S. 19 ff.). Dabei sind u.a. die besonderen beschäftigungspolitischen Chancen der im Betrieb bereits vorhandenen Arbeitnehmer durch die innerbetriebliche Beschaffung zu beachten. Die *interne Ausschreibung* bzw. *Nachfolgeplanung* gibt ihnen nämlich die Möglichkeit der beruflichen Weiterentwicklung oder Veränderung. "Wichtig ist speziell die Signalwirkung für Mitarbeiter im Betrieb: Ausschließlich interne Beschaffung kann leicht zur Interpretation als Beförderungsautomatik führen, überwiegend externe Beschaffung zu Frustration und Fluktuation" (SCHOLZ 1989, S. 160). → STUDIERHINWEIS: (Zu weiteren Vor- und Nachteilen der internen und externen Personalbeschaffung siehe u.a. GAUGLER 1974, S. 245 ff.). Unabhängig von der Art der Beschaffung gilt, daß deren Planung um so langfristiger ausgerichtet sein muß, je weniger Arbeitskräfte zur Verfügung stehen und je höher die gestellten Anforderungen sind. Dieser *Grundsatz* wird in der Praxis oft nicht beachtet; soweit Maßnahmen zur Personalbeschaffung überhaupt geplant werden, beziehen sie sich meist nur auf kurze Zeiträume. Das ist insoweit gerechtfertigt, wie es um die Auswahl, Einführung und Einstellung der Arbeitnehmer geht. Hinsichtlich dieser Maßnahmen ist aber zu fordern, daß sie durch *Erstellung längerfristig geltender Grundsätze und Richtlinien* in einen einheitlichen Rahmen gestellt werden. Einen Überblick über die mit der Personalbeschaffung erforderlichen Planungen und Aktivitäten zeigt Abb. 9 (vgl. Abb. 9, S. 63, entnommen aus: SCHOLZ 1989, S. 159). → STUDIERHINWEIS: (Praxisbeispiele der Personalbeschaffung verschiedener Firmen bei SCHOLZ 1989, S. 235 ff.).

Abb. 9: Inhalt und Ablauf der Personalbeschaffung

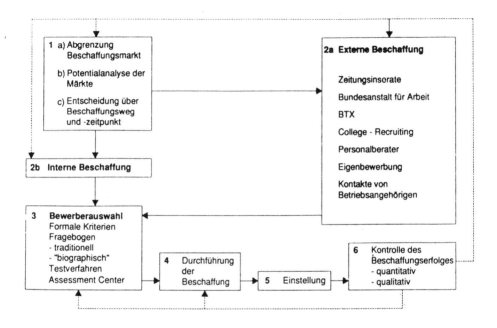

Ergibt die Personalbedarfsplanung einen - voraussichtlich andauernden - Überhang an Personal, so steht das Unternehmen vor dem Problem, sich dieser Situation durch *Maßnahmen des Personalabbaus* anzupassen. Hierauf bezieht sich die Personalabbauplanung. Ihre *Aufgabe* ist es, Abbaumaßnahmen zu planen und die Vorgehensweise bei Personalreduzierungen (Auswahl angemessener Maßnahmen, kostenmäßige Überprüfung der geplanten Abbaumaßnahmen, Informationspolitik, Steuerung und Überwachung des Personalabbaus) im voraus festzulegen. Der rechtliche Aspekt spielt hierbei eine große Rolle, denn nach § 1 KSchG sind Entlassungen von Arbeitnehmern, die mindestens sechs Monate in Unternehmen beschäftigt waren, nur möglich, wenn die Gründe in der Person bzw. im Verhalten des jeweiligen Arbeitnehmers liegen oder - was allerdings recht häufig vorkommt - dringende betriebliche Gründe einer Weiterbeschäftigung entgegenstehen. In der Personalabbauplanung sollte es vornehmlich darum gehen, *Entlassungen als härteste Folgewirkung auf die betroffenen Arbeitnehmer* durch *präventive* oder *alternative* Maßnahmen zu verhindern. Solche Maßnahmen sind auch außerhalb der Personalplanung möglich. → STUDIERHINWEIS: (Siehe hierzu Näheres u.a. bei EMRICH-OLTMANNS u.a. 1978, Lernprogramm IV, S. 6 ff.; RKW-Handbuch 1978, Teil IV, S. 31 ff.; PROJEKTGRUPPE PERSONALPLANUNG DER HBV o.J.; DETERS/KARG/ROSENBERG 1985). So sollte bereits bei der Planung von Produktionsstätten die Aufnahmekapazität des örtlichen Arbeitsmarktes im Fall unvermeidbaren Personalabbaus berücksichtigt werden. Ebenso wären im Rahmen der Absatz-, Entwicklungs- und Investitionsplanung Überlegungen darüber anzustellen, wie durch entsprechende Schaffung und Gestaltung der Arbeitsplätze Personalüberschüsse vermieden werden können. Durch Maßnahmen wie erweiterte Lagerhaltung, Rücknahme von Fremdaufträgen, Durchführung von Reparatur- und Erneuerungsaufträgen, Erweiterung des Produktionsprogramms, Verschiebung möglicher Rationalisierungsinvestitionen und ihre Festlegung in der Produktionsplanung kann möglicherweise ebenfalls ein Beitrag zur Verhinderung von Entlassungen geleistet werden. Vorbeugende oder alternative Maßnahmen zu Entlassungen (zu direktem Personalabbau) im Rahmen der Personalabbauplanung sind entweder quantitativer oder qualitativer Art.

65

Die quantitativen Maßnahmen beziehen sich (in Form von Kurzarbeit, gezielte Urlaubsplanung/Betriebsurlaub, Abbau von Überstunden, Umwandlung von Voll- in Teilzeitarbeitsplätze u.a.) auf die Gestaltung der Arbeitszeit und/oder sie führen zu einem indirekten Personalabbau (z.b. durch Einstellungsstop, Nichtverlängerung von Zeitverträgen, Abbau von Leiharbeit, Umsetzungen bzw. Versetzungen, vorgezogene Pensionierungen). Die *qualitativen Maßnahmen* können auf die Gestaltung des Arbeitsinhaltes und der Arbeitsintensität (z.b. in Form der Arbeitserweiterung) gerichtet sein oder sie zielen auf die Qualifizierung der betroffenen Arbeitnehmer (durch Aus- und Fortbildung, Umschulung und Anlernen) (vgl. FRÖHLICH 1984). Ist voraussehbar, daß Einzelkündigungen oder Massenentlassungen in Zukunft nicht vermeidbar sind, so sollte es Aufgabe der Personalabbauplanung sein, Maßnahmen zur Milderung der sozialen Folgen für die betroffenen Arbeitnehmer einzuplanen (Übergangshilfen, Vermittlung an andere Firmen, Unterstützung bei der Suche neuer Arbeitsplätze u.a.). Bei Betriebsänderungen besteht ohnehin die Pflicht, solche Maßnahmen in einem *Sozialplan*[x] zu regeln. → STUDIERHINWEIS: (siehe auch in Abschnitt 3.1)

Um einen Personalbedarf decken oder einen Personalüberhang abbauen zu können, müssen den betroffenen Arbeitnehmern vor und/oder während ihres Einsatzes im Betrieb eventuell noch notwendige Qualifikationen vermittelt werden. Die hierauf gerichteten planerischen Maßnahmen sind Gegenstand der *Personalentwicklungsplanung* (vgl. KOSSBIEL 1982; CONRADI 1983; BERNDT (Hrsg.) 1986, BERTHEL/BECKER 1986, S. 544 ff.; HERZIG 1986; WUNDERER 1988, S. 435 ff.). Es handelt sich hierbei um solche

- der *beruflichen Erstausbildung*,
- der *Fortbildung* (Anpassungs-, Aufstiegs- und allgemeine Fortbildung) und
- der *Umschulung*.

Derartige Maßnahmen können auf den einzelnen Arbeitnehmer, Gruppen von Arbeitnehmern und ganze Belegschaften bzw. Betriebe gerichtet sein.
→ STUDIERHINWEIS: (Vgl. KOSSBIEL 1982; WEBER 1985; THOM 1987; siehe hierzu Näheres in Abschnitt 4.1). Mit ihnen "soll der innerbetriebliche Arbeitsmarkt systematisch für künftige Bedarfsfälle erschlossen werden". (RKW-Handbuch 1978, Teil V, S. 28).

Dabei hängt es maßgeblich vom Begriff des *qualitativen Personalbedarfs* ab, ob die Bildungsmaßnahmen lediglich auf die Anpassung der Arbeitskräfte an die sich im Zuge der technisch-ökonomischen Entwicklung ändernden Arbeitsanforderungen zielen oder ob sie auch den Wünschen und Bedürfnissen der Arbeitnehmer nach persönlicher Entfaltung, Sicherung des Arbeitslebens und beruflichem Fortkommen genügen (vgl. auch GEORG/SATTEL 1985, S. 222 ff.). Generell dienen sie dem Ziel, das *qualitative Potential der Beschäftigten* zu erhalten und zu erhöhen. Eine wichtige Voraussetzung der hierauf gerichteten Bildungsmaßnahmen ist - neben der Entwicklung eines geeigneten Planungsinstrumentariums und der Festlegung langfristig geltender Richtlinien als Bezugsrahmen für die Maßnahmenplanung - die *Bestimmung des gegenwärtigen und die Prognose des zukünftigen Bildungsbedarfs*. Dieser gibt die "Lücke" an, die zwischen den Anforderungen an die Qualifikation der Arbeitskräfte auf der einen und ihren bereits vorhandenen Qualifikationen auf der anderen Seite besteht (siehe hierzu u.a. RKW-Handbuch 1978, Teil V, S. 25 ff. und EMRICH-OLTMANNS u.a. 1978, Lernprogramm V, S. 19 ff.; DRUMM/ SCHOLZ 1983, S. 172 f.). Deshalb kommt den *Anforderungsprofilen* der Stellen und den *Fähigkeitsprofilen* der Beschäftigten - neben anderen Informationsquellen, z.B. Befragung der Arbeitnehmer und des Unternehmers hinsichtlich ihrer Erwartungen, Analyse von betrieblichen Vorgängen wie hohe Fehlzeiten und Unfallquoten, übermäßiger Ausschuß - zentrale Bedeutung zu.

Der ermittelte Bildungsbedarf ist Grundlage für eine *Rahmenplanung*, in der Abstimmungen mit den anderen Teilen der Unternehmensplanung, insbesondere mit der Kostenplanung, vorzunehmen und die Entscheidungen hinsichtlich der Reihenfolge, der Art und der konkreten Durchführung der Entwicklungsmaßnahmen zu treffen sind.

Die Eingliederung der verfügbaren Arbeitskräfte in den Produktionsprozeß wird in der *Personaleinsatzplanung* vorausbestimmt. Ihre Aufgabe ist es, *eine optimale Zuordnung von Arbeitskräften und Arbeitsstellen* zu erreichen. Dabei geht es *kurzfristig* um die zeitliche und kapazitätsmäßige Einordnung der Arbeitskräfte in die Betriebsorganisation, *mittel- und langfristig* hingegen einerseits um die qualitative und intensitätsmäßige Anpassung der Arbeitskräfte an die Arbeitsanforderungen und andererseits um die Anpassung der Arbeitsplätze und der Arbeitsbedingungen an die Arbeitskräfte, u.a. an Ältere und Behinderte. → STUDIERHINWEIS: (Siehe Näheres hierzu im RKW-Handbuch 1978, Teil VI, S. 18 und 70 ff.) Die Teilaufgaben der Personaleinsatzplanung beziehen sich auf den Arbeitsplatz, auf die Arbeitszeit und die jeweiligen Arbeitsaufgaben. Relevant ist hierbei jene Arbeitswissenschaft, die auf die Optimierung des soziotechnischen Arbeitssystems gerichtet ist und dabei auf Erkenntnisse aus sozialen, rechtlichen, wirtschaftlichen, technischen, medizinischen und psychologischen Gestaltungslösungen zurückgreift (vgl. ROHMERT 1984; LUCZAK/ ROHMERT 1985; FRIELING/ SONNTAG 1987). → STUDIERHINWEIS: (Praxisbeispiele der Personaleinsatzplanung verschiedener Firmen finden sich bei SCHOLZ 1989, S. 313 ff.). Hierfür sind umfassende Informationen über die Arbeitsplatz- und Personalseite notwendig, zu deren Beschaffung den Betrieben oft ein *vielfältiges Instrumentarium* zur Verfügung steht, z.B. Stellenbeschreibung, Personalkartei, Anforderungs- und Fähigkeitsdatei. → STUDIERHINWEIS: (Siehe Näheres hierzu in Abschnitt 2.2). Zentrales Instrument der Personaleinsatzplanung ist der *Stellenbesetzungsplan*, in dem zusammen mit eventuell zu erstellenden Zusatzplänen (Urlaubsvertretungs-, Schichtplan u.a.) das Ergebnis der Einsatzplanung festgehalten wird. Für den mittel- und langfristigen Zeitraum hat die Personaleinsatzplanung außerdem die *geplanten Beförderungen* zu berücksichtigen und für eine *systematische Arbeitsplatzgestaltung* im Sinne einer Anpassung der Arbeitsplätze an die Qualifikationen und Wünsche der Arbeitskräfte zu sorgen (wofür bei strukturell bedingten Veränderungen der Arbeitsanforderungen anläßlich technisch-organisatorischer Umstellungen oft günstige Voraussetzungen bestehen).

Die einzelnen Maßnahmenplanungen des Personalplanungssystems (Personalbeschaffungs-, Personalabbau-, Personalentwicklungs- und Personaleinsatzplanung) dürfen nun aber nicht nur in ihrer *Abhängigkeit von der Personalbedarfsplanung* gesehen werden; umgekehrt können diese Teilplanungen auch zur *Revision der Bedarfsplanung und darüber hinaus anderer Unternehmensplanungen* auffordern. So mögen sich die Planungsinstanzen aufgrund der Maßnahmenplanungen genötigt sehen, die Arbeitsplätze humaner zu gestalten. Umgekehrt können diese aber auch zu Einschränkungen der Arbeitshumanisierung führen, nämlich wenn deutlich wird, daß die vorgesehenen personellen Maßnahmen eventuell Kosten verursachen, die der Arbeitgeber nicht bereit ist, zu übernehmen bzw. hierzu nicht in der Lage ist.[1] Dieser *Aufforderungscharakter der Maßnahmenplanungen gegenüber der Personalbedarfsplanung und den übrigen Unternehmensplanungen* im Sinne einer Überprüfung ihrer Festlegungen

---

[1] Wegen der zentralen Bedeutung der Personalkosten vor allem als Begrenzungsfaktor von Maßnahmen im Personalbereich werden diese oft ebenfalls einer systematischen Planung unterzogen. Die Planung der kostenmäßigen Auswirkungen der Personalmaßnahmen (wie überhaupt der Beschäftigung von Arbeitskräften) gehört u.E. jedoch nicht - ebensowenig wie die planerische Ermittlung des Arbeitsertrages - zum engeren System der Personalplanung. In den Betrieben ist sie deshalb meist auch im Rechnungswesen angesiedelt. Aus diesem Grunde gehen wir hier auf die Personalkostenplanung nicht weiter ein. → STUDIERHINWEIS: (Siehe hierzu GRÜNEFELD 1981, VOGT 1983, VOGT 1984, ALBACH u.a. 1985).

ist insbesondere der Personaleinsatzplanung eigen: Sie bietet im Bereich der Personalplanung nämlich die letzte Möglichkeit zur wechselseitigen Abstimmung zwischen Arbeitsplätzen und Arbeitskräften. Spätestens bei der Personaleinsatzplanung wird sich zeigen, ob die anderen Personalplanungen ihre Aufgaben optimal erfüllt haben oder ob Revisionen notwendig sind. Die anderen Personalplanungen erhalten ihre Bedeutung für Arbeitgeber und Arbeitnehmer also erst durch die Planung des Personaleinsatzes (andererseits kann die Personaleinsatzplanung ihre Ziele natürlich nicht ohne die anderen Personalplanungen erreichen). Ob die einzelnen Teilbereiche der Personalplanung optimal durchgeführt worden sind oder abgeändert werden müssen, bemißt sich nach dem *Umfang der Realisierung der vom Arbeitgeber und den Arbeitnehmern mit der Personalplanung angestrebten Ziele und dem Grad ihrer gegenseitigen Abstimmung.* Damit sind die personellen Teilplanungen - wie die Personalplanung insgesamt - in den Interessengegensatz zwischen Arbeitnehmer und Arbeitgeber gestellt. *Die unterschiedlichen Ziele, die mit den Teilplanungen verfolgt werden*, zeigt Abb. 10 (vgl. Abb. 10, S. 70, entnommen aus: IG METALL o.J., Teil B, S. 53).

Ob und inwieweit die Abstimmung dieser Ziele im konkreten Planungsfall gelingt, hängt maßgeblich von der gewählten Methode zur Entwicklung personaler Planungsprozesse ab. Insbesondere bei technischen Innovationen sind diese meist unzulänglich, so daß die an die Personalplanung gerichtete Forderung, geeignetes Personal jederzeit in der gewünschten Quantität und Qualität zur Verfügung zu stellen, sich im allgemeinen als illusorisch erweist (vgl. SONNTAG 1989a, S. 25 ff.). Aus diesem Grunde werden in jüngster Zeit auch in Arbeitswissenschaft und Arbeitspsychologie Verfahren entwickelt, die auf eine Anwendung durch betriebliche Praktiker ausgerichtet sind und zur Zeit in Pilotprojekten erprobt werden.

Abb. 10: Unterschiedliche Zielsetzung von Arbeitnehmern und Arbeitgebern in den Teilbereichen der Personalplanung

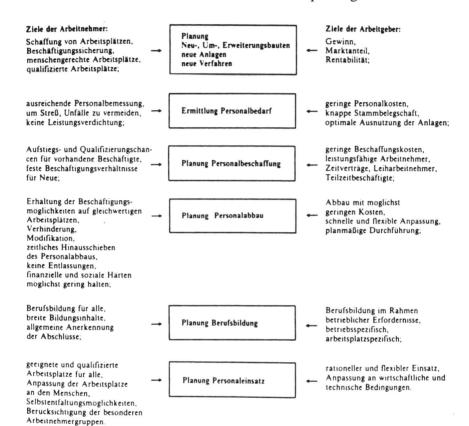

Ein Beispiel ist der sog. Leitfaden zur qualitativen Personalplanung bei technischen Innovationen (LPI), den Abb. 11 zeigt (vgl. Abb. 11, entnommen aus: SONNTAG/HEUN/SCHAPER 1989, S. 100).

Abb. 11: Aufbau des Leitfadens zur qualitativen Personalplanung bei technischen Innovationen (LPI)

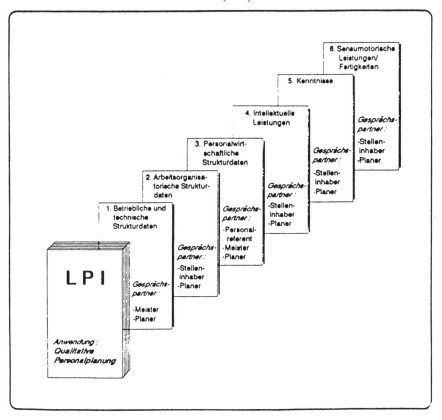

Wie aus Abb. 11 ersichtlich ist, werden zur Beantwortung der einzelnen Themenbereiche nicht nur Experten (Planer, Meister, Personalreferenten) herangezogen, sondern auch die Stelleninhaber selbst. Damit soll die partizipative Ausrichtung des Verfahrens unterstrichen werden. Somit ist auch die Gesamtstrategie angesprochen, die bei der Einführung neuer Technologien zu entwickeln ist, so etwa im Bereich der Produktion durch numerisch gesteuerte Werkzeugmaschinen^x, CNC-Maschinen^x, DNC-Systeme^x, CAD^x, CAI^x, CAM^x, CAO^x, CAP^x, CAQ^x, CIM^x.

Ein besonderes Problem ergibt sich aus dem Ansatz zur integrativen Optimierung unterschiedlicher Abläufe auf der Realgüterseite wie auf der betriebswirtschaftlichen Steuerebene, die durch CIM (Computer Integrated Manufactoring) geleistet werden soll. Eine genaue Personalplanung und antizipative Personal- und Organisationsentwicklung, die sowohl die Fachkompetenz als auch die Methoden- und Sozialkompetenz berücksichtigt, ist hier dringend notwendig. Zur Realisierung der mit der Personalplanung verfolgten Ziele sind die personellen Teilplanungen - dieses dürfte bei ihren obigen Kurzbeschreibungen bereits deutlich geworden sein - auf *zwei Ansatzpunkte* verwiesen: auf Maßnahmen der *quantitativen* und auf solche der *qualitativen Personalplanung*. Hierauf beziehen sich prinzipiell alle Teilplanungen, wenn auch mit unterschiedlicher Betonung des einen oder des anderen Schwerpunkts. Die quantitativen und qualitativen Planungsmaßnahmen sind auf die *Beeinflussung und Gestaltung von Personalbedarf (Personalnachfrage) und Personalangebot* mit dem Ziel ihrer Abstimmung gerichtet. Das ist aus Abb. 12 zu ersehen (vgl. Abb. 12, S. 73, entnommen aus: RKW-Handbuch 1978, Teil I, S. 30). Da sich beide Bereiche wechselseitig beeinflussen (mit quantitativen Planungsmaßnahmen sind teilweise immer auch qualitative Maßnahmen festgelegt und umgekehrt), müssen sie in der Praxis stets im engen Zusammenhang gesehen werden. Das schließt nicht aus, daß man sich bei der analytischen Darstellung der Personalplanung jeweils auf einen Bereich konzentriert.

Im folgenden Kapitel werden wir besonders auf den Bereich der qualitativen Personalplanung Bezug nehmen und dabei die planerische Erfassung der Beziehungen zwischen nachgefragten Arbeitsplatzanforderungen und angebotenen Qualifikationen der Arbeitskräfte thematisieren.

Abb. 12: Mögliche Ansatzpunkte für Personalplanung

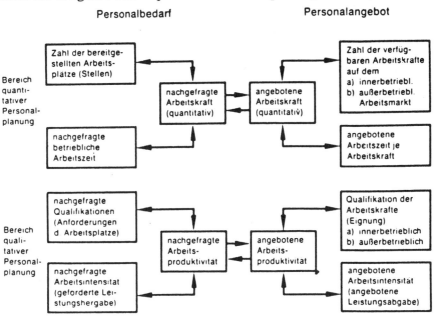

ZUSAMMENFASSUNG:

Diese Ausführungen können wie folgt zusammengefaßt werden: Die Personalplanung besteht aus einem System von Teilplanungen, die unterschiedliche Aufgaben zu erfüllen haben und in den Interessengegensatz zwischen Arbeitgeber und Arbeitnehmern gestellt sind. Es handelt sich um folgende Teilplanungen: Planung des Personalbedarfs, der Personalbeschaffung, des Personalabbaus, der Personalentwicklung und des Personaleinsatzes. Diese Planungsbereiche sind durch vielfältige Beziehungen verknüpft, deren qualitative Seite in der Abstimmung von Arbeitsanforderungen und Qualifikationen besteht.

☑ Übungsaufgabe 1

Skizzieren Sie

1. das System der Personalplanung mit seinen Hauptaufgaben,

2. im Zusammenhang mit der übrigen Unternehmensplanung und der Arbeitsmarktpolitik und

3. in dessen Bedeutung für Arbeitgeber und Arbeitnehmer!

2. PERSONALPLANUNG UNTER DEM ASPEKT DER VERMITTLUNG VON ARBEITSANFORDERUNGEN UND QUALIFIKATIONEN

2.0 FALLSTUDIE: PERSONALKOSTENSENKUNG IM ANGESTELLTENBEREICH[1]

Brief des Vorstands der Maschinenbau AG an alle Beschäftigten in der Verwaltung des Unternehmens.

Sehr geehrte Mitarbeiter und Mitarbeiterinnen,

in den letzten Jahren sind die Kosten, die nicht unmittelbar mit der Herstellung unserer Produkte zusammenhängen, wir nennen sie Gemeinkosten, sehr stark gestiegen und bewegen sich heute auf einem unerträglichen Niveau. Um die Leistungsfähigkeit und damit die Arbeitsplätze des Unternehmens zu sichern, müssen wir die Kostenentwicklung unter Kontrolle bringen. Nur so können wir konkurrenzfähig bleiben.

Mitarbeiter einer Unternehmensberatungsfirma werden von der nächsten Woche an alle Abteilungen im Verwaltungsbereich untersuchen.

In Zusammenarbeit mit den Abteilungsleitern sollen die Arbeitsplätze daraufhin überprüft werden, ob und in welchem Maße auf ihre Leistungen verzichtet werden kann, bzw. ob sich der Arbeitsablauf in den Abteilungen und zwischen ihnen rationeller organisieren läßt.

Die Ergebnisse der Untersuchung werden ihren Niederschlag in neuen Organisations-, Stellen- und Stellenbesetzungsplätzen und neuen Stellenbeschreibungen finden.

Die Personaleinsparungsvorschläge sollen etwa ein Jahr nach Abschluß der Untersuchung realisiert sein.
Mögliche Personaleinsparungen sollen unter Vermeidung sozialer Härten

---

[1] In Anlehnung an: IG METALL o.J., Teil C., S. 77

erzielt werden, also in erster Linie unter Berücksichtigung der natürlichen Fluktuation und interner Versetzungen.

Die Belegschaftsvertretungen wurden vom Vorstand und der Personalleitung ausführlich über das Projekt informiert und werden auch während der Untersuchung weiterhin laufend über die Ergebnisse unterrichtet.

Wir bitten Sie um Ihre Unterstützung, damit diese notwendige und vernünftige Maßnahme ein voller Erfolg für das Unternehmen und seine Mitarbeiter wird.

Der Vorstand der Maschinenbau AG

Um die Einsparungsvorschläge des Untersuchungsteams beurteilen zu können, beauftragt der Betriebsrat einige Mitglieder - u.a. in Gesprächen mit der Personalabteilung -, Auskünfte über folgende Fragen einzuholen:

1. Welchen Nutzen haben Organisations- und Stellenpläne, insbesondere Stellenbeschreibungen für die beabsichtigte Überprüfung der Arbeitsplätze?

2. Wie werden die Anforderungen an den Arbeitsplätzen und die Fähigkeiten der Angestellten ermittelt?

3. Wie werden die Arbeitsanforderungen und Qualifikationen aufeinander abgestimmt?

4. Welche Rolle spielen die gegenwärtigen Stellenbesetzungspläne bei der Untersuchung? Inwiefern werden sie sich ändern?

5. Handelt es sich bei der Überprüfung um eine einmalige Aktion oder ist auch später mit derartigen Kontrollen zu rechnen?

2.1 DER ORGANISATIONS- UND STELLENPLAN ALS GRUNDLAGE DER PERSONALPLANUNG

Bei der Personalplanung und damit bei der planerischen Vermittlung von Arbeitsanforderungen und Qualifikationen wird üblicherweise an dem Organisations- und Stellenplan der Unternehmung angeknüpft. Organisations- und Stellenpläne sind schaubildliche oder tabellarische Darstellungen der bestehenden und geplanten Struktur- und Prozeßorganisation der Unternehmung.
Der *Organisationsplan* (vgl. Abb. 13, S. 78, entnommen aus: EMRICH-OLTMANNS u.a. 1978, Lernprogramm II, S. 31, in Anlehnung an: SCHWARZ 1969, S. 202) enthält

1. entsprechend dem funktionalen Ablauf des Unternehmens (*Prozeßorganisation*) eine Gliederung in Betriebe und Abteilungen (*funktionale Nebenordnung*) und

2. entsprechend dem Unternehmensaufbau (*Strukturorganisation*) eine Gliederung in Verantwortungsebenen, wobei für jeden Betrieb und jede Abteilung die disziplinarische Abhängigkeit nach oben und unten angegeben wird (*hierarchische Unter- und Überordnung*).

Der *Stellenplan* ist die Erweiterung des Organisationsplanes. Er gibt - i.d.R. bezogen auf einzelne Abteilungen - die Anzahl und nähere Bezeichnungen (Hauptfunktionen, Qualifikationsanforderungen u.a.) der Stellen an (vgl. Abb. 14, S. 79, entnommen aus: EMRICH-OLTMANNS u.a. 1978, Lernprogramm II, S. 32). Vor allem können dem Stellenplan Hinweise entnommen werden über (vgl. RKW-Handbuch 1978, Teil VI, S. 26)

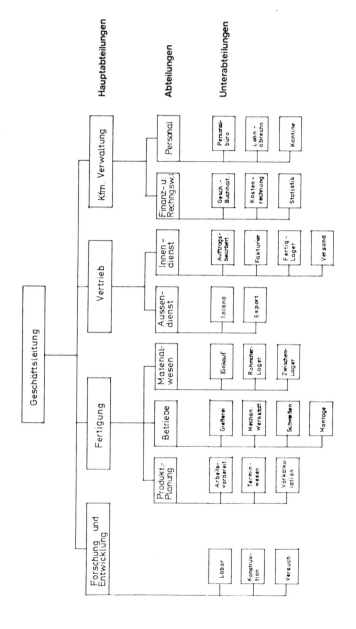

Abb. 13: Beispiel: Organisationsplan eines Mittelbetriebes

- vorhandene Stellen,
- zu schaffende zusätzliche Stellen,
- Zusammenlegung von Stellen,
- qualitative Veränderung der vorhandenen Stellen,
- Wechsel vorhandener Stellen zu anderen Organisationseinheiten,
- Wegfall vorhandener Stellen.

Abb. 14 : Beispiel: Stellenplan der Abteilung Finanz- und Rechnungswesen

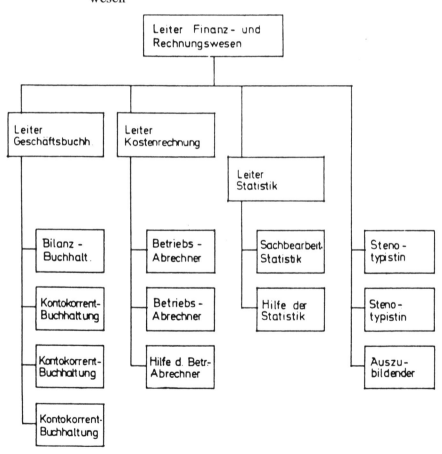

In Großbetrieben mit einer Vielzahl von Planstellen werden die Stellenpläne oft in tabellarischer Form erstellt. Diese enthalten zumeist auch detaillierte Angaben über Art und Umfang der Aufgaben der einzelnen Stellen, insbesondere über die qualifikatorischen Voraussetzungen zur Stellenbesetzung und die tarifliche oder außertarifliche Lohn-/Gehaltseinstufung (vgl. Abb. 15, entnommen aus: IG METALL o.J., Teil C, S. 30).

Abb. 15: Beispiel: Stellenplan einer Formatgießerei

Abteilung: Gießerei Bereich: Formatgießerei Blatt: 1	Stellenplan Stand: 1. 1. 1977		Eingangsvermerk der Personalabteilung 20. 1. 1977 gez. Mosch	
Sachgebiet: Aufg. Arbeitspl. Nr.		Tätigkeitsbezeichnung	Anzahl der Stellen	Tarifgruppe	Bemerkungen über Vollmachten
Schmelzen u. Gießen	1	Betriebsleiter	1		i.V. (Handlungsvollmacht)
Schmelzen u. Gießen	2	Obermeister	1		i.V. (Sachvollmacht)
Schmelzen u. Gießen	3- 4	Meister	2		i.V. (Sachvollmacht)
Schmelzen u. Gießen	5- 8	Schichtmeister	4		
Schmelzen	9- 12	Vorarbeiter	4		
Schmelzen	13- 32	Schmelzer	20		
Gießen	33- 36	Vorarbeiter	4		
Gießen	37- 64	1. Gießer	28		
Gießen	65- 88	2. Gießer	24		
Gattieren	89- 96	Gattierer	8		
Fahren	97-100	Kranführer	4		
Fahren	101-108	Stapelfahrer	8		
Bearbeiten	109	Meister	1		i.A. (Sachvollmacht)
Bearbeiten	110-113	Schichtmeister	4		
Bearbeiten	114-117	Vorarbeiter	4		
Bearbeiten	118-123	Glüher	6		
Bearbeiten	124-135	1. Barrenbearbeit.	12		
Bearbeiten	137-147	2. Barrenbearbeit.	12		
Genehmigungsvermerk des Abteilungsleiters gez. Kordin		Summe der Stellen	147		Unterschrift des Bereichsleiters gez. Grasch

81

Voraussetzung für die Erstellung solcher detaillierter Stellenpläne sind schriftlich abgefaßte und aufeinander abgestimmte *Stellenbeschreibungen*, in denen die gegenwärtige und/oder zukünftig gewünschte Stellensituation erfaßt wird (vgl. Abb. 16, S. 82, entnommen aus: RKW-Handbuch 1978, Teil VIII, S. 23). In Stellenbeschreibungen werden die Aufgaben, die Zuständigkeiten und Verantwortlichkeiten der Stelleninhaber fixiert. Sie können vor allem Antworten auf folgende Fragen geben (vgl. RKW-Handbuch 1978, Teil VIII, S. 21 f.):

- Wie ist die Bezeichnung der Stelle?
- Welches ist das Ziel der Stelle?
- Wie ist die Stelle in die Organisation eingeordnet?
  Das heißt:
- Wem ist die Stelle unterstellt (u.U. Trennung in fachliche und disziplinarische Unterstellung)?
- Welche Stellen sind neben- und nachgeordnet?
- Wer vertritt den Stelleninhaber?
- Welche konkreten Hauptaufgaben sind auf dieser Stelle auszuführen?
- Welche Nebenaufgaben fallen an?
- Welche Kompetenzen sind mit der Stelle verbunden?
- Welches sind die Maßstäbe zur Stellenbewertung?
- Wen informiert oder berät der Stelleninhaber?
- Von wem wird der Stelleninhaber informiert oder beraten?
- Welcher Rang in der Hierarchie ist für den Stelleninhaber vorgesehen?
- Welche Zeichnungsbefugnis hat der Stelleninhaber?

Für Stellenbeschreibungen stehen verschiedene *Methoden* zur Verfügung, die zweckmäßigerweise kombiniert angewandt werden, und zwar (vgl. RKW-Handbuch 1978, Teil VIII, S. 22 ff.):

- schriftliche Aufzeichnung durch den Stelleninhaber,
- schriftliche Aufzeichnung durch den Vorgesetzten,

Abb. 16: Beispiel: Stellenbeschreibung

Stellenbeschreibung

1. Stellenbezeichnung	2. Rangstufe:

3. Ziel der Stelle bzw. Kurzbeschreibung des Aufgabengebietes:

4. Stellenbezeichnung des direkten Vorgesetzten:

5. Der Stelleninhaber erhält zusätzlich fachliche Weisungen von (Stellenbezeichnung, Art und Umfang angeben):

6. Stellenbezeichnungen und Anzahl der direkt unterstellten Mitarbeiter:

7. Der Stelleninhaber gibt zusätzlich fachliche Weisungen an (Stellenbezeichnung, Art und Umfang angeben):

8. Der Stelleninhaber vertritt:

9. Der Stelleninhaber wird vertreten von:

10. Spezielle Vollmachten und Berechtigungen, die nicht in einer allgemeinen Regelung festgehalten sind:

11. Beschreibung der Tätigkeiten, die der Stelleninhaber selbständig durchzuführen hat:

Die dargestellten Tätigkeiten werden – soweit nicht schon geschehen – spätestens nach 12 Monaten seit Einführung der Stellenbeschreibung übernommen.

Datum	Datum	Datum	Datum
Unterschrift Stelleninhaber	Unterschrift unmittelbarer Vorgesetzter	Unterschrift nächsthöherer Vorgesetzter	Unterschrift einführende Stelle

Änderungsvermerke

- Befragung des Stelleninhabers durch einen Vertreter des Projektteams, das mit den Stellenbeschreibungen befaßt ist,
- Befragung des Vorgesetzten durch einen Vertreter des Projektteams.

Schwierig ist die Aufgabe der Erstellung von Stellenplänen dann, wenn - etwa bei Inbetriebnahme einer neuen Anlage - noch keine Stellenpläne und Stellenbeschreibungen vorliegen, die fortgeschrieben werden können. In solchen Fällen ist man weitgehend auf Angaben der Anlagenhersteller, auf Information von Unternehmen, die ähnliche Anlagen betreiben, und auf eigene Untersuchungen während der Planungs- und Einführungsphase der neuen Anlage angewiesen (zur Stellenplanung bei neuen Anlagen siehe das Beispiel bei DEDERING/VERLAGE 1979, S. 303 ff.; siehe auch CIEPLIK 1985, S. 45 ff.; STAUDT 1987, S. 29 ff.). Um hierbei Fehlplanungen möglichst zu vermeiden, ist die *Berücksichtigung der personalpolitischen Möglichkeiten des Unternehmens* (seine Personalbeschaffungssituation, seine Möglichkeiten zur Personalentwicklung u.a.) unerläßlich. Geboten ist bei der Stellenplanung vor allem auch die Beachtung der auf *Humanisierung der Arbeit gerichteten Interessen der zukünftigen Stelleninhaber*. Dabei ist es allerdings nicht mit jenen *privatwirtschaftlichen Humanisierungsmaßnahmen* getan, die auf Komponenten wie Delegation von Mitverantwortung, Gesundheitsschutz, Vermeidung von Belastung oder Erhöhung der Arbeitssicherheit gerichtet sind.

 BEISPIEL

Eine Befragung von Betriebsratsmitgliedern in 18 Firmen der Metallindustrie (vgl. DIDICHER 1981, S. 98 ff.) hat ergeben, daß der Schwerpunkt der dort erfolgten Humanisierung in Maßnahmen der Lärmbekämpfung, der Verbesserung von Heizung und Lüftung und der Beseitigung von Beschwerden über Dunst, Staub und Dampf bestand, wobei der Erfolg sehr begrenzt war. Insoweit Ansätze zur Umstrukturierung der Arbeit in den Betrieben durchgeführt worden sind, bestanden sie in den einfachen Formen von Aufgabenwechsel^x und Aufgabenerweiterung^x und waren überhaupt auf den Bereich der Fließbandarbeit oder zumindest interdependenter Fertigungsketten beschränkt. Sie erfolgten also ohne Änderung der eigentlichen Arbeit und ohne Berücksichtigung jeglicher Autonomiegesichtspunkte. Unter dem Aspekt der Arbeitsorganisation stand die Beseitigung von physisch schwerer Arbeit ("extreme Spitzenbelastungen") im Vordergrund.

Zwar vermag eine solche Humanisierungspolitik auch Verbesserungen für die betroffenen Arbeitskräfte zu bringen, qualitative Fortschritte in der Arbeit als dem zentralen Anliegen von Humanisierungsstrategien werden hiermit aber nur ansatzweise erreicht. Die Unternehmen verfolgen mit solchen Humanisierungsmaßnahmen das Ziel, unter einseitiger Orientierung an Kriterien der betriebswirtschaftlich-ökonomischen Rationalität *Beeinträchtigungen der Produktion zu vermeiden* und *neue Methoden der Arbeitsintensivierung einzuführen* (vgl. auch DIDICHER 1981, insbes. S. 88 ff.). Demgegenüber wäre bei der Stellenplanung gerade das Augenmerk darauf zu richten, daß den Betroffenen *Gestaltungs- und Entfaltungsspielräume* in dem Sinne gegeben werden, daß sie Chancen zur Abwechslung und zur freien Planung und Ausführung ihrer Arbeit und deren Bedingungen erhalten. Es dürfte nicht übersehen werden, daß Humanisierung der Arbeit ohne deren Demokratisierung nicht, allenfalls aspekthaft möglich ist. Diese Tatsache erfordert ein *'integrales' Humanisierungskonzept*, das nicht nur betriebliche, sondern auch gesellschaftliche Aktionsfelder umfaßt und das bei der Stellenplanung als Orientierungsgrundlage herangezogen werden könnte. Mit der Forderung nach *Stellenplanung unter dem Aspekt von Arbeitshumanisierung* (vgl. ALEMANN/SCHATZ 1986; PORNSCHLEGEL 1986; ZIEGLER 1986; ALTMANN/DÜLL/BURKART 1987; BUNDESMINISTER FÜR FORSCHUNG UND TECHNOLOGIE/BUNDESMINISTER FÜR ARBEIT UND SOZIALFORSCHUNG 1987; LORENZEN 1987; WIEBUS 1987) wird die Notwendigkeit der Planung von Stellen unterstrichen, die *'komplexe Arbeit'*^{x} ermöglichen, wie sie auf der oberen Tätigkeitsebene der Betriebshierarchie ohnehin besteht und wie sie mit den Konzepten der *Aufgabenbereicherung*[x] und der *teilautonomen Arbeitsgruppen*[x] (vgl. ULICH u.a. 1973, S. 86; GROSKURTH/VOLPERT 1975, S. 203 ff.; ROHMERT/WEG 1976; ESCHENBACH 1977; PFEIFFER u.a. 1977, S. 74; ULICH 1980², S. 103 ff.; PFEIFFER/STAUDT 1980², S. 112 ff.) auch für die unteren Betriebsebenen der partialisierten Produktions- und Verwaltungsarbeit wohl als hoffnungsvolle Perspektiven angeboten, in der Bundesrepublik bisher aber kaum mit einem wirklichen Zuwachs an Selbst- und Mitbestimmungsmöglichkeit für die Arbeitnehmer realisiert worden sind. So wurde seitens der Wirtschafts-, Sozial- und Arbeitswissenschaft seit den siebziger Jahren eine Fülle von Vorschlägen unterbreitet, die sich auf neue Formen der Arbeitsorganisation beziehen. Deren Realisierungsmöglichkeiten sind jedoch von einer Vielzahl von Einflußgrößen wie Kapitalausstattung, Innovationswille und verfügbare Technik begrenzt. Hier zeigt sich ein neues Konfliktfeld der Personalpolitik, das in Zukunft noch an Bedeutung gewinnen dürfte. → STUDIERHINWEIS: (Näheres hierzu siehe bei MARR/STITZEL 1979 und SCHMIED 1982). Hierfür spricht u.a. auch die Tatsache, daß in der Bundesrepublik gerade der *Fließbandarbeit* nach wie vor große Bedeutung beigemessen wird. Viele Unternehmer betrachten das Fließband immer noch als die kostengünstigste Arbeitsweise, das deshalb trotz aller Bemühungen um eine menschlichere Arbeitswelt grundsätzlich nicht aufgegeben werden könne. Bei allen Humanisierungsmaßnahmen müsse Produktivität und *Rentabilität*[x] oberstes Ziel des Unternehmens sein. Ein altes, aber - angesichts der aktuellen Einführung von Gruppenarbeit in der deutschen Automobilindustrie - immer noch anschauliches Beispiel dafür, wie demgegenüber die angesprochenen Konzepte der Aufgabenbereicherung und der autonomen Arbeitsgruppen praktiziert werden können, gibt folgende Schilderung über neue Produktionssysteme in einem Montagewerk "ohne Fließband" bei Volvo in Schweden (entnommen aus: VILMAR (Hrsg.) 1973, S. 142 ff.).

 BEISPIEL

Initiativen
Die Initiativen, die zu diesen neuen Formen von Arbeitssystemen führten, wurden in den späten 60er Jahren von einzelnen Arbeitern und Vorgesetzten der Fabrik in Göteborg ergriffen. Die Volvo-Unternehmenspolitik basiert darauf, daß das grundsätzliche Bedürfnis des Einzelnen darin besteht, einen bestimmten Einfluß auf seine eigene Arbeitssituation auszuüben. Die Erfahrungen, die Volvo bis jetzt damit gesammelt hat, dem Mitarbeiter einen bestimmten Einfluß zu geben und dessen Bereitwilligkeit, diese Verantwortung zu akzeptieren, sind recht günstig. Es ist ferner sehr wesentlich, daß die berufliche Geschicklichkeit und die Arbeitserfahrung in ihrem vollen Wert anerkannt werden.

Positive Erfahrungen mit Verantwortungs-Delegation
Verschiedene Formen experimenteller Einführung von Arbeitsplatzwechsel, Arbeitserweiterung und Erhöhung des Arbeitsumfanges erfolgen zur Zeit in Volvos Torslanda Montagewerk für Pkw in Göteborg. Gegenwärtig sind daran ca. 1500 der über 7000 Mitarbeiter beteiligt.
Die Untersuchungen werden auf freiwilliger Basis durchgeführt und erweitert, wenn neue Gruppen teilnehmen möchten. (Hervorhebung v. Hg.)

Auch im Lkw-Montagewerk in Göteborg hat Volvo versucht, mehr Zufriedenheit am Arbeitsplatz durch Einführung einer gruppenorientierten Arbeitsorganisation zu erreichen...

Arbeitsplatzwechsel
Arbeitsplatzwechsel bedeutet, daß der Arbeiter ein- oder mehrmals am Tag seine Arbeit wechselt. Dadurch ist ihm die Gelegenheit gegeben, die körperlichen und geistigen Aufgaben zu wechseln. Seine Kenntnisse und sein Interesse an der durchgeführten Arbeit vertiefen sich dadurch. Dem Arbeiter wird auch eine bessere Einsicht in die

Arbeit seiner Kollegen gegeben; dies verstärkt das Gefühl für Gruppenarbeit. Der Stundenplan des Arbeitsplatzwechsels wird innerhalb der Gruppe unter Führung des Gruppenleiters aufgestellt.

Arbeitsplatzerweiterung
Ein neuer Typ eines Arbeitssystems wurde im Karrosseriewerk eingeführt. Bei dieser Form der Arbeitsplatzerweiterung folgt der Arbeiter der gleichen Karosserie auf dem Montageband und verrichtet dabei die verschiedensten Arbeiten, bis die Karosserie auf ein anderes Montageband überwechselt.

Gruppensystem
Gegenwärtig gibt es etwa 20 Arbeitsgruppen mit jeweils 3-9 Personen. Die Ziele dieses Systems sind

1. dem Einzelnen ein größeres Mitspracherecht bei Entscheidungen einzuräumen und
2. den Mannschaftsgeist durch kleine, festgefügte Gruppen zu verbessern.

Das Gruppensystem schließt eine Anzahl Mitarbeiter zusammen, die die gleiche Arbeit ausführen. Die Gruppe stellt ihren Leiter selbst, der die Gruppe nach außen vertritt und die Verbindung mit den Vorgesetzten aufrechterhält. Die Ernennung des Gruppenleiters geht innerhalb der Gruppenmitglieder reihum. Die Gruppe erhält eine bestimmte Arbeit, die in einer bestimmten Zeit durchgeführt werden muß; *sie wird für das Gesamtergebnis bezahlt. Die Arbeit wird innerhalb der Gruppe durch deren Mitglieder aufgeteilt. Die Gruppe ist innerhalb ihrer Produktionsphase für das System, die Einteilung der Arbeit und die Kontrollfunktionen verantwortlich. Sollte die Gruppe ein neues Mitglied erhalten, so wird ihr eine Schulungsprämie zugeteilt als Ausgleich für die zur Schulung und Einarbeitung des neuen Mitglieds erforderliche Zeit* (Hervorgeh. v. Hg.).

Beratung (d.h. Arbeitsgruppenbesprechung; F.V.)
Ein lebenswichtiger Teil des Gruppenleitersystems sind Arbeitsbesprechungen, die mindestens einmal im Monat stattfinden. Während dieser Konferenzen werden die Probleme der Gruppe diskutiert. Teilnehmer sind der Gruppenleiter, ein weiteres Gruppenmitglied, ein Vorgesetzter und ein Produktionstechniker. Die Ergebnisse dieser Besprechungen sind oft Lösungen, die anderweitig nicht zu erreichen wären.

Die Arbeitsgruppen führen in enger Zusammenarbeit mit Volvo-Experten die Rationalisierung und Verbesserung der Arbeitsumwelt durch. Die Mitglieder der Gruppe nehmen daran Anteil. Nachdem die Arbeiter einen Teil der Verantwortung, die früher von Vorgesetzten getragen wurde, selbst übernommen haben, ist es den Vorarbeitern jetzt möglich, mehr Verantwortung für die Produktionsplanung zu übernehmen und mehr Zeit für persönliche Kontakte aufzubringen.

Schulung
Die mit dem neuen System verbundene höhere Verantwortung bedeutet, daß höhere Forderungen an neueingestellte Kräfte gestellt werden. 1969 wurde bereits eine Schulungsabteilung gegründet, die für die Einstellung von Montagearbeitern und deren Einarbeitung im Volvo Lkw-Werk verantwortlich ist. *Die Einstellungs- und Einarbeitungsphase nimmt etwa 130 Stunden in Anspruch.* Eingeschlossen ist die Information über den Arbeitsplatz und die Arbeitssicherheit, zusammen mit einer praktischen Schulung in speziellen Werkstätten und an den Produktionsbändern. Die Schulungsperiode verteilt sich auf die ersten Wochen nach der Einstellung. Nach 6 Monaten ist der Mitarbeiter berechtigt, an weiteren Schulungen teilzunehmen. Der gegenwärtige und zukünftige Kader der Vorgesetzten und Produktionstechniker muß ebenfalls den modernen Erfordernissen der Führungstätigkeit entsprechen. Dies wird durch ständiges Training im Umgang mit Mitarbeitern, in Wirtschaftsfragen, Personalbelangen, Arbeitsplanungen etc. gewährleistet.

Nunmehr - zwanzig Jahre später - werden auch in der deutschen Automobilindustrie verschiedene Formen der Gruppenarbeit eingeführt; zehntausende Mitarbeiter lernen diese gar nicht so neue Arbeitsform kennen.

ZUSAMMENFASSUNG:

In Zusammenfassung der Ausführungen in diesem Abschnitt ist festzuhalten, daß der Organisations- und der Stellenplan die konkrete Bezugsgrundlage der Vermittlung zwischen Arbeitsanforderungen und Qualifikationen bilden. Diese Pläne werden üblicherweise in schaubildlicher und tabellarischer Form erstellt. Sie enthalten eine Reihe von Informationen über die zu besetzenden Stellen, die sich oft auf ausführliche und aufgrund bestimmter Methoden angefertigte Stellenbeschreibungen stützen. Bei der Anfertigung dieser Planungsmittel wäre darauf zu achten, daß auch der Aspekt einer humanen Arbeitsplatzgestaltung mit zufriedenstellenden Arbeitsaufgaben Beachtung findet, was in den Unternehmen gegenwärtig nicht oder doch nur in sehr bescheidener Form geschieht.

2.2 ANFORDERUNGS- UND FÄHIGKEITSPROFILE

Mit den Stellenplänen und insbesondere mit den Stellenbeschreibungen stehen erste Informationen über die Anforderungen der Arbeitsplatzseite zur Verfügung. Die Auswertung dieser Hilfsmittel, die in der Praxis meist anhand des Anforderungskatalogs von REFA mit den *Anforderungsarten* Kenntnisse, Geschicklichkeit, Verantwortung, geistige Belastung, muskelmäßige Belastung, Umgebungseinflüsse erfolgt (vgl. REFA 1985[5], S. 42-54), und die Durchführung weiterer Arbeitsanalysen erlauben die Spezifizierung der Arbeitsanforderungen nach Art und Umfang und ihre Zusammenstellung auf Stellen(Arbeitsplatz-)karten (vgl. Abb. 17, S. 90, entnommen aus: WIESNER 1980, S. 313).
Hierfür stehen verschiedene Arbeitsanalyseverfahren zur Verfügung, die insbesondere auch für die Anforderungsermittlung im Rahmen der *Arbeitsbewertung* für Zwecke der Lohnermittlung notwendig und üblich sind. Die

Abb. 17: Arbeitsplatzkarte

Betrieb: Arbeitsplatz:	Arbeitsplatzkarte			Datum: Überprüfung:
Arbeitsplatznummer:	Örtliche Lage:			Verantwortungsbereich:
Bezeichnung des Arbeitsplatzes:				
Arbeitsplatz geeignet für:	Männer	Frauen	Versehrte	
Identische Arbeitsplätze:				
Unmittelbarer Vorgesetzter:				Arbeitsaufgaben u. Arbeitsablauf:
Aufsicht über:				
Leistungsanforderungen:				
Arbeitszeiten:	Entgelt:			
Aufstiegsmöglichkeiten zu diesem Arbeitsplatz:				
Aufstiegsmöglichkeiten von diesem Arbeitsplatz:				
Vertretung:				

Arbeitsmittel:

Fachkenntnisse:

Körperliche Anforderungen	a	b	c	d	Berufsausbildung				
Klettern:									
Balancieren:					Berufserfahrung				
Knien:									
Bücken:									
Hocken:									
Kriechen:									
Stehen:									
Hantieren:									
Greifen:					Körperliche Anforderungen:	a	=	keine gering	
Tasten:						b	=	mittel	
Sprechen:						c	=	schwer	
Hören:						d	=	sehr schw.	
Sehen:									

Umgebungseinflüsse						a	b	c	d
Temperatur:				Gase:					
Feuchtigkeit:				Dämpfe:					
Strahlung:				Lärm:					
Wasser:				Vibration:					
Säure:				Blendung:					
Schmutz:				Lichtmangel:					
Fett:				Erkältungsgefahr:					
Öl:				Unfallgefahr:					
Staub:									

Stellenkarten enthalten also die Anforderungsprofile ('Anforderungsbilder') der einzelnen Stellen und in ihrer Gesamtheit den *qualitativen Bedarf der Unternehmung* (des Betriebes, der Abteilung) an *personalen Leistungen* in der Gegenwart.

Weitere und differenziertere Vorschläge zur Ermittlung von Anforderungsarten bieten der "Fragebogen zur Arbeitsanalyse" (FAA), der in Anlehnung an amerikanische Modelle von FRIELING und HOYOS (1978) entworfen wurde, sowie das "Arbeitswissenschaftliche Erhebungsverfahren zur Tätigkeitsanalyse" (AET) (vgl. ROHMERT/ LANDAU 1979). Inzwischen sind diese Verfahren weiterentwickelt worden. Für die meßtheoretisch problematischen psychischen Fähigkeitsmerkmale existierender oder geplanter Tätigkeiten wurden spezielle verhaltensorientierte Beurteilungsskalen entwickelt (vgl. DRUMM 1987, S. 962).

Mit den genannten Anforderungsprofilen ist allerdings erst die eine - *objektive* - Seite erfaßt; die andere - *subjektive* - Seite ist der *qualitative Bestand an Arbeitskräften*, also die Summe der individuellen Fähigkeitsprofile ('Fähigkeitsbilder'), verstanden als Leistungspotential (mögliches Leistungsangebot) der Arbeitenden (vgl. Abb. 18, S. 92, entnommen aus: WIESNER 1980, S. 316).

Dieses wird üblicherweise durch Eignungsverfahren ('Eignungstests'), persönliche Bewertungen ('Personalbeurteilung'), Beobachtungen und Personalbefragungen zu ermitteln versucht und in einer Personalakte oder Personalkartei registriert. Solche Verfahren lassen aufgrund ihrer unzureichenden Objektivität, Zuverlässigkeit und Gültigkeit der subjektiven Schätzung relativ breiten Raum. Deshalb sollten sie bei der Fähigkeitsermittlung lediglich als Entscheidungshilfe betrachtet werden. Insbesondere bei mehr-

Abb.18: Fähigkeiten, Disposition und Antriebe als Grundlage des Leistungsangebotes

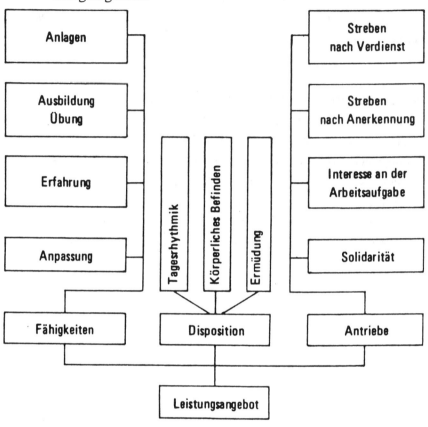

fachqualifizierten Arbeitskräften mit einer breiten Grundausbildung ist es schwierig, die Eignung eindeutig zu messen. In jedem Fall müssen sie mit den Anforderungen bestimmter Stellen in Beziehung gesetzt werden, denn eine generelle Eignung gibt es nicht. Die Eignungen sind also nicht absolut, sondern nur als Eignungsgrad meßbar, d.h. als Verhältnis zwischen Arbeitsanforderungen und vorhandenen Leistungsangeboten. → STUDIER-

HINWEIS: (Zu den Problemen des Profilvergleichs der Anforderungs- und Fähigkeitsprofile vgl. SCHOLZ 1989, S. 269 ff.). Wie diese Bezugnahme auf die Anforderungen bestimmter Stellen bei der Eignungsermittlung möglich ist, sei am Beispiel der Auswertung eines Personalfragebogens gezeigt (entnommen aus: RKW-Handbuch 1978, Teil VI, S. 58 ff.).

 BEISPIEL

Herr Schwartz bewirbt sich bei der Fa. Groß KG um eine Stelle als Hauptsachbearbeiter. Er wäre z.b. theoretisch einsetzbar in der Disposition oder in einer technischen Abteilung. In der obengenannten Firma wird jedoch ein Mitarbeiter für die Einarbeitung von Datenmaterial für Vergleichs- und Trendrechnungen sowie für die Umsatz-Erlösplanung und -kontrolle gesucht. Zu den Aufgaben gehören zum Beispiel:

- Planung marktgerechter Motorenpreise.
- Selbständige Erarbeitung und übersichtliche Erfassung statistischen Datenmaterials.
- Erstellung von Umsatzplanungen und Bestandsplanungen.

Da Herr Schwartz bereits als Sachbearbeiter bzw. Hauptsachbearbeiter in ähnlichen Bereichen tätig gewesen ist, dürften diese Aufgaben nach einer gewissen Einarbeitungszeit erfüllbar sein. Die finanzielle Verantwortung auf diesem Arbeitsplatz ist sehr hoch, da marktgerechte Planungen des Preises als Grundlage für Absatz-Bestands-Bewertungen ebenso wie z.b. rechtzeitige Informationsweitergabe über Umsatz-, Kosten- und Personalentwicklungen an die Bereichsleiter und Geschäftsleitung gewährleistet sein müssen. Dem Bewerber kommt hier die 5-jährige Berufspraxis zugute, wobei man auch davon ausgehen kann, daß er aufgrund seiner vorherigen Tätigkeit als Disponent rechtzeitige Informationsweiterleitung gelernt haben sollte; in seinem Zeugnis wurde ihm dies darüber hinaus auch bestätigt.

Das Anforderungsprofil verlangt in bezug auf den Wissensstand/Ausbildung Handelsschulabschluß und Technikerprüfung sowie eine 2-3-jährige Berufserfahrung, altersmäßig wird ein Mitarbeiter zwischen 25 und 40 Jahren gewünscht. Herr Schwartz hat zwar nicht die Handelsschule absolviert, vergleichbar dazu jedoch die Volksschule und eine Maschinenschlosserlehre. In Abendkursen hat er sich zum Betriebstechniker fortgebildet; darüber hinaus verfügt er über 5 Jahre kaufmännische Berufspraxis, teilweise in ähnlichen Funktionen. Sein Alter beträgt 35 Jahre.

Einer Einstellung könnte zugestimmt werden.

ZUSAMMENFASSUNG:
Einerseits werden auf der Grundlage des Organisations- und Stellenplans und der Stellenbeschreibung - insbesondere mit Hilfe mehr oder weniger umfänglicher Arbeitsanalysen - spezialisierte Anforderungsprofile erstellt. Andererseits werden die individuellen Fähigkeitsprofile der Arbeitenden ermittelt. Das geschieht i.d.R. anhand von Eignungsverfahren, Personalbewertungen oder -befragungen.

2.3 FUNKTIONEN UND PROBLEME DER PERSONALINFORMATIONSSYSTEME

Eine differenziertere Abstimmung zwischen Anforderungs- und Fähigkeitsprofilen ist mit dem sog. *zweiseitigen Personalinformationssystem* möglich, in dem einerseits die Arbeitsanforderungen einer Unternehmung und andererseits das zur Verfügung stehende Fähigkeitspotential in einer Datenbank erfaßt und miteinander verglichen wird (siehe hierzu u.a. HOFMANN 1981, S. 167 ff.). Personalinformationssysteme, die aus der DV-gestützten Lohn- und Gehaltsabrechnung hervorgegangen sind, sind allgemein als technische Verfahren zur Erfassung, Speicherung und Bewertung von Arbeitnehmerdaten zu bezeichnen (vgl. Abb. 19, S. 95, entnommen aus: BAETGE 1984 u.a., S. 516).

Abb. 19: Struktur eines Personal- und Arbeitsplatzinformationssystems

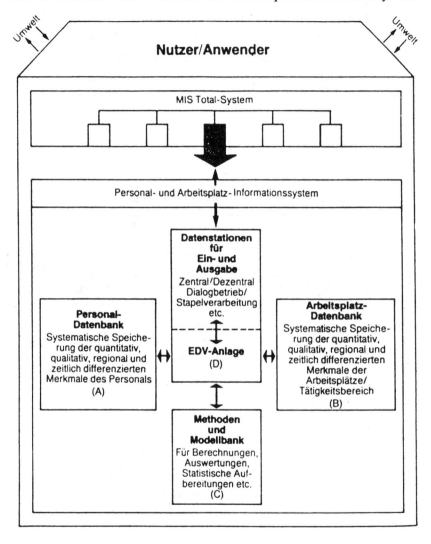

Auf der Grundlage einer solchen "*korrespondierenden Anforderungs- und Fähigkeitsdatei*" und mit Hilfe der sog. *Profilmethode*^{x} (vgl. KOCH 1975, S. 122 ff.) ist es möglich, die Fähigkeiten jedes Mitarbeiters mit den Anforderungen jedes Arbeitsplatzes zu vergleichen. Dabei wären die Personal- und Arbeitsplatzdaten beispielsweise entsprechend Abb. 20 zu gliedern (vgl. Abb. 20, entnommen aus: KOCH 1975, S. 127, 140, 142).

Abb. 20: Grobgliederung einer korrespondierenden Anforderungs- und Fähigkeitsdatei

Gliederung der Arbeitsplatz- und Personaldaten		
Merkmals-gruppe	Arbeitsplatz (Tätigkeit)	Personal (Mitarbeiter)
1	Identifizierende Merkmale	Identifizierende Merkmale
2	Allgemeine beschreibende Merkmale	Allgemeine beschreibende Merkm.
3	Anforderungen an Kenntnisse	Fähigkeiten bzgl. Kenntnisse
4	Physische Anforderungen	Physische Fähigkeiten
5	Psychische Anforderungen	Psychische Fähigkeiten
6	Einzuleitende Maßnahmen	Empfohlene Maßnahmen

Identifizierende, allgemein beschreibende und Kenntnismerkmale		
Merkmals-gruppe	Arbeitsplatzdaten	Personaldaten
1. Identifizierende Merkmale	Arbeitsplatznummer Arbeitsplatzbezeichnung	Personalnummer Name, Vorname, Geburtsdatum
2. Allgemeine beschreibende Merkmale	Arbeitsinhalt Arbeitsgegenstand Arbeitsmittel Arbeitsraum Arbeitsorganisation	Geschlecht Staatsangehörigkeit Familienstand Adresse Telefon
3. Kenntnis-Merkmale	Schul- und Fachausbildung Berufserfahrung Fort- und Weiterbildung Spezialkenntnisse	

Physische und psychische Anforderungen und Fähigkeiten	
Merkmalsgruppe 4	Arbeitsplatz- und Personaldaten
4.1 Belastung der Muskeln	Arbeitsschwere Kurzzeitige Höchstbelastung
4.2 Körperhaltung	Körperhaltung
4.3 Sehen und Hören	Sehschärfe Räumliches Sehen Farbtüchtigkeit Hörvermögen
4.4 Funktion der Gliedmaßen	Obere Gliedmaßen Untere Gliedmaßen
4.5 Sonstige physische Merkmale	Wechselschicht Maskentauglichkeit Schwindelfreiheit Auftreten von Schocks, Schmerzzuständen, Bewußtseinsverlusten
4.6 Umgebungseinflüsse	Klima Lärm Beanspruchung der Haut durch Schmutz, Wasser, Chemikalien Beanspruchung durch Staub, Gas, Dampf in der Atemluft Einwirkung mechanischer Schwingungen - auf den Ganzkörper - auf das Hand-Arm-System

Merkmalsgruppe 5	Arbeitsplatz- und Personaldaten
5.1 Geistige Merkmale	Auffassungsgabe Praktische Anstelligkeit Mechanisch-technisches Verständnis Organisations- und Dispositionsfähigkeit Merkfähigkeit Rechnerisches Verständnis Mündliche/schriftliche Ausdrucksfähigkeit Bewegungs- und Entfernungsschätzen Räumliches Vorstellungsvermögen
5.2 Arbeits- und Gemeinschaftsverhalten	Arbeitstempo Qualität der Arbeitsausführung Selbständigkeit und Initiative Verantwortungsbereitschaft Belastbarkeit und Ausdauer Umstellungsfähigkeit Kontaktfähigkeit Führungsfähigkeit
5.3 Sensomotorische Merkmale	Reaktionsvermögen Handgeschicklichkeit Körpergeschicklichkeit
5.4 Sonstige psychische Merkmale	Konzentrationsfähigkeit Monotoniefestigkeit Fähigkeit zur Einzelarbeit

Einzuleitende und empfohlene Maßnahmen		
Merkmalsgruppe	Arbeitsplatzdaten	Personaldaten
6. Maßnahmen	Am Arbeitsplatz einzuleitende Maßnahmen Allgemeine technische und/oder organisatorische Arbeitsplatzgestaltung z.B. wegen - Überforderung - Unterforderung - Umgebungseinflüssen - Unfallgefährdung Einrichtung als Arbeitsplatz für - ältere Mitarbeiter - Leistungsgeminderte - Schwerbeschädigte	Dem Mitarbeiter empfohlene Maßnahmen z.B. Maßnahmen zur - Fort- und Weiterbildung - Einsatzveränderung - Führungskräfteförderung

Da sich die Anforderungs- und Fähigkeitsmerkmale dieser Dateien direkt entsprechen, sind die ermittelten Werte relativ leicht zu vergleichen, obgleich auch die hierbei entstehenden Schwierigkeiten aufgrund der unterschiedlichen Ermittlungsmethoden und der verschiedenen Verschlüsselungen der Anforderungs- und Fähigkeitsmerkmale nicht übersehen werden dürfen (vgl. auch EMRICH-OLTMANNS u.a. 1978, Lernprogramm VI, S. 17 f.). Überschaubar wird dieser Vergleich durch die graphische Abbildung der Anforderungs- und Fähigkeitsprofile, etwa in einem *parallel stehenden Koordinatensystem*, wie es Abb. 21 zeigt (vgl. Abb. 21, S. 99, entnommen aus: EMRICH-OLTMANNS u.a. 1978, Lernprogramm III, S. 76, in Anlehnung an: SCHMIDT 1973, S. 51). Häufig werden in der Praxis hierfür auch *Stufendiagramme* gewählt (vgl. RKW-Handbuch 1978, Teil VI, S. 50).

Ziel des Profilvergleichs ist die bestmögliche, d.h. die wirtschaftlichste und menschengerechteste Zuordnung von Arbeitskräften und Stellen. Dieser Zustand ist offensichtlich erreicht, wenn sich Fähigkeits- und Anforderungsprofile entsprechen.

Abb. 21 - Beispiel: Vergleich von Anforderungs- und Fähigkeitsprofil

Merkmale	Anforderungsprofil (z.B. Einkäufer)	Bewerberprofil z.B. Herr D. Weber	Abweichung	Bewertung der Abweichung
1. Ausbildungsniveau	1 2 3 4 5 6 7 8 9	1 2 3 4 5 6 7 8 9	-	mangelnde Erfahrung könnte durch gute In-
2. Berufserfahrung	1 2 3 4 5 6 7 8 9	1 2 3 4 5 6 7 8 9	- 1	formation u. Einf. evtl kompensiert werden
3. Klarheit und Folgerichtigkeit des Denkens	1 2 3 4 5 6 7 8 9	1 2 3 4 5 6 7 8 9	-	
4. Kritikfähigkeit	1 2 3 4 5 6 7 8 9	1 2 3 4 5 6 7 8 9	-	scheint entwicklungs-
5. Sprachliche Ausdrucksgewandth.	1 2 3 4 5 6 7 8 9	1 2 3 4 5 6 7 8 9	- 2	fähig zu sein
6. Technische Begabung	1 2 3 4 5 6 7 8 9	1 2 3 4 5 6 7 8 9	?	nicht geprüft
7. Rechnerisches Denken	1 2 3 4 5 6 7 8 9	1 2 3 4 5 6 7 8 9	?	nicht geprüft
8. Belastbarkeit u. Ausdauer	1 2 3 4 5 6 7 8 9	1 2 3 4 5 6 7 8 9	-	wirkt gesund und vital
9. Sorgfalt u. Gründlichkeit	1 2 3 4 5 6 7 8 9	1 2 3 4 5 6 7 8 9	?	nicht geprüft
10. Selbständigkeit	1 2 3 4 5 6 7 8 9	1 2 3 4 5 6 7 8 9	-	
11. Zusammenarbeit	1 2 3 4 5 6 7 8 9	1 2 3 4 5 6 7 8 9	-	wirkt sehr sachlich
12. Führungsfähigkeiten	1 2 3 4 5 6 7 8 9	1 2 3 4 5 6 7 8 9	+ 4	evtl. Gruppenleiter-Nachweis
13. Fremdsprachl. Fähigkeiten in	1 2 3 4 5 6 7 8 9 1 2 3 4 5 6 7 8 9 1 2 3 4 5 6 7 8 9	1 2 3 4 5 6 7 8 9 1 2 3 4 5 6 7/8 9 1 2 3 4 5 6 7 8 9		
14. Sonstige Fachkenntnisse u. Fertigkeiten, Elektronik-Kenntnisse				Halbleiter-Lehrgang mit Erfolg bestanden

Diese Übereinstimmung kann als Leistungsspiegel bezeichnet werden. Je mehr Leistungsspiegel in einer Unternehmung vorliegen, desto besser entspricht das betriebliche Fähigkeitspotential den qualitativen Arbeitsanforderungen und umgekehrt.
Solche Informationssysteme haben *den Vorteil der Standardisierung und*

der leichten Abrufbarkeit der Arbeitsplatz- und Personaldaten. Damit können sie auch einer aktualisierten Personalstatistik wertvolle Hilfe leisten. → STUDIERHINWEIS: (Zur Erstellung von Personalstatistiken siehe RKW-Handbuch 1978, Teil IX; HAMACHER 1986, S. 193-196). In der Bundesrepublik sind Personalinformationssysteme in den letzten Jahren in immer mehr Unternehmen aufgebaut worden. Relativ früh bekannt geworden ist das Personalinformationssystem der Ford-Werke in Köln (vgl. GEBERT 1969, S. 919 ff. Siehe auch das Beispiel der Hamburgischen Elektrizitätswerke AG bei GRABNER 1978, S. 123 ff.). Insbesondere in Großbetrieben ist heute der Einsatz von EDV-gestützten Personalinformationssystemen üblich. Sie gehören gewissermaßen zur Standardausrüstung einer modernen Personalverwaltung und Personalführung. → STUDIERHINWEIS: (vgl. REBER 1979; DOMSCH 1980; KILIAN 1982; GESELLSCHAFT FÜR RECHTS- UND WIRTSCHAFTSVERWALTUNG E.V. 1982; HENTSCHEL 1983; DRUMM/SCHOLZ 1983, S. 73 ff.). Hinsichtlich der zu speichernden Datenarten gibt es in der Fachliteratur eine Fülle von Vorschlägen. Ein mitarbeiterspezifischer Datensatz könnte sich auf identifizierende, persönliche, berufliche Daten, psychische Fähigkeiten, physische Eignung, arbeitsvertragliche Daten, aktuelle Einsatzdaten und Abrechnungsdaten beziehen. Personalinformationssysteme gehen also über eine Lohn- und Gehaltsabrechnung hinaus und verbinden eine Vielzahl von Daten, deren Entscheidungsqualität und/oder Entscheidungseffizienz durch den Computereinsatz verbessert werden kann.

Die übliche Grundstruktur eines Personalinformationssystems besteht aus den Komponenten *Personaldatenbank* mit differenzierten Aussagen über das Personal, einschließlich Fähigkeitsmerkmale, *Stellendatenbank* mit Informationen über Arbeitsplätze und Tätigkeitsbereiche, einschließlich den Anforderungen sowie einer *Methoden- und Modellbank* für statistische Methoden und Planungsansätze (vgl. DOMSCH 1980). Die Stellendatenbank gewinnt mit der zunehmenden Computerunterstützung der Produktion

und durch integrative Fertigungsverfahren (CIM) an Bedeutung, da mit ihr Teilfunktionen einer Dispositionsdatenbank und Kontrollfunktionen verbunden werden können.
Das am weitesten verbreitete Personalinformationssystem ist PAISY - ein Personalabrechnungs- und Informationssystem. Anfang der achtziger Jahre wurden bereits 4.500 Anwender registriert (vgl. KILIAN 1982, S. 13). Großunternehmen (z.b. VW, Mercedes, Ford, Siemens oder IBM) haben inzwischen meist eigene, auf den Betrieb zugeschnittene Systeme. → STUDIERHINWEIS: (Über betriebliche Erfahrungen mit PAISY berichtet KANTEL 1985, S. 261 ff.).
Die Anwendungsmöglichkeiten dieser Systeme sind vielfältig und gehen inzwischen über das 'Gegeneinanderfahren' von Arbeitsplätzen und Personaldaten weit hinaus. Mittlerweile gibt es Datenbänke, die sogar Daten über das externe Arbeitskräfteangebot und Änderungen bei spezifischen Berufsbildern erfassen. Einer Befragung von 220 der größten Unternehmen in der Bundesrepublik zufolge haben Personalinformationssysteme die in Abb. 22 aufgeführten Funktionen (vgl. Abb. 22, S. 102, entnommen aus: NIEBUR 1983, S. 32 f.).
Bei der Software steht in letzter Zeit - neben der Vervollkommnung von Betriebssystemen, Programmiersprachen, Textverarbeitungsprogrammen, Tabellenkalkulationsprogrammen, Kommunikationsprogrammen, Statistikprogrammen, Optimierungsprogrammen, Grafikprogrammen integrierter Systeme - die Entwicklung von "benutzernahen" *Expertensystemen* [x] im Vordergrund. (Vgl. HARMON/KING 1986; KRALLMANN 1986; PUPPE 1986). Hier können aufgrund eingegebener Expertenantworten oder Informationen aus der Rechtssprechung neue Regeln abgeleitet bzw. unzulässige Lösungsstrategien von vornherein ausgeklammert werden (vgl. Abb. 23, S. 104, entnommen aus: HENTZE 1989, Bd. 1, S. 77).

Mit Personalinformationssystemen ist aber die *Gefahr* verbunden, daß der arbeitende Mensch infolge der Möglichkeit zur jederzeitigen Kontrolle zum 'Datenschatten' wird und daß dadurch seine Persönlichkeitsrechte

Abb. 22.: Funktionen von Personalinformationssystemen

Nr.	Funktion	Relative im Einsatz	Häufigkeit geplant
1.	Lohn- u. Gehaltsabrechnung	98,5	–
2.	Altersaufbau, Betriebszugehörigkeit	98,5	1,5
3.	Sonderstatistik	95,5	1,5
4.	Urlaubsermittlung (Fortschreibung)	94,0	4,5
5.	PI-Statistik der wichtigsten Personaldaten (nach verschiedenen Gesichtspunkten erstellt)	94,0	4,5
6.	Fehlzeitenstatistik	94,0	4,5
7.	Bestands-, Fluktuationsstatistik	94,0	3,0
8.	Abwicklung der Altersversorgung	92,5	1,5
9.	Überstundenstatistik	86,6	10,4
10.	Allgemeine Personalverwaltung	85,1	–
11.	Aktenführung, Fortschreibung der Personalstammblätter	85,1	3,0
12.	Statistik Zeit- und Kostenkontrolle	85,1	4,5
13.	Personal-Kostenplanung	73,1	9,0
14.	Durchschnittsbezügestatistik	71,6	10,4
15.	Leistungsabrechnung	70,1	1,5
16.	Unfallstatistik	65,7	7,5
17.	Terminüberwachung	64,2	6,0
18.	Bescheinigungen (z.B. Wohngeld)	59,7	7,5
19.	Statistik über Leistungsbewertung	59,7	3,0
20.	Leistungsbewertung und Leistungsbeurteilung	55,2	11,9
21.	Lohn- und Gehaltsfindung	53,7	11,9
22.	Darlehn und Beihilfen	52,2	4,5
23.	Ermittlung der Leistungszulage	49,3	6,0
24.	Werksverkäufe	46,3	3,0
25.	Aufstellung von Stellenbesetzungsplänen	46,3	11,9
26.	Sozialbetreuung	43,3	3,0
27.	Auswahl eines geeigneten Arbeitnehmers für einen Arbeitsplatz	40,3	14,9

28.	Planung der Sozialleistungen	35,8	9,0
29.	Personalbedarfsplanung	34,3	11,9
30.	Personaleinsatz mit Zuordnung auf Arbeitsplätze	34,3	6,0
31.	Betriebliche Berufsausbildung	31,3	16,4
32.	Erstellung eines Fähigkeitsprofils	23,9	20,9
33.	Personalförderung, Indiv.	22,4	4,5
34.	Auswahl eines geeigneten Arbeitsplatzes für einen Arbeitnehmer	22,4	13,5
35.	Betriebliches Vorschlagswesen	22,4	4,5
36.	Erstellung eines Anforderungsprofils	19,4	16,4
37.	Personaleinsatz durch Abgleich von Anforderungs- u. Fähigkeitsprofilen	19,4	13,4
38.	Erstellung des Freistellungsplanes	19,4	1,5
39.	Planung des Bildungsbedarfs	16,4	9,0
40.	Personal-(Bewerber-)Auswahl	11,9	7,5
41.	Betriebliche Laufbahnplanung	7,5	3,0
42.	Bestimmung des Freistellungsplanes	7,5	3,0
43.	Abgleich des Freistellungsplanes mit Versetzungsanregungen, Beschaffungsbedarf	7,5	3,0
44.	Individuelles Entwicklungsmodell	6,0	4,5
45.	Arbeitsmarktforschung	–	3,0

Abb. 23: Personalinformationsverwaltung durch ein Expertensystem

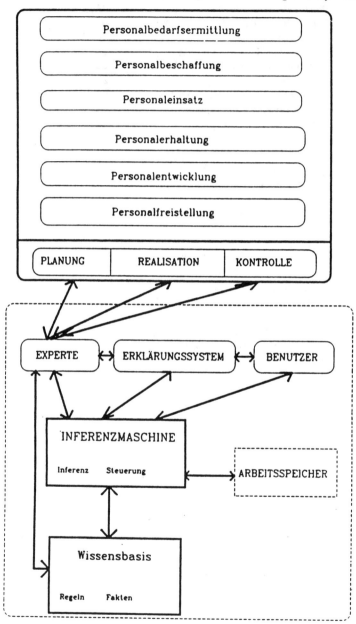

Abb. 24: Ausschnitt aus einem Personalinformationssystem (z.b. der Fluktuationsschlüssel als Beispiel einer Datenquelle)

Art der Veränderung	Gründe der Veränderung
Versetzungen, ausgelöst primär durch G ☐ 01 Führungskräfteplanung/Führungsnachwuchsplanung ☐ 02 Innerbetriebliche Stellenausschreibung (regional und überregional) ☐ 03 Initiative des Mitarbeiters ☐ 04 Initiative der Firma ☐ 09 sonstige Sachverhalte (jedoch nicht „Versetzungen" auf KST 960, 961 und 965)	☐ 00 nicht erläuterungsbedürftige Veränderungen ☐ 01 Alter bzw. Minderleistung wegen des Alters ☐ 02 Berufs- bzw. Erwerbsunfähigkeit → ☐ 03 Krankheit ☐ 04 familienbedingt (Heirat, Kinder) ☐ 05 Weiterbildung ☐ 06 Änderung des Wohnorts ☐ 07 freiwillige Rückkehr ausländischer Mitarbeiter ☐ 08 Fehlen (Ablauf) der Aufenthalts- oder Arbeitserlaubnis ☐ 09 Rückkehr in den alten oder erlernten Beruf ☐ 10 Aufnahme der Arbeit im eigenen oder elterlichen Betrieb ☐ 19 sonstige private Gründe *(privat)*
Ziel der Veränderung	
☐ 00 Versetzung innerhalb des Werkes / der Niederlassung ☐ 01 Versetzung in inländisches Werk ☐ 02 Versetzung in Niederlassung ☐ 03 Übertritt in Beteiligungsgesellschaften ☐ 04 Übertritt in Vertretung ☐ 05 Übertritt in Unternehmen der Automobilindustrie ☐ 06 Übertritt in sonstiges Unternehmen der metallverarbeitenden Industrie ☐ 07 Übertritt in Unternehmen einer anderen Branche ☐ 08 Übertritt in den öffentlichen Dienst einschließlich Lehramt ☐ 09 Aufnahme der Arbeit im eigenen oder elterlichen Betrieb ☐ 10 keine weitere Tätigkeit ☐ 11 freiwillig zur Bundeswehr, Entwicklungshilfe etc. ☐ 18 vorübergehend arbeitslos ☐ 19 Sonstiges Ziel ☐ 99 Ziel unbekannt	☐ 20 Arbeitsverweigerung ☐ 21 Tätlichkeiten/Beleidigungen ☐ 22 Diebstahl ☐ 23 unentschuldigtes Fehlen → B ☐ 24 unbefriedigendes Verstehen mit Vorgesetzten → B ☐ 25 unbefriedigendes Verstehen mit Kollegen → B ☐ 26 unbefriedigendes Verstehen mit unterstellten Mitarbeitern B ☐ 27 ungenügende Arbeitsleistung B ☐ 28 Unzuverlässigkeit B ☐ 29 sonstige verhaltensbedingte Gründe *(verhaltensbedingt)* B ☐ 30 anderwärts besserer Verdienst B ☐ 31 anderwärts bessere Aufstiegsmöglichkeiten B ☐ 32 zu wenig Verantwortung B ☐ 33 eintönige oder aus ähnlichen Gründen unbefriedigende Arbeit B ☐ 34 ungünstige Arbeitszeit B ☐ 35 mangelnde Weiterbildungsmöglichkeiten B ☐ 36 unzureichende Zukunftssicherung B ☐ 37 nicht realisierte Versetzungswünsche B ☐ 38 Versetzungen gegen den eigenen Willen B ☐ 39 büromäßige Unterbringung (Großraumbüro/Schreibzimmer) B ☐ 40 schlechter Arbeitsablauf *(arbeitsbedingt)*

eingeschränkt werden (vgl. Abb. 24, S. 105, entnommen aus: NIEBUR 1983, S. 41).

Auch muß berücksichtigt werden, daß eine Menge Daten auf subjektive Einschätzung und Bewertung einzelner Vorgesetzter oder anderer Beurteilungspersonen beruhen, die durch die EDV-Mathematisierung den Anschein von Objektivität erhalten. Immer größere Bedeutung gewinnen inzwischen komplette Betriebsdatensysteme, die arbeitnehmer- und produktionsbezogene Daten miteinander verbinden, um die Steuerung der Produktionsprozesse zu optimieren. In manchen Unternehmen ist offenbar die Versuchung groß, auch andere Daten, etwa (arbeits-)medizinische Daten zu erfassen. Dies hat beispielsweise in der Opel AG bei der Einführung eines Personalabrechnungs- und Informationssystems zu heftigen Auseinandersetzungen geführt.

Inzwischen wird die Rechtmäßigkeit des Zugriffs werksärztlicher Daten durch den Unternehmer in der Fachwelt bestritten (vgl. NIEBUR 1983, S. 56).

Seit nahezu zwanzig Jahren wird im Zusammenhang mit EDV-gestützten Personalinformationssystemen die Datenschutzproblematik (Stichwort: *"Gläserner Mensch"*) diskutiert. Häufig zitierte Gründe für die Ablehnung sind u.a.
- fehlende Gleichartigkeit der Fähigkeits- und Anforderungsprofile
- stark dezentralisierte Organisationsstruktur
- geringe Personalfluktuation und damit gute Kenntnisse über die Mitarbeiter
- Zweifel an der generellen Abbildbarkeit von Menschen durch Daten
- mangelnde Anpassungsfähigkeit der Konzepte
- möglicher Widerstand des Betriebsrats (vgl. HEINRICH/PILS 1977, S. 29).

DRUMM und SCHOLZ ermittelten eine Reihe von Problemen der Methodeneignung, z.B. Datenerhebungsaufwand und Aktualisierungsaufwand, Entwicklungskosten, Meßprobleme etc., aber auch das sogenannte *Kompetenzangstsyndrom* (vgl. DRUMM/ SCHOLZ 1983, S. 88 ff.). Demnach kann Kompetenzangst auftreten,

"- wenn Verantwortliche im Personalbereich in computergestützten Lösungen eine zwingende Determinierung von Entscheidungen sehen, die

ihre eigene Entscheidungskompetenz einschränken,
- wenn sich potentielle Anwender bei der Bedienung von Personalinformationsystemen überfordert fühlen,
- wenn die EDV-Abteilung eine Einschränkung ihrer Bedeutung befürchtet oder
- wenn sich der Betriebsrat gegenüber der Unternehmensseite im Informationsrückstand sieht" (SCHOLZ 1989, S. 540).

Nicht nur Widerstände des Betriebsrates, auch die der Systembenutzer und die der Adressaten stellen des öfteren einen bedeutsamen (Hemm-)Faktor bei der Implementierung von computergestützten Informationssystemen dar.
Gesetze zum Schutz vor Mißbrauch personenbezogener Daten bei der Datenverarbeitung liegen zwar vor (Bundesdatenschutz-Gesetz 1977, Landesgesetze), die entsprechenden Vorschriften sind jedoch zum Teil noch erklärungs- und erweiterungsbedürftig (vgl. BAETGE u.a. 1984, S. 518). Bei der eigentlichen Personaldatenbank ist die Abstufung der Zugriffsregelungen wichtig, da vor allem das Bundesdatenschutzgesetz enge Grenzen setzt (vgl. Abb. 25, S. 108, entnommen aus: SCHOLZ 1989, S. 538).

Besondere Bedeutung hat § 87 Abs. 1 BetrVG. So hat der Betriebsrat ein Mitbestimmungsrecht bei Einführung und Anwendung technischer Einrichtungen, mit deren Hilfe das Verhalten der Arbeitnehmer überwacht werden soll oder kann. In arbeitsrechtlichen Urteilen wurde dieses Mitbestimmungsrecht - über die grundsätzliche Eignung von Geräten hinaus - weiter ausgelegt; mittlerweile unterliegen Kantinenabrechnungen, Datensichtgeräte, Telefondatenerfassung, Anwendungssoftware im Personalbereich der Mitbestimmung. → STUDIERHINWEIS: (Einen Überblick über die Auswirkungen von Personalinformationssystemen auf Arbeitnehmer und die Maßnahmen der gewerkschaftlichen Gegenwehr vermitteln NIEBUR 1983; HENSS/MIKOS 1983; FUHRMANN 1985; APITZSCH 1985).

Abb. 25: Bundesdatenschutzgesetz und Betriebsverfassungsgesetz

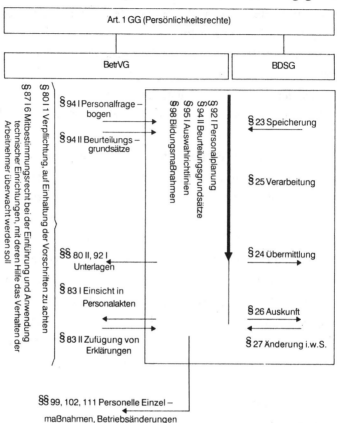

Grundsätzlich muß gesagt werden, daß die Verknüpfung von Daten ohne Kenntnis der Betroffenen Personalinformationssysteme problematisch machen. Recht markant und charakteristisch hat WEINBRENNER die Folgen und Risiken für die betroffenen Arbeitnehmer auf den Begriff gebracht: "Nicht der menschengerechte Arbeitsplatz, sondern der arbeitsplatzgerechte Mensch steht am Ende dieser Entwicklung, wenn es den Beschäftigten und ihren Interessenvertretern nicht gelingt, wirksame Abwehr- und Gegenstrategien zu entwickeln" (WEINBRENNER 1985, S. 30).

Ausschöpfung der Mitbestimmung einschließlich der Durchsetzung entsprechender Betriebsvereinbarungen sowie laufende Kontrolle der Handhabung der Personalinformationssysteme und politischer Druck zur Verschärfung der Datenschutzbestimmung sind gewerkschaftliche Strategien in diesem Bereich.

ZUSAMMENFASSUNG:
Die Arbeitskräfte und Arbeitsstellen werden durch Vergleich der Anforderungs- und Fähigkeitsprofile einander zugeordnet. Dieses Verfahren kann durch ein Personalinformationssystem in Form einer sog. korrespondierenden Anforderungs- und Fähigkeitsdatei sehr erleichtert werden. Insbesondere hat sie den Vorteil, daß die Arbeitsplatz- und Personaldaten standardisiert sind und jederzeit abgerufen werden können. Mit Personalinformationssystemen ist aber auch die Gefahr des Datenmißbrauchs mit dem Ergebnis der Einschränkung von individuellen Persönlichkeitsrechten verbunden.

2.4 STELLENBESETZUNGSPLÄNE

Das Ergebnis der Abstimmung von Anforderungs- und Fähigkeitsprofilen findet seinen Niederschlag im *Stellenbesetzungsplan*. Dieser weist die Zuordnung von Arbeitskräften und Stellen auf; insofern gibt er Auskunft über die Eingliederung der Arbeitnehmer in die Struktur- und Prozeßorganisation des Unternehmens. Im Stellenbesetzungsplan sind die Stelleninhaber namentlich aufgeführt und - je nach Stellenplan in unterschiedlichem Umfang - eine Reihe personeller Daten (Alter, beruflicher Werdegang, beabsichtigte Kündigungen, geplante einmalige Versetzungen, Lohn- und Gehaltsstufe, Beurteilungsmerkmale u.a.) vermerkt (vgl. Abb. 26, S. 110, entnommen aus: IG METALL, Teil C, S. 31). Ein *zukunftsorientierter* Stellenbesetzungsplan trägt demnach bereits - voraussehbaren - Änderungen in der Belegschaft Rechnung (z.B. einmalige Versetzungen oder Per-

Abb. 26: Beispiel: Stellenbesetzungsplan (Auszug aus der Abteilung Gießerei)

Abteilung: Gießerei Bereich: Formatgießerei Gruppe: Schmelzen und Gießen Blatt: 1				Stellenbesetzungsplan Stand 1. 1. 1977					Eingangsvermerk der Personalabteilung 20. 1. 1977 gez. Mosch		
Sachgebiet	Tätigkeitsbezeichnung	Tarifgruppe	Arbeitsplatz-Nr.	Name, Vorname	Alter	gegenwärtige Personalsituation			voraussichtliche Personalsituation am 31. 12. 1977		
						zuviel	zuwenig	Grund	zuviel	zuwenig	
	Betriebsleiter		1	Grasch, Alfred	37						
	Obermeister		2	Heese, Karl	42						
	Meister		3	Müller, Erich	28						
	Meister		4	Werner, Hans	47						
	Schichtmeister		5	Navarro, Manuel	31						
	Schichtmeister		6	Libuda, Fritz	45						
	Schichtmeister		7	Arnoldy, Georg	48						
	Schichtmeister		8	N. N.	-		1	hat gekündigt zum 31.12.1976			
Schmelzen	Vorarbeiter		9	Guilino, Paolo	34						
„	Vorarbeiter		10	Petric, Janos	28					1	kehrt in Heimatland zurück am 31.6.1977
„	Vorarbeiter		11	Meyer, Egon	22						
„	Vorarbeiter		12	Korsac, Andreas	57						
„	Schmelzer		13	N. N.	-		1	versetzt ins Walzwerk			
„	Schmelzer		14	Mertin, Martin	19				1		Produktionseinschränkungen
„	Schmelzer		15	Blau, Guido	48						„
„											„
„	Schmelzer		32	Düren, Mathias	52						
Gießen	Vorarbeiter		33	Volker, Heinz	51						
„	Vorarbeiter		36	Hans, Christian	24						
„	1. Gießer		37	Hartmann, Leo	25				1		Produktionseinschränkungen
„	1. Gießer		38	Kastan, Fritz-Heinrich	38						
„	1. Gießer		64	Ruiz, Juan	42				1		„
Gesamtzahl der besetzten Stellen:			135				2		10	1	

sonalabgänge). Dieser erhält seinen planerischen Charakter u.a. dadurch, daß er unter Heranziehung der Plandaten der anderen Personalplanungen, insbesondere der Personalbedarfsplanung, laufend fortgeschrieben wird.

Wenn die Anforderungs- und Fähigkeitsprofile *im Zeitablauf konstant bleiben bzw. sich nur längerfristig ändern*, dann kann auch der Stellenbesetzungsplan über längere Perioden hinweg relativ unverändert bleiben.

In diesem Fall variiert er im wesentlichen mit dem Konjunkturverlauf und mit dem Wachstum der Unternehmung. → STUDIERHINWEIS: (Siehe hierzu auch BLUMSCHEIN/SCHOLL 1979. Zur kurz-, mittel- und langfristigen Stellenbesetzungsplanung siehe RKW-Handbuch 1978, Teil VI, S. 40 ff.). Revisionen des Stellenbesetzungsplanes sind dann nur bei besonderen Anlässen notwendig. Ein solcher Fall wird in folgendem Beispiel geschildert (entnommen aus: RKW-Handbuch 1978, S. 14).

BEISPIEL

Die Einkaufsabteilung der Firma A entwickelt für einen Teil der Absatzprodukte eine neue Konzeption. Der Anlaß für die Neukonzeption liegt darin, daß Exportkunden in vermehrtem Umfang darauf drängen, daß Zulieferungen zum Absatzprodukt x aus der nationalen Fertigung erfolgen. Diese Situation führt zu einer Verlagerung der traditionellen Einkaufsfunktion. Es ist nicht mehr so entscheidend, ob für ein bereits festgelegtes Bezugsteil x % an Rabatt erreicht werden können, entscheidend wird vielmehr eine ständige technische Beratung und Betreuung der Vertriebsabteilung, um die günstigste Angebotsart - unter Einschluß der jeweils nationalen Bezugsteile - zu ermitteln. Diese Neukonzeption des bestehenden Arbeitsplatzes verlagert die Gewichte. Die jetzt benötigten Sprachkenntnisse, aber auch Berufserfahrungen verändern das Anforderungsprofil.

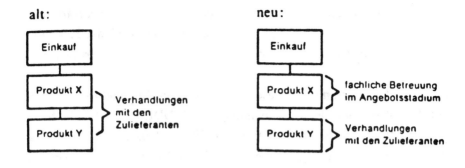

Aufgabe der Einsatzplanung ist es,
- durch institutionalisierte Informationskanäle rechtzeitig sicherzustellen, daß das neue Anforderungsprofil ermittelt wird,
- das Fähigkeitsprofil des Stelleninhabers an das neue Anforderungsprofil heranzubringen (Ausbildungsmaßnahme) oder aber
- in Zusammenarbeit mit der Personalbeschaffung eine Neubesetzung der Planstelle durchzuführen und
- den bisherigen Stelleninhaber einer seinen Fähigkeiten adäquaten Aufgabe zuzuführen.

Als 'besondere Anlässe' spielen in den Betrieben und Büros Maßnahmen der Rationalisierung mit der Folge des Personalabbaus eine große Rolle. Das wird u.a. durch eine Befragung des Wirtschafts- und Sozialwissenschaftlichen Instituts des DGB von 120 Betriebsräten aus verschiedenen Branchen belegt (vgl. KOHL (Hrsg.) 1978, S. 303):

 BEISPIEL

"Die große Mehrheit (56 v.H.) der befragten Betriebsräte rechnet mittelfristig mit einer weiteren Reduzierung des Personalbestandes, nur 14 v.H. mit einer künftigen Personalaufstockung, 30 v.H. erwarten einen eher gleichbleibenden Personalstand. Als Hauptursache dieser realistischerweise eingeschätzten zukünftigen Personaleinsparungen werden Rationalisierungs- und spezifische Personalplanungsmaßnahmen angesehen. Als hauptsächliche technische Innovationen werden wiederholt genannt: Die Einführung der Bildschirmtechnik, des Fotosatzes, der Einsatz von Handhabungsautomaten, Prozeßrechnern, der Funkfernsteuerung, das weitere Vordringen der EDV im Verwaltungsbereich (Mikroverfilmung, Dialogsystem, Sachbearbeitung am Terminal), Ferndatenverarbeitung (Beispiel Einzelhandel). Arbeitsorganisatorische Konsequenzen daraus sind: die Ausweitung der Mehrstellenarbeit, Reduzierung von Vorgabe- und Akkordzeiten, die Einführung von Leistungsmeßzahlen und Akkordsystemen auch für Angestellte".

Im Falle des Personalabbaus sollten zuvor alle alternativen Einsatzmöglichkeiten geprüft werden. Entlassungen dürfen nur der letzte Ausweg sein. Wie dabei vorgegangen werden könnte, zeigt folgendes Beispiel (entnommen aus: RKW-Handbuch, Teil VI, S. 16).

 BEISPIEL

Die Firma A unterhält eine eigene Konstruktionsabteilung. Die Firmenleitung beschließt aus wirtschaftlichen und Wettbewerbsgründen, das innerhalb der Konstruktionsabteilung selbständig bearbeitete Projekt X einzustellen. 6 Mitarbeiter sollen ab dem Einstellungszeitpunkt innerhalb eines Jahres abgebaut werden. Die Einsatzplanung informiert den Betriebsrat und bereitet mit ihm die möglichen Schritte vor.

Folgender Stufenplan wird entwickelt:

1. Stufe
Die verfügbaren offenen Stellen in der Firma werden aufgelistet -

unterteilt nach Anforderungsprofilen und Gehaltsgruppen - die infolge bekannter Austritte zukünftig freiwerdenden Stellen werden ermittelt.

2. Stufe
Die Eignungen der 6 betroffenen Mitarbeiter werden mit den Anforderungen der offenen bzw. freiwerdenden Stellen verglichen.

3. Stufe
Der Vergleich wird ausgewertet und ein Zeitplan aufgestellt.

4. Stufe
Die Umsetzungen (Versetzungen) werden unter Beteiligung des Betriebsrats (*§ 99 BetrVG*) eingeleitet. Gegebenenfalls werden Ausbildungsmaßnahmen eingeleitet.

5. Stufe
Die nicht adäquat versetzbaren Mitarbeiter werden ermittelt. Die erforderlichen personellen Maßnahmen (Änderungskündigung, Entlassung) werden vorbereitet.

Für *regelmäßige Änderungen* (z.B. Schichtwechsel, Urlaubsvertretungen) und eventuell für *besondere Beschäftigtengruppen* (Jugendliche, ältere und behinderte Arbeitnehmer u.a.) sind *Zusatzpläne* notwendig, deren Zahl und Art vor allem von der Produktionsweise und dem Produktionsumfang des Unternehmens und den daraufhin notwendigen Formen des Personaleinsatzes abhängen (siehe hierzu RKW-Handbuch 1978, Teil VI, S. 33 ff. und 70 ff.).

Insoweit also der Personaleinsatz im Zeitablauf relativ gleichbleibend erfolgt, stellen sich der Personalplanung i.d.R. keine größeren Probleme. Schwieriger ist die Stellenbesetzungsplanung hingegen bei *laufenden und unregelmäßig auftretenden Änderungen auf der Arbeitsplatzseite*, also im quantitativen und qualitativen Arbeitsanfall. Dann besteht die Notwendigkeit, den Personaleinsatz flexibel zu gestalten und entsprechend zu planen.

 BEISPIEL

Typische Beispiele für quantitative Schwankungen im Arbeitsanfall bieten das Bank- und Verkehrswesen oder der Einzelhandel, wo die Betriebe ihre Leistungen im Tages- und Wochenablauf mit unterschiedlicher Intensität zu erbringen haben. Ähnlich treten in der Bauindustrie und in der Landwirtschaft, wo die Produktion in hohem Maße von der Witterung abhängig ist, Schwankungen der Beschäftigung auf.

Für solche Fälle stehen der Stellenbesetzungsplanung etwa folgende *Maßnahmen* zur Verfügung (siehe hierzu SCHULTZ-WILD 1978, S. 132 ff.):

- Bei gleichbleibender Belegschaftsstärke z.B. gleitende Arbeitszeit, Schichtarbeit oder Überstunden,
- bei sich ändernder Belegschaftsstärke z.B. Beschäftigung auf Zeit oder Personalverschiebungen,
- die Aussonderung von Funktionen (z.B. der Lohn- und Gehaltsabrechnung) auf andere Unternehmen.

Um *qualitative Veränderungen im Personaleinsatz* handelt es sich bei Wechsel der Arbeitsplätze und der *Arbeitsfunktionen*[x] (Berufs- und Arbeitswechsel). Diese treten im allgemeinen in Form *von systematisch geplanten Versetzungen* (die i.d.R. länger als einen Monat dauern und mit erheblichen Änderungen der Arbeitsumstände verbunden sind), *zeitweiligem Arbeitskräfteaustausch* (z.B. Krankheitsvertretung), *ständigem Arbeitskräfteaustausch* (z.B. "fliegende Abteilungen", "Job-Rotation") und *zeitweiligen Änderungen von Arbeitsbereichen* (z.B. infolge unterschiedlich starker Besetzung im Tagesablauf) auf. Diese Änderungen bieten den Arbeitnehmern Abwechslung in der Beschäftigung und somit - sofern sie sich in zumutbaren Grenzen bewegen und überhaupt erwünscht sind - ein bescheidenes Maß an Humanisierung. Die entsprechenden planerischen Maßnahmen werden im Rahmen der sog. Einsatzfolgeplanung durchgeführt. Planungsorganisatorisch bestehen sie in der *Erstellung von Nachfolge- und Einsatzplänen*, in denen die Einsatzfolgen (aufgrund der vorgesehenen Versetzungen, der Job-Rotation usw.) festgelegt sind. Während der Nachfolgeplan an den zu besetzenden *Stellen* ansetzt, geht der Einsatzfolgeplan von den *Stelleninhabern* aus (vgl. Abb. 27 und 28, entnommen aus: DEDERING 1972, S. 136).

Abb. 27 - Beispiel: Nachfolgeplan

Stellen-bezeichnung	Laufendes Kalenderjahr	Vorausplanung für 1 Jahr	Vorausplanung für 2 Jahre
Maschinenschlosser	Meier	Kern	Schmidt	Koppe
Betriebsschlosser	Schmidt	Meier	Koppe	Kern
Werkzeugmacher	Koppe	Meier	Schmidt	Kern	Konrad
Elektriker	Kern	Koppe	Meier	Schmidt

Abb. 28 - Beispiel: Einsatzfolgeplan

Name	Laufendes Kalenderjahr	Vorausplanung für 1 Jahr	Vorausplanung für 2 Jahre
Meier	Maschinenschlosser	Werkzeugmacher	Betriebsschlosser	Elektriker	Dreher
Kern	Elektriker	Maschinenschlosser	Werkzeugmacher	Betriebsschlosser
Koppe	Werkzeugmacher	Elektriker	Betriebsschlosser	Maschinenschlosser
Schmidt	Betriebsschlosser	Werkzeugmacher	Maschinenschlosser	Elektriker

In beiden Fällen handelt es sich um eine Abfolge von vorübergehenden, für mehr oder weniger lange Zeiträume vorgesehene Versetzungen (betriebliche Einsätze), die irgendwann dort wieder beginnt, wo sie ursprünglich begonnen hat. Da sich der Nachfolgeplan auf *unterschiedlich breit angelegte Stellen* beziehen kann, vermag er neben dem Arbeitsplatz- und u.U. dem Funktionswechsel prinzipiell auch der Forderung nach Aufgabenerweiterung und Aufgabenbereicherung gerecht zu werden. Ebenso kann sich der Einsatzfolgeplan nicht nur auf einzelne Arbeitskräfte beziehen, die mehr oder weniger unabhängig voneinander arbeiten, sondern auch auf den *Einsatz teilautonomer Gruppen und von Personen innerhalb dieser Gruppen* (vgl. DEDERING/VERLAGE 1979, S. 322). Diese Humanisierungsmaßnahmen sollten aber bereits bei der Stellenplanung berücksichtigt werden; die Stellenbesetzungsplanung allein wäre hiermit überfordert.

Eine flexible Gestaltung der Stellenbesetzungsplanung und des Personaleinsatzes ist jedoch nicht nur bei *Änderungen auf der Seite der Arbeitsplätze, sondern auch bei Änderungen auf der Seite der Arbeitskräfte* notwendig. Diese bestehen insbesondere in *Qualifikationsverbesserungen* der Arbeitskräfte, etwa aufgrund von Maßnahmen der Personalentwicklung. → STUDIERHINWEIS: (Siehe Näheres hierzu in Kapitel 5). Hieran sind nicht nur die Arbeitnehmer interessiert, insofern diese Maßnahmen zur Förderung ihrer Persönlichkeit beitragen und sie Voraussetzung sind für berufliche Veränderungen und berufliches Fortkommen; sie liegen auch im Interesse des Arbeitgebers, zumindest soweit sie für die Besetzung freiwerdender, neuer oder umzustellender Arbeitsplätze notwendig sind. Dieses ist in den Unternehmen infolge ihrer Ausrichtung auf die wirtschaftlichen Ziele des Arbeitgebers meist der eigentliche Grund für die Durchführung von Bildungsmaßnahmen. Das wird auch in folgendem Beispiel deutlich (vgl. GEISLER 1978, S. 95 ff.).

 BEISPIEL

In der Eisenwerk-Gesellschaft Maximilianshütte mbH, Sulzbach-Rosenberg, bestand Ende des Geschäftsjahres 1975/76 infolge der Wiederinbetriebnahme eines Hochofens sowie eines Siemens-Martin-Ofens eine Unterdeckung von 40 Arbeitskräften. Im Rahmen der qualitativen Personalplanung wurden zur Beseitigung dieses quantitativen Engpasses folgende Aktivitäten vorgesehen:

- Volle Ausnutzung der Kapazitäten der Jugendlichenausbildung, da der Facharbeiterbedarf nur zum Teil vom Arbeitsmarkt zu decken war;
- Planung von Lehrgängen im Rahmen der Erwachsenenbildungsprogramme, insbesondere zur Hüttenfacharbeiterausbildung;
- Erörterung der Einrichtung weiterer Umschulungslehrgänge mit dem Arbeitsamt.

Bei der Beurteilung solcher Maßnahmen darf nicht übersehen werden, daß sie stets mit dem Aspekt der Personalkosten - sowohl mit den unmittelbar entstehenden Bildungskosten als auch mit den nachfolgenden Lohnkosten - verknüpft sind. Soweit es um die Stellenbesetzungsplanung geht, sind diese, auf der Subjektseite liegenden Änderungen im Rahmen der sog. Beförderungsplanung vorzusehen. Die Beförderungsplanung erstreckt sich auf die *spezielle Nachwuchsförderung* (Anpassungs- und Aufstiegsfortbildung, im Gegensatz zur Planung der *allgemeinen Nachwuchsförderung* (allgemeine Fortbildung), die ausschließlich in den Bereich der Personalentwicklungsplanung fällt (vgl. EMRICH-OLTMANNS u.a. 1978, Lernprogramm VI, S. 34). Berücksichtigt man neben den Interessen des Arbeitgebers auch die der Arbeitnehmer, so hat die Beförderungsplanung grundsätzlich *alle Arbeitskräfte sämtlicher Ebenen der Unternehmenshierarchie* zu erfassen und nicht lediglich den sog. Führungsnachwuchs. Diese Beschränkung ist in der betrieblichen Praxis aber üblich, was folgendes Beispiel belegt (vgl. KOHL (Hrsg.) 1978, S. 301).

🔼 BEISPIEL

Im Rahmen der WSI-Befragung von 120 Betriebsräten wird für 33 der beteiligten Unternehmen angegeben, sie verfügten über eine "personenbezogene Bildungs- oder Qualifikationsplanung ... als Kernstück für mehr persönliche Entfaltung am Arbeitsplatz". Diese Planung erstreckt sich jedoch nur in 12 Fällen (davon über die Hälfte aus dem mitbestimmten Montan-Bereich) auf alle Arbeitnehmergruppen, sonst nur auf Führungs-, Fach- und Nachwuchskräfte.

Die Beförderungsplanung umfaßt zwei Bereiche: die *Nachfolgeplanung* und die *Laufbahnplanung* (vgl. EMRICH-OLTMANNS u.a. 1978, Lernprogramm VI, S. 34 ff.). Die *Nachfolgeplanung* setzt an ganz bestimmten, zukünftig zu besetzenden Stellen an. Ihre Aufgabe ist es, für diese Stellen Nachwuchskräfte auszuwählen und für deren Vorbereitungszeit regelmäßige Beurteilungen und Fortschrittskontrollen vorzusehen. Das sollte auf der Grundlage der *Ermittlung des gegenwärtigen Bildungsbedarfs* geschehen, bei der - wie folgendes Beispiel zeigt - eine Reihe von Maßnahmen zu erwägen sind. (Entnommen aus: BILDUNGSWERK DER BAYERISCHEN WIRTSCHAFT 1980; Teil C, S. 41 f.). → STUDIERHINWEIS: (siehe hierzu Näheres im RKW-Handbuch 1978, Teil V, S. 25 f. und 33 ff. sowie bei ARBEITSGEMEINSCHAFT "Engere Mitarbeiter der Arbeitsdirektoren Eisen und Stahl" 1979).

🔼 BEISPIEL

1. Maßnahmen zur Ermittlung des gegenwärtigen Bildungsbedarfs:
   - Informationsgespräche mit dem Management, Vorgesetzten, Ausbildungsleiter, Ausbildungsbeauftragten, Ausbildern;
   - Informationsgespräche mit den Beschäftigten;
   - Fragebogenerhebungen;

- Diskussionen in den zuständigen Ausschüssen und Fachgremien;
- Auswertung der Literatur;
- Vergleich von Stellenanforderungsprofil und Eignungsprofil (Leistungs- und Entwicklungsbeurteilungen).

Zusätzliche Aufschlüsse über vorhandenen Bildungsbedarf geben:

- überdurchschnittliche Fluktuation,
- Schwierigkeiten bei der Personalbeschaffung,
- hohe Fehlzeiten,
- hohe Unfallquoten,
- übermäßiger Ausschuß,
- auffallendes Absinken der Leistung,
- auffallendes Absinken der Qualität,
- Verschlechterung des Betriebsklimas usw.

2. Anhaltspunkte für den zukünftigen Bildungsbedarf:
   - die Ziele und geplanten Vorhaben des Unternehmens,
   - die Erwartungen der Arbeitnehmer,
   - die langfristige Personalpolitik,
   - die zukünftigen Arbeitsanforderungen im Unternehmen und in der Branche,
   - der zu erwartende quantitative und qualitative Personalbestand,
   - die erwartete Arbeitsmarktsituation,
   - die über- und außerbetrieblichen Berufsbildungsmöglichkeiten,
   - die Entwicklung des allgemein- und berufsbildenden Schulwesens.

3. Planungskomponenten der betrieblichen Berufsbildungsplanung können sein:
   - der Teilnehmerkreis;
   - der zu vermittelnde Lehrstoff;
   - die Lehrkraft;
   - die Methode der Berufsbildung:

Am Arbeitsplatz:
z.B.
- Anleitung und Beratung durch den Vorgesetzten,
- Einsatz als Assistent,

- Betrauung mit Sonderaufgaben,
- Arbeitsplatzwechsel.

Außerhalb des Arbeitsplatzes:
z.B.
- Vorlesungsmethode,
- Programmierte Unterweisung,
- Konferenzmethode,
- Fallmethode,
- Planspielmethode;
- die technischen und organisatorischen Hilfsmittel;
- der zeitliche und räumliche Ablauf;
- die Kontrolle des Lernerfolgs;
- die Kosten.

Aus Gründen der Übersichtlichkeit ist es zweckmäßig, in *Nachfolgelisten* die in Frage kommenden Belegschaftsangehörigen den zukünftig freien Stellen zuzuordnen und die zeitliche Nachfolge festzulegen (vgl. Abb. 29, entnommen aus: DEDERING 1972, S. 142).

Abb. 29 - Beispiel: Nachfolgeliste

Zu besetzende Stellen	Gegenwärtiger Stelleninhaber	Mögliche Nachfolger der 1. Phase (ca. 2 Jahre)	Mögliche Nachfolger der 2. Phase (nach ca. 3-5 Jahren)	Weitere mögliche Nachfolger

Die nicht zum Zuge kommenden Nachwuchskräfte sind bei anderen Stellenbesetzungen einzubeziehen. Das ist um so eher möglich, wie spezielle Förderungsmaßnahmen um solche der allgemeinen Nachwuchsförderung ergänzt werden.
Die Laufbahnplanung bezieht sich auf einzelne Arbeitskräfte, die ihren Fähigkeiten entsprechend mit dem Ziel des beruflichen Aufstiegs gefördert werden sollen. Sie geht also nicht - wie die Nachfolgeplanung - von bereits vorhandenen oder fest geplanten Stellen aus, sondern zielt auf Qualifizierung für Stellen, die eher den Fähigkeiten der Nachwuchskräfte genügen und erst in Zukunft eingerichtet werden sollen. Insofern hat die Laufbahnplanung stärker hypothetischen Charakter.

Die Laufbahnplanung geht zwar von festgelegten Zielen und Laufbahnen aus, ist also auf bestimmte Aufgabenbereiche und auf verschiedene Hierarchieebenen ausgerichtet, sie enthält aber die *Gefahr der mangelnden Anpassungsfähigkeit* an unvorhersehbare Situationen, wenn andererseits auch verhindert werden kann, daß sie von vornherein am betrieblichen Bedarf vorbeigeht. Deshalb ist die Laufbahnplanung in Literatur und Praxis nicht unumstritten (vgl. EMRICH-OLTMANNS u.a. 1978, Lernprogramm VI, S. 38). Ähnlich wie bei der Nachfolgeplanung ist auch hier die Forderung zu stellen, die Laufbahnpläne durch Aufnahme von Maßnahmen allgemeiner Fortbildung auf *breite Tätigkeitsbereiche* mit dem Ziel auszurichten, die Einsatzmöglichkeiten der Betroffenen zu erhöhen.
Eine Möglichkeit, Nachfolge- und Laufbahnplanung organisatorisch in Zusammenhang zu bringen und aufeinander abzustimmen, zeigt das *stellen- und laufbahnbezogene Personalentwicklungssystem* in Abb. 30 (vgl. Abb. 30, S. 123, entnommen aus: GEISLER 1978, S. 104).

Dieses Personalentwicklungssystem baut auf folgenden Komponenten auf (vgl. GEISLER 1978, S. 103 ff.):

- der Stellenbeschreibung und dem Leistungsverhalten,

- einer leistungs- und förderungsbezogenen Mitarbeiterbeurteilung,
- der stellen- und laufbahnbezogenen Entwicklungsplanung,
- der Bildungsbedarfsanalyse und dem Bildungsrahmenplan,
- den internen und externen Bildungsmaßnahmen sowie
- einer Erfolgskontrolle durch die Mitarbeiterbeurteilung.

Abb. 30 - Beispiel: Stellen- und laufbahnbezogenes Personalentwicklungssystem

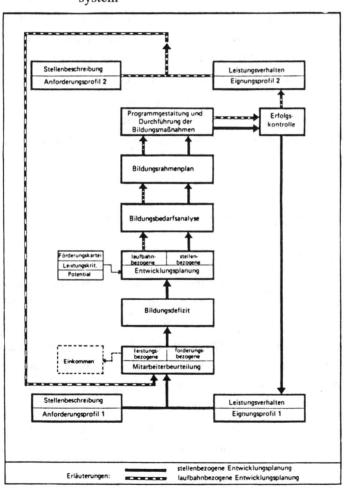

Der Kreislauf der rechten Seite des Personalentwicklungssystems zeigt die stellenbezogene, der gestrichelte Kreislauf die laufbahnbezogene Personalentwicklung.

ZUSAMMENFASSUNG:
Die Feststellungen in diesem Abschnitt können folgendermaßen zusammengefaßt werden: Das Ergebnis der Abstimmung zwischen Anforderungs- und Fähigkeitsprofilen wird im Stellenbesetzungsplan und eventuell in weiteren Zusatzplänen niedergelegt. Insofern in den Anforderungs- und Fähigkeitsprofilen im Zeitablauf öfter und unregelmäßig Änderungen eintreten, der Personaleinsatz also flexibel gestaltet werden muß, sind weitere Planungen notwendig. Diese werden bei Änderungen auf der Anforderungsseite i.d.R. im Rahmen der sog. Einsatzfolgeplanung (Nachfolge- und Einsatzplanung) und bei Änderungen auf der Seite der Arbeitskräfte im Rahmen der sog. Beförderungsplanung (Nachfolge- und Laufbahnplanung) vorgenommen.

2.5 KONTROLLE DES PERSONALEINSATZES

Die im Unternehmen vorliegenden Stellenbesetzungspläne stellen die unmittelbare Orientierungsgrundlage für den betrieblichen Einsatz der Arbeitskräfte dar. Dieser darf jedoch nicht als ein Planungsergebnis betrachtet werden, das ein für allemal feststeht. Vielmehr ist durch *Kontrolle des Personaleinsatzes* in regelmäßigen Zeitabständen zu überprüfen, ob die Arbeitskräfte die ihnen übertragenen Aufgaben erfüllen können. Es gilt also, die Anforderungs- und Fähigkeitsprofile laufend zu überprüfen und zu vergleichen. Dabei ist ein ausgebautes zweiseitiges Personalinformationssystem von großem Nutzen und - zumindest in Unternehmen mit größeren Belegschaften - unabdingbar.

Die Einsatzkontrolle erfolgt in den Unternehmen meist anhand einer *Beur-*

teilung der individuellen Leistungsmerkmale. Als Hilfsmittel wird dabei i.d.R. ein Personalbeurteilungsbogen verwandt. Die üblichen Beurteilungsbögen sind jedoch auf Führungskräfte zugeschnitten; sie beschränken sich auf die Erfassung allgemeiner und fachlicher Qualifikationen und Verhaltensweisen der Beurteilten. Demgegenüber käme es darauf an, die personenbezogene Beurteilung stärker mit Bezug auf die *zu erfüllenden Arbeitsaufgaben* vorzunehmen (Beispiele einer solchen sachbezogenen Personalbeurteilung geben LATTMANN 1975; REINECKE 1983; MENTZEL 1989[4];). Hier bieten sich verhaltensorientierte Beurteilungsskalen an. Ein Beispiel dafür ist die Verhaltensskala (VBS), die als Likert-Skala definiert ist (vgl. Abb. 31, S. 126, entnommen aus: SCHOLZ 1989, S. 67).

Vor allem wäre stets auch die Möglichkeit zu prüfen, inwieweit die Arbeitsanforderungen durch Änderungen auf der Arbeitsplatzseite *an das vorhandene Qualifikationspotential der Arbeitskräfte angepaßt werden können.* Diesem Aspekt wird in der Praxis der Betriebe zuwenig Beachtung geschenkt. Meist wird lediglich durch Anpassung der Arbeitskräfte und ihrer Qualifikationen an die vorher festgelegten Arbeitsplätze versucht, Anforderungs- und Fähigkeitsprofile in Übereinstimmung zu bringen. In diesen Fällen erfolgt die Vermittlung zwischen Arbeitsanforderungen und Qualifikationen einseitig über *Prozesse der Flexibilisierung* auf der Subjektseite (Mobilität) ohne nähere Prüfung, ob und inwieweit die Vermittlung auch über *Flexibilisierung auf der Seite des Arbeitsplatzes* (Substitutionalität) erreicht werden könnte.

Die Ergebnisse dieser wechselseitigen Überprüfung und Abstimmung von Anforderungs- und Fähigkeitsprofilen können in der sog. *Kontrollakte* festgehalten werden (vgl. HAGNER 1970, S. 56 und 60 f.; HAGNER 1971, S. 18). Hieraus hätte hervorzugehen, ob der Beurteilte für seine gegenwärtige Tätigkeit hinreichend qualifiziert ist oder ob eine Versetzung notwendig erscheint. Sie sollte weiterhin Angaben darüber enthalten, wie im Falle einer Diskrepanz zwischen Anforderungs- und Fähigkeitsprofil die Anforderungen des überprüften Arbeitsplatzes eventuell stärker an die vorhandenen Qualifikationen des Beurteilten angepaßt werden können. Schließlich sollte sie zeigen, ob eine Versetzung durch Fortbildungsmaßnahmen vermieden und inwieweit der Arbeitnehmer gefördert und im Betrieb aufsteigen kann. Unter Bezugnahme auf diese Kontrollakte wären notwendige Korrekturen im Personaleinsatz vorzunehmen und in der weiteren Planung zu berücksichtigen. Auch hierfür werden - jedenfalls in Großbetrieben - EDV-gestützte Personalinformationssysteme herangezogen.

Abb. 31: Exemplarische Dimension einer Verhaltensbeobachtungsskala

Arbeitsplanung und -organisation
Der beurteilte Mitarbeiter ...
(a) entwickelte vor Projektbeginn einen Plan, in dem Projektorganisation, -termine, -steuerung und -überwachung festgelegt wurden (d.h. er spezifizierte unter anderem die Aufgaben aller am Projekt Beteiligten).
Fast nie −1− −2− −3− −4− −5− Fast immer
(b) bereitete sich auf Besprechungen vor, z.B. durch Niederschrift einer Tagesordnung oder anzusprechender Diskussionspunkte.
Fast nie −1− −2− −3− −4− −5− Fast immer
(c) bearbeitete gleichzeitig zwei oder mehrere Arbeitsaufträge effektiv.
Fast nie −1− −2− −3− −4− −5− Fast immer
(d) versäumte es sicherzustellen, daß Teilaufgaben zufriedenstellend abgeschlossen wurden.
Fast nie −5− −4− −3− −2− −1− Fast immer
(e) hielt Termine ein.
Fast nie −1− −2− −3− −4− −5− Fast immer
(f) versäumte es, die Hauptziele seiner Stelle zu verfolgen, da er sich durch nebensächliche Probleme oder persönliche Interessen ablenken ließ.
Fast nie −5− −4− −3− −2− −1− Fast immer
(g) gab mehr als das zur Zielerreichung erforderliche Geld aus (z.B. unzulängliche Beachtung von Budgetrestriktionen; kein Kostenbewußtsein).
Fast nie −5− −4− −3− −2− −1− Fast immer
(h) versäumte es, Arbeitsziele und Prioritäten zu erkennen und/oder zu setzen.
Fast nie −5− −4− −3− −2− −1− Fast immer
Punktsumme =

ZUSAMMENFASSUNG:
Der Einsatz der Arbeitskräfte sollte keine einmalige Angelegenheit sein, sondern ein laufend zu überprüfender Vorgang. Es sind regelmäßig Personalbeurteilungen und Anforderungsanalysen durchzuführen. Daraufhin ist zu prüfen, ob notwendige Neuabstimmungen der Anforderungs- und Fähigkeitsprofile und Umbesetzungen von Arbeitsplätzen durch Anpassung der Arbeitskräfte an die Arbeitsplätze notwendig sind oder ob die Arbeitsplätze an die Arbeitskräfte angepaßt werden können. Die Ergebnisse sollten in einer Kontrollakte festgehalten werden.

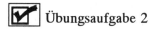 Übungsaufgabe 2

Die Beschäftigten im Produktionsbereich der Maschinenbau AG sind mit ihren Arbeitstätigkeiten äußerst unzufrieden. Das "Rechnungswesen" hat zudem festgestellt, daß dort die Produktivität vergleichsweise gering ist. Die Ursache hierfür wird in der unzulänglichen Abstimmung zwischen den Anforderungen an den Arbeitsplätzen und den Qualifikationen und Wünschen der Arbeitnehmer gesehen. Deshalb fordert die Unternehmensleitung den Personalleiter und den Betriebsrat auf, "unter Berücksichtigung der Interessenlage von Unternehmen und Mitarbeitern" einen Vorschlag für die bessere Abstimmung zwischen Arbeitsplätzen und Arbeitskräften vorzulegen und dabei vor allem die konkreten Konsequenzen für die Stellen- und Stellenbesetzungsplanung aufzuzeigen. Arbeiten Sie diesen Vorschlag aus!

3. PERSONALPLANUNG UND BETRIEBSVERFASSUNG

3.0 FALLSTUDIE: STILLEGUNG UND NEUBAU EINER GIESSEREI[1]

Die Unternehmensleitung der "Deutsche Hütten AG" beschließt, ihre Gießerei im Sauerland in einem Jahr stillzulegen. Ihrer Ansicht nach ist es nicht mehr rentabel, die Gießerei auf ein modernes Gießverfahren umzustellen, da der Betrieb generell veraltet ist. Vielmehr soll eine neue, nahezu vollautomatische Gießerei errichtet werden. Hier sind nur wenige Arbeitskräfte notwendig, die weitgehend über völlig andere Qualifikationen als jene in der alten Gießerei verfügen müssen. Deshalb muß der Personalbedarf zum größten Teil über den außerbetrieblichen Arbeitsmarkt gedeckt werden. Einige als besonders qualifiziert geltende Arbeitskräfte der alten Gießerei sollen nach einer Umschulung und weiteren Fortbildungsmaßnahmen in die neue Gießerei versetzt werden. Die meisten Arbeitnehmer müssen nach Meinung der Unternehmensleitung jedoch entlassen werden. Der Betriebsrat erfährt von den Absichten der Unternehmensleitung von den Vertretern der Arbeitnehmer im Aufsichtsrat unmittelbar nachdem dieser seine Zustimmung zu der geplanten Stillegung und Erweiterung gegeben hat. Er ist entschlossen, die Maßnahmen mit allen Mitteln zu beeinflussen. Deshalb berät er seine Möglichkeiten in mehreren Gesprächen mit den gewerkschaftlichen Vertrauensleuten im Betrieb, den Arbeitnehmervertretern im Aufsichtsrat, dem Arbeitsdirektor und mit Kollegen der IG METALL am Ort. Dabei geht es immer wieder um folgende Fragen:

1. Welche Beteiligungsrechte hat der Betriebsrat nach dem Betriebsverfassungsgesetz?

2. Reichen diese Rechte zur wirksamen Beeinflussung der geplanten Maßnahmen aus, und welche weiteren Möglichkeiten stehen dem Betriebsrat zur Verfügung?

---

[1] In Anlehnung an: IG METALL o.J., Teil C, S. 75 und 76

3. Welcher institutionelle Rahmen ist zur Wahrnehmung der Beteiligungsrechte notwendig?

3.1 BETEILIGUNGSRECHTE DES BETRIEBSRATS

Notwendige Voraussetzungen für den Interessenausgleich zwischen Arbeitgeber und Arbeitnehmern im allgemeinen und für die Vermittlung von Arbeitsanforderungen und Qualifikationen im besonderen im Rahmen der Personalplanung ist die *Mitbestimmung^x des Betriebsrats* als dem Interessenvertretungsorgan der Arbeitnehmer. Diesem Erfordernis hat der Gesetzgeber durch eine Reihe von im Betriebsverfassungsgesetz geregelten Beteiligungsrechten im Ansatz entsprochen.
Einen ersten Überblick gibt Abb. 32 (vgl. Abb. 32, S. 130, entnommen aus: HENTZE 1989^4, Bd. 1, S. 106). Hieraus wird deutlich, daß der Regelung im § 92 BetrVG im Ablauf der Personalplanung zentrale Bedeutung zukommt. → STUDIERHINWEIS: (Siehe auch die Zusammenstellung der Rechte und Pflichten von Arbeitgeber und Betriebsrat bei der Personalplanung bei KADOR/PORNSCHLEGEL 1977, S. 31 ff.; MOHR 1977 sowie DÄUBLER 1985, S. 456 ff.).

1. § 92 BetrVG gewährleistet dem Betriebsrat a) anhand von Unterlagen ein rechtzeitiges und umfassendes *Informationsrecht* der Personalplanung, insbesondere bezüglich des gegenwärtigen und zukünftigen Personalbedarfs sowie der sich daraus ergebenden personellen Maßnahmen und der Maßnahmen der Berufsbildung; b) ein *Beratungsrecht* bezüglich der Art und des Umfangs der erforderlichen Maßnahmen und c) ein *Vorschlagsrecht* betreffend die Einführung und Durchführung einer Personalplanung.

Abb. 32: Rechtsvorschriften zur Beeinflussung der Personalplanung im Planungsablauf

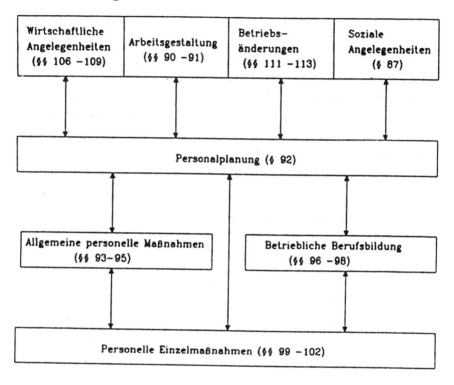

2. Nach § 106 BetrVG hat der Unternehmer den Wirtschaftsausschuß (der in allen Unternehmen mit i.d.R. mehr als 100 ständig beschäftigten Arbeitnehmern zu bilden ist und dessen Mitglieder vom Betriebsrat bestimmt werden) rechtzeitig und umfassend über wirtschaftliche Angelegenheiten (Rationalisierungsvorhaben, Einschränkung, Stillegung und Verlegung von Betrieben oder Betriebsteilen, Zusammenschluß von Betrieben, Änderung der Betriebsorganisation u.a.) unter Vorlage der

erforderlichen Unterlagen zu *unterrichten* und mit ihm zu beraten sowie die sich daraus ergebenden Auswirkungen auf die Personalplanung darzustellen, allerdings mit der Einschränkung, daß "dadurch nicht die Betriebs- und Geschäftsgeheimnisse des Unternehmens gefährdet werden".

3. Der Arbeitgeber hat den Betriebsrat über die Planung von Bauten, technischen Anlagen, von Arbeitsverfahren und Arbeitsabläufen oder der Arbeitsplätze rechtzeitig zu *unterrichten* und die vorgesehenen Maßnahmen insbesondere im Hinblick auf ihre Auswirkungen auf die Art der Arbeit und die Anforderungen an die Arbeitnehmer mit ihm zu *beraten*. Dabei sollen die "gesicherten arbeitswissenschaftlichen Erkenntnisse über die menschengerechte Gestaltung der Arbeit" berücksichtigt werden (§ 90 BetrVG).
Diese spielen auch in der Regelung des § 91 BetrVG eine Rolle: Danach kann der Betriebsrat Maßnahmen zur Abwendung, Milderung oder zum Ausgleich der Belastung von Änderungen der Arbeitsplätze, des Arbeitsablaufs oder der Arbeitsumgebung dann verlangen, wenn diese "in besonderer Weise" eintreten und den gesicherten arbeitswissenschaftlichen Erkenntnissen widersprechen. In diesem Fall hat der Betriebsrat also ein korrigierendes Mitbestimmungsrecht. Kommt eine Einigung zwischen Arbeitgeber und Betriebsrat nicht zustande, so entscheidet die im § 76 BetrVG vorgesehene Einigungsstelle.

4. § 111 BetrVG verpflichtet den Unternehmer in Betrieben mit i.d.R. mehr als 20 wahlberechtigten Arbeitnehmern, den Betriebsrat über geplante Betriebsänderungen rechtzeitig und umfassend *zu unterrichten* und diese mit ihm *zu beraten*, wenn sie wesentliche Nachteile für die Belegschaft oder für erhebliche Teile der Belegschaft zur Folge haben. Als Betriebsänderungen gelten die Einschränkung, Stillegung und Verlegung des Betriebes oder von wesentlichen Betriebsteilen, der Zusammenschluß mit anderen Betrieben, grundlegende Änderungen der Be-

triebsorganisation, des Betriebszwecks oder der Betriebsanlagen und die Einführung grundlegend neuer Arbeitsmethoden und Fertigungsverfahren.

Unternehmer und Betriebsrat haben sich nach § 112 BetrVG zu bemühen, über die geplante Betriebsänderung zu einer Einigung zu kommen, die als Interessenausgleich bezeichnet wird. Dieser ist schriftlich niederzulegen, ebenso wie die Einigung über den Ausgleich oder die Milderung der den Arbeitnehmern infolge der Betriebsänderung entstehenden wirtschaftlichen Nachteile. Diese sind Gegenstand eines Sozialplans[x], der die Wirkung einer Betriebsvereinbarung nach § 77 BetrVG hat.

Wird eine Einigung über den Interessenausgleich nicht erreicht, so können beide Seiten den Präsidenten des Landesarbeitsamtes oder die betriebliche Einigungsstelle um Vermittlung ersuchen (§ 112 Abs. 2 BetrVG). Deren Entscheidung hat für den Unternehmer jedoch keine verpflichtende Wirkung. Die von der Betriebsänderung betroffenen Arbeitnehmer haben gegenüber dem Arbeitgeber aber Anspruch auf Ausgleich der entstehenden Nachteile, wenn diese "ohne zwingenden Grund" von einem Interessenausgleich abweicht oder ihn gar nicht erst herbeiführt (§ 113 BetrVG).

Kommt keine Einigung über den *Sozialplan* zustande, so kann ebenfalls der Präsident des Landesarbeitsamtes oder die Einigungsstelle angerufen werden. Deren Entscheidung über den Sozialplan hat die Wirkung einer Betriebsvereinbarung und ist für Arbeitgeber und Arbeitnehmer verbindlich (§ 112 Abs. 4 BetrVG). Bei der Erstellung des Sozialplans hat der Betriebsrat also ein Mitbestimmungsrecht.

5. Zur Durchführung seiner Aufgaben ist der Betriebsrat vom Arbeitgeber rechtzeitig und umfassend zu unterrichten. Notwendige Unterlagen sind ihm auf Verlangen zur Verfügung zu stellen (§ 80 Abs. 2 BetrVG).

6. In sozialen Angelegenheiten (Arbeitszeitfragen, Regelung der Lohnge-

staltung u.a.) hat der Betriebsrat das Recht zur *Mitbestimmung*. Kommt hierüber eine Einigung nicht zustande, so entscheidet die Einigungsstelle verbindlich für beide Seiten (§ 87 BetrVG).

7. Bei allgemeinen personellen Angelegenheiten sieht das Betriebsverfassungsgesetz - über die Regelung im § 92 hinaus - für den Betriebsrat verschiedene *Mitbestimmungsrechte* vor.

Nach § 93 kann der Betriebsrat verlangen, daß zu besetzende Arbeitsplätze im Betrieb ausgeschrieben werden. Ausgenommen sind von dieser Bestimmung Stellen für leitende Angestellte im Sinne des § 5 Abs. 2 und 3 BetrVG. Der Einsatz von Personalfragebögen und die Aufstellung allgemeiner Beurteilungsgrundsätze bedürfen der Zustimmung des Betriebsrats. Wird über ihren Inhalt keine Einigung erzielt, so trifft die Einigungsstelle eine verbindliche Entscheidung (§ 94).

§ 95 bestimmt, daß für Richtlinien über die personelle Auswahl bei Einstellungen, Versetzungen, Umgruppierungen und Kündigungen die Zustimmung des Betriebsrats erforderlich ist. In Betrieben mit mehr als 1000 Arbeitnehmern kann der Betriebsrat die Aufstellung solcher Auswahlrichtlinien verlangen. Kommt eine Einigung über die Richtlinien oder ihren Inhalt nicht zustande, so entscheidet die Einigungsstelle verbindlich.

8. In § 96 BetrVG weist der Gesetzgeber die betriebliche Berufsausbildung Arbeitgeber und Betriebsrat als gemeinsame Aufgabe zu, die sie im Rahmen der betrieblichen Personalplanung und in Zusammenarbeit mit den für die Berufsbildung und die Förderung der Berufsbildung zuständigen Stellen zu fördern haben. Der Arbeitgeber ist verpflichtet, Fragen der Berufsbildung der Arbeitnehmer des Betriebes mit dem Betriebsrat auf dessen Verlangen *zu beraten*. Der Betriebsrat kann hierzu Vorschläge unterbreiten. Ein Beratungsrecht hat der Betriebsrat auch hinsichtlich der Errichtung und Ausstattung von betrieblichen Einrichtungen zur Berufsbildung, der Einführung von betrieblichen

Berufsbildungsmaßnahmen und der Teilnahme an außerbetrieblichen Maßnahmen der Berufsbildung (§ 97 BetrVG). Demgegenüber darf der Betriebsrat nach § 98 BetrVG bei der Durchführung von Berufsbildungsmaßnahmen und der Bestellung bzw. Abberufung der Ausbilder *mitbestimmen*. Hinsichtlich der Teilnahme an - betriebsinternen und externen - Maßnahmen der Berufsbildung hat er unter bestimmten Voraussetzungen ein *erzwingbares Vorschlagsrecht*. Im Falle von Meinungsverschiedenheiten bei der Ausübung dieser Mitbestimmungsrechte entscheidet die Einigungsstelle (bei der Durchführung von Berufsbildungsmaßnahmen und der Auswahl der Teilnehmer an diesen Maßnahmen) oder das Arbeitsgericht im Beschlußverfahren (bei der Bestellung bzw. Abberufung von Ausbildern).

9. In Betrieben mit i.d.R. mehr als 20 wahlberechtigten Arbeitnehmern hat der Betriebsrat bei Einstellungen, Eingruppierungen, Umgruppierungen und Versetzungen Anspruch *auf Unterrichtung*. Der Arbeitgeber hat ihm die erforderlichen Unterlagen vorzulegen, Auskunft über die Person der Beteiligten und über die Auswirkungen der geplanten Maßnahme zu geben und die Zustimmung des Betriebsrats hierzu einzuholen. Diese kann der Betriebsrat aber nur unter bestimmten Voraussetzungen verweigern, z.B. wenn die personelle Einzelmaßnahme gegen ein Gesetz, einen Tarifvertrag, eine Betriebsvereinbarung oder eine Auswahlrichtlinie nach § 95 BetrVG verstoßen würde oder der betroffene oder andere im Betrieb beschäftigte Arbeitnehmer infolge der personellen Maßnahme benachteiligt würden, "ohne daß dies aus betrieblichen oder persönlichen Gründen gerechtfertigt ist". In diesen Fällen kann der Arbeitgeber die Ersetzung der Zustimmung beim Arbeitsgericht beantragen, das verbindlich über die Durchführung bzw. Aufrechterhaltung der Maßnahme entscheidet (§§ 99, 100 BetrVG). Vor Kündigungen ist der Betriebsrat zu *hören*. Der Arbeitgeber hat ihm die Gründe für die Kündigung mitzuteilen. Der Betriebsrat kann gegen die Kündigung mit schriftlicher Angabe seiner Bedenken unter be-

stimmten Voraussetzungen Widerspruch einlegen, z.B. wenn soziale Gesichtspunkte nicht beachtet oder keine Möglichkeit zur Weiterbeschäftigung geprüft worden sind. Über die Kündigung wird dann gerichtlich entschieden, sofern der betroffene Arbeitnehmer nach dem Kündigungsschutzgesetz Klage auf die Feststellung erhoben hat, daß die Auflösung des Arbeitsverhältnisses durch die Kündigung unwirksam ist (§ 102 BetrVG).

3.2 NOTWENDIGKEIT DER ERWEITERUNG DER BETEILIGUNGSRECHTE UND AKTUELLE MÖGLICHKEITEN

Die Zusammenstellung der gesetzlichen Bestimmungen zur Beteiligung des Betriebsrats an der Personalplanung zeigt, *daß sich dessen Beeinflussungsmöglichkeiten nur zum Teil direkt auf die Personalplanung beziehen.* Der Begriff 'Personalplanung' ist im *Betriebsverfassungsgesetz* ohnehin nur in den §§ 92 (Personalplanung) und 106 (wirtschaftliche Angelegenheiten) sowie in § 96 (Berufsbildung) genannt, ohne nähere Bestimmung des Inhalts, der Form und der Reichweite der Personalplanung. Im Umfeld der Personalplanung und in ihren Ablauf mit einbezogen sind die Regelungen über die allgemeinen Aufgaben des Betriebsrats (§ 80), die Gestaltung von Arbeitsplatz, Arbeitsablauf und Arbeitsumgebung (§§ 90 und 91), die allgemeinen personellen Angelegenheiten (§§ 93-95), die Berufsbildung (§§ 111-113). Die Mitbestimmungsrechte in sozialen Angelegenheiten (§ 87) und die Widerspruchsrechte bei personellen Einzelmaßnahmen (§§ 99-102) bieten dem Betriebsrat hingegen nur eine indirekte Einflußnahme auf die Personalplanung.

Gravierender für die Arbeit des Betriebsrats ist indessen die Tatsache, daß es sich bei den betriebsverfassungsgesetzlichen Bestimmungen - zumindest soweit sie dem Betriebsrat eine direkte Einflußnahme auf die Personalplanung ermöglichen - durchweg um Unterrichtungs-, Anhörungs-, Beratungs- und Vorschlagsrechte handelt, d.h. sie beschränken sich weitgehend auf den Bereich der *Mitwirkung*. *Die Mitbestimmungsrechte* des Betriebsrats bei der Personalplanung beziehen sich meist auf das Stadium der Maßnahmendurchführung. Insbesondere hat der Betriebsrat keine Möglichkeit, die *Einführung eines entwickelten Personalplanungssystems* zu erzwingen. Die Bestimmung des § 92 BetrVG sowie die anderen einschlägigen Regelungen im Betriebsverfassungsgesetz verpflichten den Arbeitgeber nicht zur Durchführung einer bestimmten Personalplanung; sie setzen diese vielmehr voraus. Eine gleichberechtigte Mitbestimmung besteht also nicht (vgl. DÄUBLER 1985, S. 457). Die Personalplanung kann folglich sehr rudimentär und auch ohne schriftliche Fixierung vorgenommen werden. Sie kann ebenso der Reduzierung der Personalkosten und damit zu weiteren Rationalisierungen mit der Folge von Personaleinsparungen und Entlassungen dienen wie zur Sicherung der Arbeitsplätze (vgl. SPIEKER/ KOHL 1978, S. 27). Aufgrund seines Vorschlagsrechts nach § 92 Abs. 2 BetrVG kann der Betriebsrat jedoch auf die Durchführung einer systematisch angelegten Personalplanung in schriftlicher Form drängen, durchsetzen kann er sie aber nicht. Der Arbeitgeber kann also " ... das Votum des Betriebsrats im Papierkorb verschwinden lassen" (DÄUBLER 1991, S. 139). Dieser "Schwachpunkt" des Betriebsverfassungsgesetzes äußert sich natürlich in der Praxis (vgl. KOHL (Hrsg.) 1978, S. 296):

 BEISPIEL

Die Befragung des WSI von 120 Betriebsräten hat ergeben, daß der Betriebsrat in jedem zweiten Fall Vorschläge für die Einführung und Gestaltung der Personalplanung gemacht hat, die jedoch in 14 Fällen (25 %) erfolglos blieben, d.h. daß 10 % der Unternehmen trotz der Initiativen des Betriebsrats keine Personalplanung hat.

Ohne Frage ist die Regelung von Beteiligungsrechten des Betriebsrats (und der Arbeitnehmer) bei der Personalplanung im Betriebsverfassungsgesetz *ein bedeutender Fortschritt*, insofern dadurch nämlich auf dem Gebiet der Personalplanung neben den wirtschaftlichen Zielen des Arbeitgebers auch die sozialen Wünsche der Arbeitnehmer berücksichtigt werden müssen. Die Personalplanung kann aber ihre Aufgabe, die planerischen Voraussetzungen für den Interessenausgleich zwischen Kapital und Arbeit zu schaffen, nur erfüllen, wenn der Betriebsrat daran mit *gleichen Rechten* und mit *gleichem Gewicht* wie der Arbeitgeber beteiligt wird. Das wird deutlich, wenn man sich die Ursachen der in den einzelnen Bereichen der Personalplanung üblicherweise auftretenden Konflikte genauer ansieht (vgl. RKW-Handbuch 1978, Teil X): Diese bestehen darin, daß erstens der Arbeitgeber aufgrund seines Entscheidungsrechts die Einwände des Betriebsrats unberücksichtigt läßt; dieser zweitens seine Informations- und Beratungspflichten ungenau erfüllt und sich über Mitbestimmungsrechte des Betriebsrats hinwegsetzt und drittens keine Übereinkunft über einzelne Tatbestände der Personalplanung zustandekommt. Hieraus ist aber die Konsequenz zu ziehen, daß dem Betriebsrat bei der Personalplanung ein *volles Mitbestimmungsrecht* eingeräumt werden sollte (vgl. auch WSI-PROJEKTGRUPPE 1981, S. 23 ff.). Erst unter dieser Voraussetzung wird man von einer "arbeitnehmerorientierten Personalplanung" sprechen können, die auch der Verwirklichung von Arbeitnehmerinteressen dient. Dabei ist zu bedenken, daß sich Konflikte bei den personellen Maßnahmen wesentlich reduzieren lassen, wenn der Betriebsrat auch auf die technischen und wirtschaftlichen Grundsatzentscheidungen Einfluß nehmen kann, von denen die Personalplanung abhängt. Die Mitbestimmung kann aber erst dann zur vollen praktischen Bedeutung gelangen, wenn der Betriebsrat zu dem Zeitpunkt an den personellen, sozialen und wirtschaftlichen Maßnahmen beteiligt wird, in dem diese zur Entscheidung anstehen. Insbesondere benötigt der Betriebsrat möglichst frühzeitig *systematische Kennziffern* über die Planungen der Unternehmensleistung; nur dann wird er sein "Drohpotential" wirkungsvoll einsetzen können (vgl. WSI-PROJEKTGRUPPE 1981, S. 254 ff., 273 und 516 ff.). Personalplanung, in diesem

Sinne als Frühwarnsystem verstanden, steht jener in *vielen Unternehmen praktizierten Informationspolitik* diametral entgegen, die mit vorgeschobenen Argumenten wie "Wir wollen Unruhe vermeiden", darauf zielt, dem Betriebsrat z.b. lange geplante Betriebsschließungen erst wenige Wochen vor ihrer Durchführung bekanntzugeben (vgl. JÄGER 1978, S. 158). Aufgrund dieser Politik ist die Informationsbeschaffung zu einer der *zentralen Konfliktbereiche* zwischen Unternehmer und Betriebsrat geworden. → STUDIERHINWEIS: (Zur Informationspolitik im Betrieb siehe IG DRUCK UND PAPIER (Hrsg.) o.J. und WSI-PROJEKTGRUPPE 1981, insbesondere S. 102 ff. und S. 189 ff.; zu den Konflikten der Betriebsverfassung vgl. KITTNER 1991, S. 499 ff.). Jedenfalls ist spätestens seit der wirtschaftlichen Stagnationsphase Mitte der siebziger Jahre unübersehbar, daß die Handlungsspielräume des Betriebsrates eher beschränkt sind: So wurde seiner Forderung nach Zuweisung von gleichwertigen Arbeitsplätzen an die betroffenen Arbeitnehmer, etwa bei der Einführung neuer Techniken, nur selten entsprochen. Einfluß nehmen konnte er meist nur, wenn es um die Abmilderung sozialer Folgen für die Beschäftigten ging (vgl. DÄUBLER 1985, S. 456 ff.). Damit ist deutlich geworden, daß die Arbeitnehmerinteressen nach Gesetz und faktischer Machtverteilung im eigentlichen Planungsprozeß des Unternehmens - also dort, wo die betriebspolitischen Weichen gestellt werden - nicht durchgesetzt werden können.

Zur Ausdehnung des *Einflusses des Betriebsrats* bei der Personalplanung wären beispielsweise folgende Möglichkeiten zu erwägen (vgl. auch DEDERING/VERLAGE 1979, S. 322):

1. *Betriebsvereinbarungen*^{x};

2. Organisation von gewerkschaftlichen Vertrauenskörpern, mit deren Hilfe Druck mit dem Ziel der Durchsetzung von Mitbestimmungsforderungen ausgeübt werden könnte;

3. Wahrnehmung von Entscheidungskompetenzen in einzelnen Organen der Unternehmung (z.B. im Aufsichtsrat und durch den Arbeitsdirektor);

4. Aufbau systematischer Informations- und Kommunikationsbeziehungen zwischen Gewerkschaften und betrieblichen Organen sowie zwischen diesen Organen (Belegschaft, gewerkschaftliche Vertrauensleute, Betriebsrat, Arbeitsdirektor, Arbeitnehmervertreter im Aufsichtsrat);

5. Abschluß betrieblicher und überbetrieblicher Tarifverträge;

6. Einflußnahme auf die Gesetzgebung (z.B. mit dem Ziel, die Mitwirkungs- und Mitbestimmungsregelungen im Betriebsverfassungsgesetz zu erweitern).

Diese Maßnahmen, die in *enger Zusammenarbeit von Gewerkschaften und betrieblichen Interessenvertretungsorganen der Arbeitnehmer* (Betriebsrat, gewerkschaftliche Vertrauensleute, Arbeitnehmervertreter im Aufsichtsrat, Arbeitsdirektor) realisiert werden müßten, wären vor allem im Betrieb angesiedelt. Damit wird einer Forderung gefolgt, die in der stärkeren *Verlagerung der Sozialpolitik in den betrieblichen Produktionsbereich* eine erfolgversprechende Perspektive sieht (vgl. MUHR 1980, S. 100 f.). Das heißt freilich nicht, daß der Staat aus seiner sozialen Verantwortung entlassen würde, die Prämissen und Rahmenbedingungen für den Interessenausgleich zwischen Kapital und Arbeit gesetzlich festzulegen. Es geht nicht um die Stilisierung von Tarifpolitik und Betriebsvereinbarungen zum "Ersatzgesetzgeber" (vgl. auch SPIEKER/KOHL 1978, S. 35), sondern lediglich darum, die auf der Ebene der Betriebe und der Gewerkschaften - insbesondere im Bereich ihrer Tarifpolitik - *liegenden Möglichkeiten zur strukturellen Erweiterung der Einflußnahme des Betriebsrats* auf die Personalplanung besser als bisher zu nutzen, ohne daß dabei auf staatliche Aktivitäten verzichtet wird. Damit wird der Überzeugung Rechnung getragen, daß die Verordnung von wirklichen Verbesserungen im Bereich der betrieblichen Mitbestimmung gegenwärtig 'von oben' nicht zu erwarten ist. So haben die seit dem 1.1.1989 wirksamen Gesetzesänderungen gezeigt, "daß unter der konservativ-liberalen Koalition an einen weiteren Ausbau der Betriebsverfassung nicht zu denken ist." (KITTNER 1991, S. 512). Deshalb müssen entsprechende Verbesserungen zunächst einmal vor allem 'von unten' initiiert und unmittelbar in den Betrieben durchgesetzt werden. Diese Einschätzung wird durch folgendes Beispiel bestätigt (vgl. KOHL (Hrsg.) 1978, S. 303).

 BEISPIEL

In der Betriebsräte-Befragung des WSI wurde die Meinung vertreten, daß in erster Linie tarifvertragliche Regelungen und darauf aufbauend Betriebsvereinbarungen abgeschlossen werden sollten, u.a. über die Beteiligung an der quantitativen und qualitativen Personalplanung. Demgegenüber wurde gesetzlichen Maßnahmen (Informations- und Personalplanungsrechte, Ausweitung der Bildungszeiten u.a.) eine geringere und eher flankierende Rolle beigemessen.

ZUSAMMENFASSUNG:
Zusammenfassend ist also festzustellen, daß die Beteiligungsrechte des Betriebsrats bei der Personalplanung weitgehend auf der Ebene der Mitwirkung angesiedelt sind; seine Möglichkeiten zur Mitbestimmung sind sehr beschränkt. Eine wesentliche Voraussetzung für den anzustrebenden Interessenausgleich zwischen Arbeitgeber und Arbeitnehmern ist damit nicht gegeben. Deshalb sollten die Betriebsräte weitere Möglichkeiten zur Beeinflussung der Personalplanung nutzen. Diese dürften gegenwärtig insbesondere durch Maßnahmen in den Unternehmen selbst sowie durch die Tarifpolitik der Gewerkschaften zu realisieren sein. Die Chancen für weitergehende gesetzliche Regelungen sind demgegenüber eher gering einzuschätzen.

3.3 INSTITUTIONELLE VORAUSSETZUNGEN DER PERSONALPLANUNG

Für die Zusammenarbeit von Arbeitgeber und Betriebsrat im Bereich der Personalplanung sind *feste Instanzen* notwendig, in denen die Interessenvertreter ihre gemeinsamen Beratungen vornehmen und ihre Kontrollfunktionen ausführen können (vgl. hierzu RKW-Handbuch, Teil X, S. 38 ff.; siehe auch BILDUNGSWERK DER BAYERISCHEN WIRTSCHAFT 1980, Teil D, S. 51 ff.). Sie sind eine wichtige Voraussetzung für den Arbeitgeber zur Erfüllung seiner Informations-, Anhörungs- und Beratungspflichten und für den Betriebsrat zur Wahrnehmung seiner Mitwirkungs- und Mitbestimmungsrechte. Solche Instanzen sind im Betriebsverfassungsgesetz nicht zwingend vorgesehen. Nach § 28 Abs. 3 BetrVG ist jedoch die Bildung von gemeinsamen Ausschüssen möglich, denen bestimmte Aufgaben zur Entscheidung übertragen werden.

Die IG Metall hat bereits im Jahre 1968 die Einrichtung von *Ausschüssen für Personalplanung* vorgeschlagen und ihre tarifvertragliche Regelung verlangt. Danach soll der Personalplanungsausschuß aus je drei von Arbeitgeber und Betriebsrat benannten Betriebsangehörigen bestehen und auf Verlangen des Arbeitgebers oder des Betriebsrats tagen. Seine Aufgabe soll in der Ausarbeitung von Vorschlägen zur Durchführung von personellen Planungsmaßnahmen bestehen, wobei sachkundige Arbeitnehmer hinzugezogen werden können (vgl. IG METALL (Hrsg.) 1971, I., Punkt 3). Über den Stand der Einrichtungen von solchen Ausschüssen in den Unternehmen liegen keine aktuellen Zahlen vor.

Der *Vorteil* eines gemeinsamen, paritätisch besetzten Personalplanungsausschusses liegt vor allem in der Institutionalisierung der Kommunikation zwischen Arbeitgeber und Betriebsrat. Die unterschiedlichen Interessen könnten bereits im frühen Planungsstadium abgewogen werden, um so zur Vermeidung von Konflikten bei der Maßnahmendurchführung beizutragen. Ein positives Beispiel einer Kooperation zwischen Management und Betriebsrat auf dem Gebiet der Personalplanung bietet das VW-Werk in Kassel, wo die Zusammenarbeit auf den Ebenen Planungsausschuß, Begleitteam und Arbeitskreis erfolgt (vgl. Abb. 33, entnommen aus: BEKKER/KAKALICK 1989, S. 163).

Abb. 33 - Beispiel: Gremien für Personalplanung und Qualifizierungsmaßnahmen

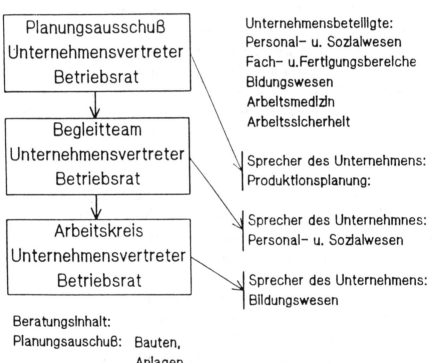

Die *Aktivitäten des Personalplanungsausschusses* sollten sich jedoch in Form der Ausarbeitung von Vorschlägen und Richtlinien auf die Phasen der Entscheidungsvorbereitung und der Maßnahmenkontrolle beschränken. Die Durchführung der Personalplanung selbst obliegt hingegen dem Arbeitgeber und den Fachabteilungen im Unternehmen. Ebensowenig sollte sich der Betriebsrat an den technischen Planungsaufgaben beteiligen. "Beteiligung an der betrieblichen Personalplanung heißt ... nicht, Personalplanung zu "machen", sondern Personalpolitik zu beeinflussen, d.h. ... Durchsetzung von Arbeitnehmerinteressen durch Mitbestimmung" (JÄGER 1978, S. 157). Die Aufgaben des Betriebsrats liegen ausschließlich im Bereich der Entscheidung und Kontrolle. Um diese erfüllen zu können, muß er allerdings über umfangreiche Sach- und Entscheidungskompetenz verfügen.

Personalplanungsausschüsse sollten auf den Unternehmensebenen eingerichtet werden, auf denen über die Personalplanung entschieden wird. Werden die Planungsdaten von der Konzernleitung vorgegeben, ohne daß diese vom Betriebsrat bzw. vom Gesamtbetriebsrat (vgl. § 47 BetrVG) der Einzelunternehmen beeinflußt werden können, so ist die Bildung eines Konzern-Personalplanungsausschusses notwendig, mit dem - neben dem Personalplanungsausschuß auf Unternehmensebene - ein zweiter Prozeß der Informationsgewinnung und -verarbeitung institutionalisiert wird. Der Konzern-Personalplanungsausschuß hätte zum einen den Personalplanungsausschüssen der Einzelunternehmen auf der Grundlage der auf der Konzernebene getroffenen Entscheidungen Richtwerte für die weiteren Planungen zur Verfügung zu stellen und zum anderen für die Koordination der Personalplanungen in den Einzelunternehmungen zu sorgen.

Mit diesen Ausschüssen wäre ein institutioneller Rahmen geschaffen, in dem Arbeitgeber und Betriebsrat ihre im Betriebsverfassungsgesetz gestellten Aufgaben erfüllen könnten. Deshalb sollten die Bemühungen von Gewerkschaften und betrieblichen Organen auf dem Gebiet der Personalplanung vorrangig auf die Bildung solcher Personalplanungsausschüsse gerichtet sein.

ZUSAMMENFASSUNG:
Für die Zusammenarbeit zwischen Arbeitgeber und Betriebsrat im Bereich der Personalplanung sind - auf der Ebene der einzelnen Unternehmung und des Konzerns - feste Instanzen notwendig. Diese sollten in Form des - paritätisch besetzten - Personalplanungsausschusses bestehen. Der Vorteil dieses Ausschusses besteht vor allem darin, daß die Kommunikation zwischen Arbeitgeber und Betriebsrat institutionalisiert und möglicherweise versachlicht wird.

☑ Übungsaufgabe 3

Der Betriebsrat der "DEUTSCHE HÜTTEN AG" teilt der Unternehmensleitung mit, daß er die Einrichtung eines Personalplanungsausschusses für notwendig hält. Zur Verdeutlichung seiner Vorstellungen unterbreitet er folgenden Vorschlag für eine Betriebsvereinbarung über Personalplanung:

Gemäß § 92 Betriebsverfassungsgesetz wird zwischen der Betriebsleitung der ... und dem Betriebsrat/Gesamtbetriebsrat der ... die folgende Betriebsvereinbarung geschlossen:

1. Arbeitgeber und Betriebsrat bilden einen paritätischen Ausschuß für Personalplanung.

2. Dieser Ausschuß besteht aus je ... Vertretern des Arbeitgebers und des Betriebsrats.

3. Der paritätische Ausschuß für Personalplanung tagt monatlich. Jede Seite kann zu den Beratungen Sachkundige hinzuziehen. Auf Antrag einer Seite sind weitere Sitzungen durchzuführen.

4. Der Ausschuß gibt sich eine Geschäftsordnung.

5. Für Angelegenheiten, die der Planungsausschuß eines Betriebes nicht klären kann, wird von der Unternehmensleitung und dem Gesamtbetriebsrat ein zentraler Personalplanungsausschuß gebildet. Dieser zentrale Personalplanungsausschuß gibt sich eine Geschäftsordnung und tritt auf Antrag einer Seite, jedoch mindestens einmal im Vierteljahr, zu gemeinsamen Beratungen zusammen.

6. Als Grundlage für die Beratungen im Personalplanungsausschuß legt die Unternehmensleitung/Betriebsleitung dem Ausschuß mindestens folgende Daten vor:

6.1 Personalstatus
Vergleich der Istbelegschaft mit der mit dem Betriebsrat vereinbarten Sollbelegschaft, gegliedert nach Betriebsabteilungen und Qualifikationsgruppen.

6.2 Absatzprognose
Vorausschau der Absatzmenge, untergliedert nach Produkten für den Zeitraum von mindestens 6 Monaten.

6.3 Produktionsprognose
Kapazitätsplanung für einen Zeitraum von mindestens 6 Monaten, nach Produkten gegliedert.

6.4 Personalprognose
Vorausrechnung des Personalbedarfs aufgrund der zu erwartenden Fluktuation, Veränderung der Arbeitszeit, Einführung neuer Produkte, Produktionsausweitungen oder -einschränkungen, Investitions- und Rationalisierungsvorhaben usw.

7. Der paritätische Ausschuß für Personalplanung ist rechtzeitig und umfassend über die personalpolitischen Konsequenzen zu informieren, die sich voraussichtlich aus geplanten Investitions- und Rationalisierungsvorhaben,

Veränderung der Fabrikations- und Arbeitsmethoden, insbesondere der Einführung neuer Arbeitsmethoden, der Einschränkungen oder Stillegungen von Betrieben oder Betriebsteilen, der Verlegung von Betrieben oder Betriebsteilen, dem Zusammenschluß von Betrieben sowie Änderungen der Arbeitsorganisation oder des Betriebszweckes ergeben können.

7.1 Die Unternehmensleitung bzw. Betriebsleitung erläutert die von ihr vorgelegten Daten. Diese Erläuterungen sind ebenso zu protokollieren, wie unterschiedliche Auffassungen in der Beurteilung dieser Daten.

7.2 Aufgrund dieser Daten werden die personalpolitischen Maßnahmen und deren mögliche Alternativen, wie beispielsweise Einstellungen, Versetzungen, Aus- und Fortbildungsmaßnahmen usw. beraten. Personelle Einzelmaßnahmen gehören nicht zu den Beratungsgegenständen der Personalplanung.

7.3 Das Beratungsergebnis einschließlich eventueller Änderungen der Betriebsvereinbarungen über Arbeitszeit und Stellenplan sind der Unternehmens- bzw. Betriebsleitung und dem Betriebsrat bzw. Gesamtbetriebsrat zur Entscheidung und Unterzeichnung vorzulegen.

7.4 Sofern eine Stelle das wünscht, sind für die Beratungen die einzelnen Stellenbeschreibungen und der Stellenplan wie auch die Stellenbesetzung mit den Angaben zur Person vorzulegen.

8. Diese Vereinbarung tritt am ... in Kraft und ist mit einer Frist von 3 Monaten zum Quartalsende kündbar.

Stellen Sie Argumente zusammen, mit denen der Betriebsrat seinen Vorschlag gegenüber der Unternehmensleitung begründet. Heben Sie dabei insbesondere auf den notwendigen Interessenausgleich zwischen Arbeitgeber und Arbeitnehmer und auf die Beteiligungsrechte nach dem Betriebsverfassungsgesetz ab!

ZWEITER TEIL: BETRIEBLICHE WEITERBILDUNG

EINFÜHRUNG

a) INHALTLICHER ÜBERBLICK

Mit dem raschen *technisch-organisatorischen Wandel* in den Betrieben sind auch die Anforderungen an die Arbeitnehmer Änderungen unterworfen, denen mit entsprechenden Bildungsmaßnahmen begegnet werden muß. Die betriebliche Weiterbildung gehört in diesen Zusammenhang. Zwar sind hierauf auch die Angebote anderer privater und öffentlicher Träger der Weiter- bzw. Erwachsenenbildung (Verbände, Kirchen, Arbeitsverwaltung, Fachschulen, Volkshochschulen u.a.) gerichtet, den Betrieben (bzw. den Unternehmen oder der privaten Wirtschaft - wir verwenden diese Bezeichnungen synonym) kommt aber eine *Schlüsselposition* zu, denn sie sind nicht nur Anbieter von Weiterbildungsmaßnahmen, sondern zugleich auch Nachfrager der vermittelten Qualifikationen. Deshalb gelten die Betriebe im allgemeinen als die bedeutendsten Träger der beruflichen Weiterbildung, und tatsächlich führen sie über die Hälfte aller beruflichen Weiterbildungsmaßnahmen durch.

Dabei ist unter "*beruflicher*" Weiterbildung primär die berufsbezogene Erwachsenenbildung zu verstehen, die also auf bestimmte Arbeitstätigkeiten bzw. Arbeitsbereiche zurichtet und sich als solche vor allem mit technischen und ökonomischen Gegenständen auseinandersetzt. Demgegenüber gilt als "*allgemeine*" Weiterbildung die auf Gegenstände des politischen und kulturellen Bereichs der Gesellschaft bezogene Erwachsenenbildung. Diese Unterscheidung von "beruflicher" und "allgemeiner" Weiterbildung ist allerdings nicht geeignet, eine Trennung zwischen den beiden Weiterbildungsbereichen vorzunehmen: Einerseits hat berufliche Weiterbildung auch eine gesellschaftliche Dimension und sie trägt immer auch zur Persönlichkeitsentwicklung bei. Andererseits enthält allgemeine Weiterbildung meist auch berufsrelevante Elemente, die für die Berufsausübung notwendig sind. Insofern ist die Trennung von beruflicher und allgemeiner Weiterbildung obsolet. Dieser Feststellung wollen wir dadurch Rechnung tragen, daß wir berufliche bzw. allgemeine Weiterbildung jeweils nur als *primäre Ausrichtung* auf den einen oder anderen Gegenstandsbereich verstehen.

Es sei in Erinnerung gerufen, daß wir auf Bildungsfragen bereits im ersten Teil eingegangen sind. Dies ist dort allerdings nur insoweit geschehen, wie es im Zusammenhang mit der betrieblichen Personalplanung geboten erschien. So haben wir die Aufgaben der *Personalentwicklungsplanung* dargestellt und speziell ihre Bedeutung für die Abstimmung von Arbeitsanforderungen und Qualifikationen beschrieben. Dabei ist deutlich geworden, daß *betriebliche Personalplanung als neue - qualitative - Strategie* entwickelt werden muß, die dem Faktor 'Qualifikation' im Vermittlungszusammenhang von Arbeitskräften und Arbeitsplätzen erhöhte Bedeutung beimißt. Dies gilt umso mehr, als in Anbetracht neuer Technologien umfassend qualifizierte Facharbeiter und Sachbearbeiter gefragt sind, die auf wechselnde Arbeitsanforderungen flexibel reagieren und diese ihrerseits mitgestalten können. Damit ist zentral die Frage nach den *organisatorischen Voraussetzungen der betrieblichen Qualifikationsvermittlung* gestellt. Dieser Frage wollen wir im zweiten Teil nachgehen. Während wir also im ersten Teil dieses Buches die *Planungsebene* beschrieben haben, begeben wir uns hier auf die *Durchführungsebene*, d.h. wir setzen uns mit den Bildungsmaßnahmen des Betriebes selbst auseinander. Dabei beschränken wir uns auf die *Weiterbildung*, die im allgemeinen im Mittelpunkt der betrieblichen Personalentwicklung steht. Mit anderen Worten: Wir beschreiben in diesem Teil gewissermaßen eine Situation, in der ein Bedarf an Weiterbildung ermittelt worden ist und in der sich daraufhin die Frage stellt, wie dieser Bildungsbedarf gedeckt werden kann.

Entsprechend stehen *organisatorische Aspekte* im Zentrum dieses Teils. Explizit befaßt sich Kapitel 5 hiermit, in dem verschiedene *Durchführungsformen* in der betrieblichen Weiterbildungspraxis vorgestellt werden. Dort stellen wir auch den inhaltlichen Bezug zur betrieblichen Personalplanung (Erster Teil) dadurch her, daß wir die Möglichkeit einer Weiterbildung von Arbeitnehmern durch Beteiligung an der Personalplanung beschreiben. Diesen Ausführungen geht eine Analyse von *Bedeutung und Funktion* der betrieblichen Weiterbildung voraus (Kapitel 4). Zunächst beschreiben wir die *Aufgabe* der Weiterbildung im Rahmen der Personalentwicklung sowie im Zusammenhang mit der Organisationsentwicklung und dem regionalen Umfeld. Danach setzen wir uns mit den *Begründungen und Zielen* betrieblicher Weiterbildungsarbeit auseinander. Dabei gehen wir ausführlicher auf die aktuelle Realisierung von Weiterbildungszielen ein, die durch Dominanz der Arbeitgeberziele und durch Vernachlässigung der Arbeitnehmerziele gekennzeichnet ist. Schließlich geben wir in diesem Kapitel einen Überblick über die *gegenwärtige Situation* der betrieblichen Weiterbildung, indem wir ihre wesentlichen Strukturmerkmale skizzieren. Ebenso wie bei der Darstellung der Weiterbildungsziele und der Weiterbildungsformen zeigt sich auch hier, daß betriebliche Weiterbildungspraxis besonders durch Polarisierungstendenzen (in der Weiterbildungsbeteiligung u.a.) gekennzeichnet ist. Kapitel 6 gibt schließlich Einblick in die Bedeutung der Evaluation von Weiterbildung, ihre Methoden und Gegenstände. Dabei wird deutlich, daß über die Wirksamkeit von Weiterbildungsmaßnahmen meist keine oder nur vage Informationen vorliegen. Dies ist weniger - wie man annehmen könnte - auf methodische Mängel, sondern vielmehr auf die unzulängliche Verbreitung der Weiterbildungsevaluation zurückzuführen.

Ebenso wie der erste Teil ist auch dieser Teil als "Einführung" konzipiert. Dabei haben wir das Augenmerk besonders auf praktische Momente der betrieblichen Personalplanung und Weiterbildung gerichtet.

b) LERNZIELE

b1) ALLGEMEINE LERNZIELE

Wenn Sie den zweiten Teil durchgearbeitet haben,
- verfügen Sie über grundlegende Kenntnisse über die betriebliche Weiterbildung, insbesondere über ihre Organisation;
- vermögen Sie die Bedeutung der betrieblichen Weiterbildung für die Unternehmen, aber auch für die Arbeitnehmer zu beurteilen;
- sind Sie in der Lage, Weiterbildungspläne unter Berücksichtigung partizipativer Ansprüche der Arbeitnehmer aufzustellen und damit zu zukunftsorientierten Personalentwicklungsmaßnahmen beizutragen.

b2) SPEZIELLE LERNZIELE

Bezogen auf die Inhaltskomplexe dieses Teils besitzen Sie nach ihrer Durcharbeitung folgende Fähigkeiten:

BEDEUTUNG UND FUNKTIONEN DER BETRIEBLICHEN WEITERBILDUNG

- Sie wissen, warum die Unternehmen Weiterbildungsmaßnahmen durchführen; Sie kennen die Aufgaben der Weiterbildung, ihren Stellenwert im Rahmen der Personalentwicklung, ihre Beziehungen zur Organisationsentwicklung und zum regionalen Umfeld;
- Sie können die aktuelle Situation der betrieblichen Weiterbildung vor dem Hintergrund der damit verfolgten Ziele von Arbeitgeber und Arbeitnehmern beurteilen;
- Sie sind in der Lage, Forderungen aufzustellen, die auf die Überwindung der Polarisierung in der betrieblichen Weiterbildung (Füh-

rungskräfte - Arbeiter) und damit insbesondere auch auf regionale und geschlechtsspezifische Benachteiligung abzielen;

WEITERBILDUNG ZWISCHEN ARBEITSKRAFTANPASSUNG UND ARBEITSGESTALTUNG

- Sie kennen die Instrumente und Durchführungsformen der Weiterbildung bis hin zur problemlösenden Kleingruppenarbeit;
- Sie sind fähig, die polarisierende Anpassungsstrategie von Weiterbildung in den Betrieben im Hinblick auf ihre Vor- und Nachteile zu beurteilen;
- Sie sind von der Notwendigkeit überzeugt, in den Betrieben teilnehmerorientierte und partizipative Weiterbildungsstrategien zu realisieren;
- Sie sind in der Lage, die Bedeutung einer partizipativen Gruppenarbeit einzuschätzen und diese mitzugestalten.

ZUR WIRKSAMKEIT DER BETRIEBLICHEN WEITERBILDUNG

- Sie kennen die Bedeutung, die Funktion, Ziele und Gegenstände sowie die wichtigsten Methoden der Evaluierung;
- Sie können die Schwierigkeiten, die es bei der Evaluation nichtquantifizierbarer Elemente gibt, beurteilen;
- Sie sind in der Lage, sowohl Kriterien zur Ermittlung des Transfererfolges als auch eine Liste der von der Evaluierung zu erfassenden Gegenstände aufzustellen.

c) LITERATUR ZUR EINFÜHRUNG UND VERTIEFUNG

c1) EINFÜHRENDE LITERATUR

ARNOLD,R.: Betriebspädagogik. Berlin/Bielefeld/München 1990

ARNOLD,R.: Betriebliche Weiterbildung. Bad Heilbrunn 1991

BAETHGE,M./DOBISCHAT,R./HUSEMANN,R./LIPSMEIER, A./SCHIERSMANN,C./WEDDIG,D.: Forschungsstand und Forschungsperspektiven im Bereich betrieblicher Weiterbildung aus Sicht von Arbeitnehmern (Soziologisches Forschungsinstitut Göttingen).In: BUNDESMINISTER FÜR BILDUNG UND WISSENSCHAFT (Hrsg.): Betriebliche Weiterbildung. Forschungsstand und Forschungsperspektiven. Schriftenreihe Studien zu Bildung und Wissenschaft, Bd. 88. Bad Honnef 1990, S. 193-500

BERNDT,G. (Hrsg.): Personalentwicklung. Ansätze, Konzepte, Perspektiven. Köln 1986

BOLDER,A.: Arbeitnehmerorientierte berufliche Weiterbildung im Zeichen neuer Technologien. Köln 1987

CONRADI,W.: Personalentwicklung. Stuttgart 1983

DECKER,F.: Grundlagen und neue Ansätze in der Weiterbildung. München/Wien 1984

FAULSTICH,P.: Arbeitsorientierte Erwachsenenbildung. Frankfurt a.M. 1981

FAULSTICH,P.: Betriebliche Weiterbildung als Handlungsfeld. In: Gewerkschaftliche Monatshefte, Jg. 38, H. 10, 1987, S. 299-304

GÖRS,D. (Hrsg.): Arbeiten und Lernen. Zur Praxis arbeitsbezogener Weiterbildung. München 1983

IW (Institut der Deutschen Wirtschaft): Forschungsstand und Forschungsperspektiven im Bereich betrieblicher Weiterbildung aus betrieblicher Sicht. In: BUNDESMINISTER FÜR BILDUNG UND WISSENSCHAFT (Hrsg.): Betriebliche Weiterbildung. Forschungsstand und Forschungsperspektiven. Schriftenreihe Studien zu Bildung und Wissenschaft, Bd. 88. Bad Honnef, S. 1-191

MENTZEL,W.: Unternehmenssicherung durch Personalentwicklung. Freiburg im Breisgau 1989[4]

SCHLAFFKE,W./WEIß,R.(Hrsg.): Tendenzen betrieblicher Weiterbildung. Aufgaben für Forschung und Praxis. Köln 1990

VOIGT,W.: Berufliche Weiterbildung. Eine Einführung. München 1986

WITTWER,W.: Weiterbildung im Betrieb. Darstellung und Analyse. München/Wien/Baltimore 1982a

c2) VERTIEFENDE LITERATUR

DOBISCHAT,R./LIPSMEIER,A.: Betriebliche Weiterbildung im Spannungsfeld von Technikanwendung, Qualifikationsentwicklung und Personaleinsatz. In: Mitteilungen aus der Arbeitsmarkt- und Berufsforschung, Jg. 24, H. 2, 1991, S. 344-350

DÜRR,W./LIEPMANN,D./MERKENS,H./SCHMIDT,F.(Hrsg.): Personalentwicklung und Weiterbildung in der Unternehmenskultur. Baltmannsweiler 1988

FRIELING,E./SONNTAG,KH.: Lehrbuch der Arbeitspsychologie, Bern/ Stuttgart/Toronto 1987

GAUGLER,E.: Betriebliche Weiterbildung als Führungsaufgabe. Wiesbaden 1987

GEIßLER,H.: Neue Qualitäten betrieblichen Lernens. Frankfurt a.M./ Berlin/Bern/New York/Paris/Wien 1992

GÖRS,D./SCHLAFFKE,W.: Die gesellschaftspolitische Bedeutung der Weiterbildung - aus der Sicht der Unternehmen und der Arbeitnehmer. Berlin 1982

GÖRS,D.: Arbeitsbedingungen, Qualifikationsanforderungen und Konsequenzen für die Weiterbildung. In: Gewerkschaftliche Bildungspolitik, Jg. 37, H. 2, 1992, S. 32-36

HEEG,F.-J.: Moderne Arbeitsorganisation. Grundlagen der organisatorischen Gestaltung von Arbeitssystemen bei Einsatz neuer Technologien. München/Wien 1988

HÖLTERHOFF,H./BECKER,M.: Aufgaben und Organisation der betrieblichen Weiterbildung. München/Wien 1986

KOSSBIEL,H. (Hrsg.): Personalentwicklung. Wiesbaden 1982

LIPSMEIER,A.: Berufliche Weiterbildung: Theorieansätze, Strukturen, Qualifizierungsstrategien, Perspektiven. Frankfurt a.M. 1991

MEIER,H.: Personalentwicklung: Konzept, Leitfaden und Checklisten für Klein- und Mittelbetriebe. Wiesbaden 1991^2

SCHELTEN,A.: Grundlagen der Arbeitspädagogik. Stuttgart 1991^2

SEYD,W.: Betriebliche Weiterbildung. Daten - Tendenzen - Probleme. Alsbach/Bergstr. 1982

THOM,N.: Personalentwicklung als Instrument der Unternehmensführung. Stuttgart 1987

WEBER,W. (Hrsg.): Betriebliche Aus- und Weiterbildung. Paderborn 1983

WEBER,W.: Betriebliche Weiterbildung - Empirische Analyse betrieblicher und individueller Entscheidungen über Weiterbildung. Stuttgart 1985

WITTWER,W. (Hrsg.): Annäherung an die Zukunft. Zur Entwicklung von Arbeit, Beruf und Bildung. Weinheim/Basel 1990

4. BEDEUTUNG UND FUNKTIONEN DER BETRIEBLICHEN WEITERBILDUNG

4.0 FALLSTUDIE: PERSONALENTWICKLUNG IN EINEM UNTERNEHMEN DER FERNMELDETECHNIK [1]

Die KRONE AG ist ein mittelständisches Spezialunternehmen im Bereich der Telekommunikation mit Hauptsitz in Berlin und einem Zweigwerk in Ludwigsburg. Sie beschäftigt insgesamt 1.800 Arbeitnehmer. 40% der Beschäftigten haben nach dem Besuch der Schule keine Berufsausbildung absolviert. Knapp 42% haben eine Berufsausbildung abgeschlossen und ca. 13% verfügen über einen Hochschulabschluß. Der Anteil der Hochschulabsolventen konzentriert sich auf die Bereiche Kommunikationstechnik und Informationstechnik. Demgegenüber sind die qualifizierten Mitarbeiter in den traditionellen Tätigkeitsfeldern, wie z.B. dem Endgerätebereich, nur unterproportional vertreten. Personalplanung und Personalentwicklung werden in hohem Maße von der Tatsache beeinflußt, daß sich das Unternehmen mit seinen Produkten auf einem schnellebigen Markt bewegt mit starken Nachfrageschwankungen, abrupten technologischen Veränderungen und intensivem Wettbewerb. Diese Rahmenbedingungen, die in den letzten 10-15 Jahren prägend geworden sind, haben einen erhöhten Planungsbedarf entstehen lassen. Dabei setzen die strategischen Überlegungen des Managements an der Frage an, wie die zur Zeit vorhandenen Wettbewerbsvorteile gesichert werden können. Hierfür wird ein breites Wissen um strategisches Planen, Führen und Handeln im gesamten Unternehmen für notwendig gehalten. Es wird davon ausgegangen, das flachere Führungspyramiden und zunehmende Vernetztheit Mitarbeiter erfordern, die bereichsübergreifend und unternehmerisch denken können. Dieser Prozeß wird durch die immer stärkere EDV-Durchdringung des Unternehmens verstärkt. Deshalb beschäftigt sich das Management neben den quantitativen Zielen und Planungsgrößen, die noch in den 70er Jahren im Vordergrund der Planungsaktivitäten standen, seit Beginn der 80er Jahre intensiv mit Fragen der qualitativen Personalplanung und insbesondere mit Motivationsfragen. Dabei stellte sich die Frage, welche Komponenten die Mitarbeitermotivation beeinflussen und ggf.

---

[1] Mit Abänderungen entnommen aus: SEYER 1988, S. 65 ff,.

wozu und auf welche Komponenten gezielt Einfluß genommen werden kann.

Als Anfang der 70er Jahre noch monetäre Gesichtspunkte für die Mitarbeiter stark im Vordergrund standen, wurde in der KRONE AG eine Mitarbeiterbeteiligung in Form einer Erfolgsbeteiligung eingeführt. Damit wurde versucht, die kooperative Einstellung und Grundhaltung der Mitarbeiter zu fördern, das Verhalten kosten- und ergebnisorientiert zu verändern und das Interesse für die Belange des gesamten Unternehmens zu unterstützen. Neben diesem monetären Anreizsystem wurden konsequent die Personalbetreuungsaktivitäten verstärkt. Hierzu zählen neben der besonderen Förderung der Arbeitssicherheit und des Gesundheitswesens die Verpflegung, die Erholung und die Entspannungsaktivitäten, der Betriebssport, aber auch die Betreuung von Randgruppen.

In der zweiten Hälfte der 70er Jahre begann das Unternehmen verstärkt, neben fachspezifischer Weiterbildung auch allgemeine Führungsseminare anzubieten. Inzwischen sind diese Aktivitäten in ein betriebliches Personalentwicklungskonzept eingeflossen und haben zu verbesserter innerbetrieblicher Mobilität[x] geführt, wobei neben Aus- und Fortbildungsmaßnahmen auch Karriereplanung und individuelle Personalentwicklungsprogramme einbezogen werden. Die Verantwortung für die Förderung der Mitarbeiter obliegt (1) jedem Mitarbeiter selbst, der darauf zu achten hat, daß er fachlich nicht den Anschluß an den neuesten Stand der Technik verliert; (2) ist Personalförderung eine wichtige Führungsaufgabe eines jeden Vorgesetzten; (3) muß das Unternehmen den aus seiner Sicht erwarteten Qualifikationsbedarf beim Personal über einen Personalförderungsplan zu erreichen versuchen.

Aus den Personalförderungsaktivitäten, insbesondere den Seminaren über Führungsverhalten und Führungsrichtlinien, entstanden 1984 Führungs- und Unternehmensgrundsätze[x] als ein Teil der Unternehmenskultur bei KRONE.

Neben den traditionellen Maßnahmen der Aus- und Weiterbildung gibt es bei KRONE Mitarbeiter-Gespräche, Mitarbeiter-Information und Personalbeurteilung. Hieraus wurde 1985/86 das sog. "Leistungsbeurteilungs-, Beratungs- und Fördersystem" (LBF) konzipiert, mit dem u.a. erreicht werden soll, daß die Führungsleistung sichergestellt wird, Zielvereinbarungen getroffen werden und die Mitarbeiterförderung institutionalisiert wird.

Durch Schulung und Institutionalisierung von Anerkennungs- und Kritikgesprächen, Förderungs- und Karrieregesprächen, Mitarbeiterbesprechungen, Abteilungsversammlungen, Hausvideos und einem durchlässigen Informationssystem bis in die untere Führungsebene wird das gegenseitige Verständnis für die unterschiedlichsten Problemstellungen unterstützt, das Verständnis und Wissen über betriebliche Folgen und Geschehnisse gefördert und das Interesse an arbeitsplatzübergreifenden Informationen und das betriebsbezogene Denken und Handeln positiv beeinflußt. Neben den traditionellen Motivationskomponenten bemüht sich das Management heute, bei KRONE neue Grundgedanken und Instrumente verstärkt einzusetzen. Insbesondere geht es darum,

- die Mitsprache bei der Entscheidungsfindung am Arbeitsplatz, in der Arbeitsgruppe oder in bestimmten Bereichen des Unternehmens zu verbessern und
- Qualitätszirkel[x], autonome Arbeitsgruppen[x] oder ähnliches zu fördern und die Faktoren zu unterstützen, die auf eine quantitative und qualitative Änderung der Arbeitsaufgaben und der Tätigkeitsfelder gerichtet sind.

Gedacht wird dabei an die verstärkte Installierung von Projektarbeit, Gruppenarbeit, Job-rotation[x] oder Lernstatt-Programmen. Diese Aktivitäten sollen insbesondere den Integrations- und Beteiligungsprozeß einzelner Mitarbeiter an betrieblichen Verfahren und Abläufen unterstützen. Dazu müssen Flexibilität in der Bewältigung der Arbeitsaufgabe, abteilungsübergreifendes Verständnis und Denken sowie Mitverantwortung und Selbständigkeit eine weitergehende Förderung erfahren.

Die Weiterbildungsaktivitäten der KRONE AG beziehen sich - 1985/86 - auf eine Reihe verschiedener Maßnahmen, z.B. auf ein Projekt Lötschule, Arbeitssicherheits-Seminare, Programmiersprachen-Kurse, Seminare zum Leistungs-, Beurteilungs-, Beratungs- und Förderungssystem, ein Zukunftsprojekt, bei dem Personalentwicklungsaktivitäten integriert werden.

Diese Fallstudie haben wir vorgestellt, um das Augenmerk des Lesers/ der Leserin - zunächst - auf folgende Fragen zu lenken:

1. Was ist unter betrieblicher Weiterbildung zu verstehen und welcher Stellenwert kommt ihr im Rahmen der Personalentwicklung zu?

2. Welche Ansätze zur Begründung der betrieblichen Weiterbildung liegen vor und welche Ziele verfolgen Arbeitgeber und Arbeitnehmer mit Maßnahmen betrieblicher Weiterbildung?

3. Wie ist die praktizierte Weiterbildung nach Trägern, Teilnehmern und Maßnahmen zu kennzeichnen und welche institutionellen und rechtlichen Rahmenbedingungen bestehen?

4.1 WEITERBILDUNG ALS BESTANDTEIL DER PERSONALENTWICKLUNG

Mit der Weiterbildung ihrer Mitarbeiter versuchen die Betriebe, einen gegenwärtig vorhandenen und/oder für die Zukunft prognostizierten Bildungsbedarf zu decken (siehe Näheres hierzu in Abschnitt 1.3). Dies geschieht in verschiedenen Angebotsformen, die zwei Grundformen zugeordnet werden können: der Fortbildung oder der Umschulung (vgl. Abb.34).

Abb. 34: Struktur der betrieblichen Weiterbildungsangebote

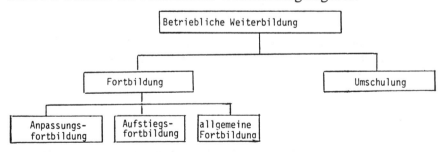

Nach dem Berufsbildungsgesetz (BBiG) ist - berufliche - Fortbildung die Sammelbezeichnung für alle Aktivitäten, die es den Betroffenen ermöglichen, "die beruflichen Kenntnisse und Fertigkeiten zu erhalten, zu erweitern, der technischen Entwicklung anzupassen oder beruflich aufzusteigen" (§ 1 Abs. 3 BBiG). Dieser weiten Begriffsfassung entspricht die Unterscheidung zwischen Anpassungsfortbildung, Aufstiegsfortbildung und allgemeiner Fortbildung.

Die *Anpassungsfortbildung* dient dazu, einmal erworbene berufliche Qualifikationen auf den jeweils neuesten Stand der technischen und arbeitsorganisatorischen Entwicklung zu halten oder zu bringen. Der Beschäftigte soll befähigt werden, den Anforderungen seines Arbeitsplatzes oder eines neuen Arbeitsplatzes zu entsprechen. Ziel der Anpassungsfortbildung ist also die Förderung der horizontalen Mobilität. Im einzelnen gehören hierzu Maßnahmen zu folgenden Bereichen (vgl. STORR 1981, S. 73):
1. Ergänzungs-/Vertiefungsqualifizierung (im gleichen Beruf);
2. Zusatzqualifizierung (in einem benachbarten Beruf/Berufsfeld);
3. Beseitigung eines Qualifikationsdefizits;
4. Berufliche Reaktivierung (zur Rückkehr an einen Arbeitsplatz nach einer längeren Arbeitslosigkeit bzw. einer (familienbedingten) Unterbrechung der Berufsausübung);
5. Einführungsqualifizierung (zum Eintritt in den Betrieb) und
6. berufliche Rehabilitation (zur beruflichen Eingliederung von körperlich, seelisch oder geistig Behinderten).

Aufstiegsfortbildung ist auf Qualifikationserweiterung zum Zwecke des Aufstiegs in eine bessere berufliche Tätigkeit gerichtet. Ziel ist also die Förderung der vertikalen Mobilität. Die Weiterbildung von Ungelernten zu Spezialarbeitern oder die Vorbereitung auf die Abschlußprüfung in einem anerkannten Ausbildungsberuf gehören ebenso zur Aufstiegsfortbildung wie Kurse für Facharbeiter und Angestellte zur Vorbereitung auf höhere Positionen.

Unter *allgemeiner Fortbildung* sind Maßnahmen zur generellen Erhöhung des Fähigkeitspotentials der Arbeitskräfte zu verstehen. Hierbei geht es um eine Basisfortbildung durch Vermittlung von allgemeinen Grundkenntnissen und Grundfertigkeiten sowie von sozialen Verhaltensqualifikationen (z.b. Sprachkurse für Ausländer, Veranstaltungen zur Förderung der zwischenmenschlichen Beziehungen für unmittelbare Vorgesetzte oder Lehrgänge zur Wirtschaftspolitik für obere Führungskräfte).

Berufliche Umschulung dient der Befähigung "zu einer anderen beruflichen Tätigkeit" (§ 1 Abs. 4 BBiG). Sie ist also auf Vermittlung neuer Qualifikationen für einen neuen Beruf gerichtet, um so die berufliche Beweglichkeit des Betroffenen zu verbessern und seine möglichst schnelle Wiedereingliederung in den betrieblichen Arbeitsprozeß zu erreichen. Deshalb kommt es darauf an, in zukunftssichere Umschulungsberufe mit guten Beschäftigungsmöglichkeiten umzuschulen.

Diese knappe Beschreibung der einzelnen Angebotsformen vermittelt bereits einen Eindruck von der Vielfältigkeit betrieblicher Weiterbildung; sie bezieht sich entweder auf Anpassungsqualifizierung oder auf rationellere Gestaltung sozialer Prozesse im Sinne der Verbesserung des Interaktionsbereichs oder auf die Beratung für nicht-standardisierbare Situationen. Allerdings steht in den Betrieben die Anpassungsfortbildung im Vordergrund, und es ist davon auszugehen, daß sie mit dem Vordringen neuer Technologien und neuer Formen der Arbeitsorganisation weiter an Bedeutung gewinnen wird. Selbst den Gewerkschaften wird vorgeworfen, ähnlich zu denken: "Da die gewerkschaftliche Weiterbildungspolitik nicht als ein Element einer umfassenden Arbeitsgestaltungspolitik verstanden und artikuliert wird, sondern vielmehr als eine Defizite kompensierende Anpassungskomponente, werden die Chancen der Gestaltung der Arbeit und der Entfaltung innovatorischer Qualifikationen nicht offensiv genützt." (GÖRS 1992, S. 33).

Es sei darauf hingewiesen, daß wir in diesem Teil schwerpunktmäßig den

Aspekt der *organisierten betrieblichen Weiterbildung* verfolgen, obgleich auch den verschiedenen Formen nicht-organisierten Lernens im Betrieb im Sinne der Weiterbildung Bedeutung zukommt, etwa dem on-the-job-training, der Einarbeitung am Arbeitsplatz oder der Beobachtung eines Kollegen bei dessen Arbeit. Wir verstehen unter betrieblicher Weiterbildung also die Förderung organisierter Lernprozesse nach Abschluß einer ersten Bildungsphase, "soweit die Maßnahmen auf Veranlassung und Kosten eines Betriebes durchgeführt werden" (BARDELEBEN u.a. 1986, S. 36). Diese Begriffsfassung entspricht jener Definition, die seinerzeit der Deutsche Bildungsrat und in Anlehnung daran die Bund-Länder-Kommission für Bildungsplanung (BLK) gegeben haben: Danach ist Weiterbildung die "Fortsetzung oder Wiederaufnahme organisierten Lernens nach Abschluß einer ersten Bildungsphase und nach Aufnahme einer Berufstätigkeit" (BLK 1973, S. 11).

Damit ist angedeutet, daß sich die Bildungsarbeit der Betriebe nicht in Maßnahmen zur Weiterbildung der eigenen Beschäftigten erschöpft. Sie bezieht sich auch, wenn auch nicht in jedem Betrieb, auf den Bereich der beruflichen Erstausbildung[x] im Rahmen des dualen Systems der Berufsausbildung (in Betrieb und Berufsschule). → STUDIERHINWEIS: (Zu den Teilnehmer- und Lernortdiskontinuitäten im Verhältnis von Erstausbildung und Weiterbildung, die auch heute noch bestehen, vgl. LIPSMEIER 1977, S. 723 ff.).

Hinzuweisen ist auch auf einige Sonderformen der beruflichen Aus- und Weiterbildung, die meist als Betriebspraktika durchgeführt werden, und zwar

(1) als *Schülerbetriebspraktikum* im Rahmen der vorberuflichen/berufsbezogenen Bildung;
(2) als *Berufspraktikum* im Rahmen tertiärer Studiengänge und
(3) als *Weiterbildungspraktikum* im Rahmen des Arbeitsförderungsgesetzes (AFG).

Diese Veranstaltungen richten sich zwar an betriebsexterne Personen und sie sind in außerbetriebliche Bildungsgänge bzw. Förderungsmaßnahmen eingebunden, sie finden aber im Betrieb statt und dem Betrieb entstehen dadurch natürlich auch Kosten - für die Arbeitseinweisung und Betreuung der Praktikanten, ihren häufigen Ausbildungsplatzwechsel u.a. Dies gilt grundsätzlich auch für das Weiterbildungspraktikum zur Fortbildung oder Umschulung von Arbeitslosen bzw. von Frauen während der Familienphase, das mit öffentlichen Mitteln (i.d.R. nach dem AFG) finanziert wird. Nach dem Urteil der meisten Experten sollte diese Maßnahmenform weiter ausgebaut werden, "auch wenn die Betriebe die "Praktikanten" meist nicht übernähmen" (LAURITZEN 1986, S. 239). Jedenfalls bemüht sich mancher Betrieb um eine lernförderliche Organisation der Betriebspraktika. Häufig steht freilich der Erprobungsaspekt aufgrund des betrieblichen Interesses an Beobachtung und Vorauswahl von geeigneten späteren Mitarbeitern im Vordergrund. Insofern stellt auch das Betriebspraktikum eine Bildungsmaßnahme des Betriebes dar, mit der er vornehmlich die Deckung des zukünftigen Arbeitskräfte- und Qualifikationsbedarfs im Auge hat.

Die Bildungsaktivitäten der Betriebe sind der eigentliche Gegenstand der *betrieblichen Personalentwicklung*. Dabei stellt die Weiterbildung den zentralen Bereich dar.
Personalentwicklung zielt auf "eine Verbesserung des Leistungspotentials der Unternehmungsmitglieder" (HENTZE 1989[4], Bd. 1, S. 312) und stellt ein einheitliches Konzept zur *stellen- und laufbahnorientierten Personalentwicklung* durch Bildungsmaßnahmen für Mitarbeiter aller Hierarchieebenen dar, das auf planungs-, durchführungs- und kontrollbezogenen Komponenten beruht. → STUDIERHINWEIS: (Siehe das stellen- und laufbahnbezogene Personalentwicklungssystem auf S. 123).

Der Begriff "Personalentwicklung" hat erst nach dem 2. Weltkrieg Eingang in den deutschen Sprachraum gefunden und wird sehr unterschiedlich interpretiert. Ursprünglich stand er in einem engen Zusammenhang mit "Management Development", er bezog sich also auf Qualifizierungsmaßnahmen für Führungskräfte. Andere Vorstellungen zielen auf eine hierarchische Entwicklung von Mitarbeitern in Hinsicht auf Aufstieg und Karriere oder lediglich auf die Anpassung an sich verändernde Anforderungen; weitergehende Ansätze beziehen in die Personalentwicklung sowohl die qualifikatorische Anpassung als auch den Aufstieg mittels einer antizipativen Festlegung des beruflichen Werdegangs mit ein. Eine solche *mitarbeiterorientierte Personalentwicklung* vertritt die Grundthese, "... daß eine breite, polyvalente Qualifikation der Mitarbeiter nicht nur Ausdruck wirtschaftlicher Vernunft im Sinne der Schaffung von Anpassungspotential an und Gestaltungspotential für technisch-organisatorischen Wandel ist, sondern auch von gesellschaftlicher Relevanz und damit eine Aufgabe, der sich die Unternehmen über das unmittelbare Verwertungsinteresse hinaus als Teil der Gesellschaft stellen müssen, um künftige Handlungs- und Entwicklungsspielräume zu erhalten." (STRUBE 1982, S. 11). Allerdings sind auch heute noch die Maßnahmen zur Personalentwicklung in den Betrieben meist einseitig auf die Ziele des Arbeitgebers zugeschnitten, während die Interessen der Beschäftigten nur wenig Beachtung finden (vgl. CONRADI 1983, S. 4). *Konkrete Ziele in der betrieblichen Praxis* sind in folgendem Beispiel aufgeführt (entnommen aus: MALCHER 1988, S. 15).

BEISPIEL

- Die Unternehmensleitung beschließt, den Marktanteil eines bestimmten Produktes innerhalb der nächsten drei Jahre um 5% steigern zu wollen.
- Eine Filiale eines Warenhauskonzerns soll den "Quadratmeterumsatz" innerhalb eines halben Jahres auf das Niveau des letzten Jahres heben.

- Ein Unternehmen legt fest, die Produktion in den nächsten zwei Jahren um 20% zu erhöhen, so daß Arbeitsplätze für neue Mitarbeiter mit unterschiedlichen Qualifikationen entstehen.
- Im Verwaltungsbereich eines Betriebes soll innerhalb von drei Jahren eine EDV-gestützte Textbe- und -verarbeitung eingeführt werden.
- Die Reklamationsquote soll auf ein kostenmäßig vertretbares Maß gesenkt werden.
- Die Effizienz der Materialwirtschaft eines Unternehmens soll verbessert, vor allem soll der Einkauf leistungsfähiger oder die Lagerhaltung reduziert werden.
- Die Betriebsleitung hat beschlossen, die Produktion innerhalb der nächsten fünf Jahre auf CNC-Technik^x umzustellen.
- Die Fluktuationsrate im Fachkräftebereich soll halbiert werden.

Hieraus wird deutlich, daß die Personalentwicklung im Betrieb eindeutig auf ökonomische Punkte abhebt. Qualifizierung wird damit der ökonomischen und technischen Logik untergeordnet. Der Bedarf an Weiterbildung wird herkömmlich wie folgt abgeleitet: "Eine bestimmte neue Technik wird in absehbarer Zeit eingeführt; dies führt zur Veränderung der Arbeitsorganisation; beide Entwicklungen müssen durch neue Qualifikationen für die Beschäftigten ergänzt werden." (BOJANOWSKI /BRATER 1992, S. 1).
Weiterbildung als *Zukunftsinvestition* liegt - so GÖRS - "... ein simpler Fortschrittsgedanke zugrunde, der Fortschritt als Fortschritt von Industrie, Technik und Wirtschaftswachstum definiert, aber nicht als Voranschreiten der Idee der Freiheit, Gerechtigkeit, Aufklärung und Demokratie." (GÖRS 1992, S. 34). Unabhängig von dieser generellen Kritik, die auf die ungebremste Dynamik der industriellen Produktion und der marktvermittelten Warenproduktion abzielt, sind viele Betriebe noch nicht einmal soweit, Weiterbildung als Zukunftsinvestition zu begreifen; eine vorausschauende Qualifizierung findet nur in relativ wenigen (Groß-)Betrieben statt. Statt eine *potentialorientierte Personalpolitik* zu betreiben, herrscht Sachzwangorientierung vor. Gerade in saturierten Unternehmen, nach langen Perioden

des Erfolgs, lösen erst Wettbewerbsdruck und wohlmöglich Krisen entsprechende Maßnahmen aus; in diesen Fällen greift Personalentwicklung oft zu spät, zu aufwendig oder mit erheblichen Friktionsverlusten (vgl. STAUDT 1987, S. 1 ff.). Vorgaben der Lohnpolitik gewinnen dabei offenbar zunehmende Bedeutung (vgl. LOTZ 1986, S. 113). Meist fühlen sich die Betriebe erst dann zu einer institutionalisierten Personalentwicklung veranlaßt, wenn die Arbeitsmarktsituation und die im jeweiligen Betrieb verwendeten Fertigungs- und Informationstechnologien ein Qualifikationsdefizit befürchten lassen. Dies wird auch von THOM bestätigt. In einer Untersuchung der Personalentwicklung in Mittelbetrieben weist er nach, daß sich nur 20% des geäußerten Interesses der Unternehmen auf personale und soziale Ziele, wie z.B. Arbeitsplatzsicherung, beziehen (vgl. THOM 1987, S. 101 ff.).

Maßnahmen zur Personalentwicklung stehen mit der *betrieblichen Organisationsentwicklung* in einem engen Zusammenhang. Während Personalentwicklung gewissermaßen auf das 'Innenleben' einzelner Personen bzw. mehrerer Personen gleichermaßen bezogen ist und deren Qualifikationen, Werte, Überzeugungen, Einstellungen usw. sowie deren Verhaltensweisen verändern sollen, geht es bei der Organisationsentwicklung um die gelenkte, zielorientierte Zusammenarbeit in Arbeitsgruppen, Abteilungen und ganzen Betrieben, also um sozialstrukturelle Aspekte im Betrieb. Konkrete Maßnahmen sind z.B. Teamentwicklung, Sensitivity Training, Verbesserung der Führungsstile oder Abbau von Hierarchien. Ziel der Organisationsentwicklung ist es, die Effektivität der Organisation zu erhöhen, insbesondere die "psychologische und soziale Effizienz von Organisationen mit dem Ziel höherer Wirtschaftlichkeit herzustellen..." (KÜLLER 1981, S. 335). Dabei sollen sich die Menschen in der Organisation selber "die organisatorischen Strukturen und die Formen der Zusammenarbeit schaffen, die ihren Bedürfnissen und dem Zweck der Organisation auf bestmögliche Weise entsprechen" (DUNKEL 1983, S. 31). Entsprechend wurde auch ein ganzheitlich-systemisches Verständnis von Organisationslernen entwickelt, demzufolge das Lernen viel stärker in Prozesse der Änderung

und Entwicklung von Organisationen eingebunden ist (vgl. GEIßLER 1991, S. 23 ff.). Hierin kommt jene Position in den angewandten Sozialwissenschaften zum Ausdruck, die seit den 60er Jahren unter dem Stichwort "Organisationsentwicklung" versucht, den traditionellen, von F.W. TAYLOR[X] gegründeten *strukturalen Organisationsansatz* → STUDIERHINWEIS: (Kritik daran üben u.a. VAHRENKAMP 1976 und MANSKE 1987) mit dem *psychosozialen Ansatz* der Human-Relations-Bewegung[X] zu verknüpfen (vgl. VOLPERT 1985, S. 186 ff.; DÜLFER 1988). Werden in dem strukturalen Ansatz gezielte Interventionen in die Betriebsstruktur vorgenommen, um die Aufbau- und Ablauforganisation zu effektivieren und steht bei ihm die Technologie im Vordergrund, so bezieht sich der psycho-soziale Ansatz mit dem Ziel der Erhöhung der Arbeitsmotivation und der Arbeitszufriedenheit[X] auf die psychologische Seite der Organisationsentwicklung. Entsprechend steht bei ihm der Mensch im Vordergrund; die Einflüsse und Konflikte, die sich aus der Organisationsstruktur ergeben, werden aber vernachlässigt. Die Nachteile dieser beiden Ansätze sollen also durch *aktive Beteiligung* der Betroffenen bei organisatorischen Entwicklungen vermieden werden. Aber auch dieser Ansatz ist von Kritik nicht verschont geblieben. Insbesondere auf gewerkschaftlicher Seite wird bezweifelt, ob die Erhöhung der Leistungsfähigkeit der Organisationen und eine Humanisierung der Arbeit als vereinbar angesehen werden können. Aus der Sichtweise der Kritiker geht es bei der Organisationsentwicklung letztlich nur darum, niedere Ränge der Belegschaft zu einer Akzeptanz der Managementzielvorgaben zu bewegen. Organisationsentwicklung wird als eine soziale Technologie bezeichnet, mit der durch Motivation, Eigeninitiative und Selbstkontrolle der Beschäftigten produktionshemmende Lücken erkannt und geschlossen werden sollen (vgl. KÜLLER 1981, S. 335 ff.). Allerdings steht eine stimmige Theorie einer entsprechenden organisations- und wissenstransformierenden Weiterbildung im Betrieb heute noch aus (vgl. ARNOLD 1991, S. 83 ff.).
Wichtiger als die wissenschaftliche Auseinandersetzung mit dem Ansatz

der Organisationsentwicklung ist in unserem Zusammenhang indessen die Tatsache, daß in der Regel auch mit Maßnahmen der Organisationsentwicklung Personalentwicklung verbunden ist bzw. diese nach sich zieht. Mitbestimmung bei Fragen der Arbeitsorganisation bespielsweise bedeutet meist auch ein "Mehr" an Qualifikation. Umgekehrt können mit Maßnahmen der Personalentwicklung organisatorische Entwicklungen vorbereitet werden, etwa die Bildung teilautonomer Gruppen durch Einübung von Kommunikation und Kooperation. Hieraus wird deutlich, daß Personalentwicklung und Organisationsentwicklung aufeinander verwiesen sind und koordiniert werden müssen. Es ist festzuhalten, daß Organisationsentwicklungsmaßnahmen nur dann zum Erfolg führen können, wenn entsprechende Fähigkeiten, z.B. zur Erfüllung neustrukturierter Aufgaben, ausgebildet werden. Andererseits schaffen Qualifizierungsmaßnahmen erst das innovatorische Potential innerhalb der Organisation, das wiederum die Basis sein kann, der Organisationsentwicklung neue Impulse zu geben (vgl. STRUBE 1982). HACKER spricht sogar von einem *dialektischen Verhältnis* zwischen Personalentwicklung und Organisationsentwicklung und macht das drastisch wie folgt deutlich: "Ein noch so gut organisierter Betrieb läßt sich nicht voranbringen, wenn die Mitarbeiter nicht dazu motiviert und qualifikationsmäßig ausgerüstet sind. Noch so bereitwillige und qualifizierte Mitarbeiter können nicht zur Entfaltung und zum Erfolg kommen, wenn die Organisation dysfunktional ist. Aus dieser Erkenntnis stellt sich die Aufgabe, nicht nur den Menschen, sondern auch die Organisation weiterzuentwickeln" (HACKER 1976, S. 13). Je für sich können die unterschiedlichen Maßnahmen ihre Wirksamkeit kaum entfalten (vgl. CONRADI 1983, S. 34).

Diese Feststellung gilt in ähnlicher Weise auch für das Verhältnis von betrieblicher Personalentwicklung und regionalem Umfeld.
Einerseits sind Maßnahmen zur Personalentwicklung häufig nur in *regionaler Zusammenarbeit* effektiv und überhaupt realisierbar. Dies gilt insbesondere für die Weiterbildung. Vor allem für die in der Bundesrepublik

recht hohe Zahl der *Klein- und Mittelbetriebe* kommt eine Weiterbildung ihrer Mitarbeiter in eigener Regie oft nicht in Frage (vgl. SCHAA u.a. 1988, S. 15), weil Teilnehmer fehlen, die Kosten zu hoch sind oder keine Möglichkeiten der Finanzierung eines eigenen Bildungssystems gegeben sind. Nicht selten wird deshalb auf Weiterbildung verzichtet. Um diesen unbefriedigenden Zustand zu überwinden, muß verstärkt auf *regionale - branchenspezifische oder branchenübergreifende - Weiterbildungsverbundsysteme* zurückgegriffen werden. Hierzu werden in der Literatur einige Varianten vorgestellt, die in Zukunft sicherlich eine Rolle spielen werden (vgl. BUNDESMINISTER FÜR BILDUNG UND WISSENSCHAFT 1985; DÖRING 1987, S. 286 ff.). Bislang sind solche Weiterbildungsformen aber kaum zum Einsatz gekommen. Zu den Ausnahmen gehört das Modell des sog. Anker-Betriebes, das neuerdings favorisiert wird (vgl. GRAß/SCHMITT 1988, S. 32 ff.).

BEISPIEL

Anker-Betriebe stellen ihr Know-how und ihre Weiterbildungserfahrung den Klein- und Mittelbetrieben einer Branche/Region in Weiterbildungsmaßnahmen zur Verfügung. Anwendung findet dieses Verfahren vor allem bei der Personalcomputer-Ausbildung für kaufmännische Fachkräfte und bei der Einführung in die CNC-Technik und Mikroprozessor-Technik/Steuertechnik für gewerbliche Fachkräfte. Wichtige Argumente sind dabei der Praxisbezug, die Ausbildungsstätte, die räumliche Nähe und das Renommee der Anker-Betriebe als "Know-how-Träger".

Ein weitergehender Aspekt regionaler Zusammenarbeit in der Weiterbildung ist ihre Dualisierung in Form von Kooperationen zwischen Betrieben und außerbetrieblichen Trägern (Volkshochschulen, Berufsschulen, Berufsbildungswerk der Gewerkschaften und der Wirtschaft u.a.) nach dem Vorbild des dualen Systems der Berufsausbildung. Dieser Vorschlag ist erst in letzter Zeit in den Vordergrund der Weiterbildungsdiskussion gerückt. Insbesondere hat er im Rahmen der Diskussion der Enquete-Kommission "Bildung 2000" Beifall gefunden (vgl. u.a. EDDING 1989a).

Andererseits bietet betriebliche Personalentwicklung die Möglichkeit, auf die wirtschaftliche Situation der Region Einfluß zu nehmen. Auf zwei Aspekte sei hier hingewiesen.
Erstens kann betriebliche Personalentwicklung *zur Entlastung des regionalen Arbeitsmarktes beitragen*. Dies wird aus folgendem Beispiel deutlich (entnommen aus: EHMANN 1986, S. 231).

BEISPIEL

Das hier vertretene Konzept geht von einer bereits kurzfristig spürbaren Sogwirkung aus, die dadurch entsteht, daß erwerbstätige Facharbeiter ganz oder teilweise für einen bestimmten Zeitraum ihren Arbeitsplatz freimachen, in denen dann bislang arbeitslose Arbeitnehmer einrücken können, die durch diese Integration in betriebliche Zusammenhänge ihre Arbeitsqualifikationen erneuern und aufrechterhalten können und langfristig durch eine Intensivierung betrieblicher Weiterbildung ihre Arbeitsmarktrisiken mindern können. Wird dieser Prozeß vermasst, werden also viele Erwerbstätige von derartigen Qualifizierungsmaßnahmen erreicht, so wird praktisch der gleiche Effekt erzielt, wie bei einer Verkürzung der Arbeitszeit: Die produktive Arbeit wird neu verteilt, und zwar dadurch, daß ein Teil der bisher produktiv Tätigen für einen bestimmten, jedoch möglichst über 3 Monate dauernden Zeitraum in voll- oder teilzeitliche Weiterbildungsmaßnahmen eintritt. Dies führt nicht zu neuen Zeitarbeitsverträgen, sondern zu einer dauerhaften Aufstockung der Zahl der Beschäftigten, weil, so wie bisher schon, ein bestimmter Personalüberhang für Urlaub und Krankheit eingeplant wurde, nun ein zusätzlicher Mehrbedarf für die Teilnahme an Fortbildung vorgesehen werden muß.

Zweitens kann betriebliche Personalentwicklung - wenn sie gut ist - *regionale Wirtschaftsprozesse befördern*, indem sie die qualifikatorische Anpassung an regionale Entwicklungen beschleunigt und auf Neuerungen induzierend wirkt (neue Produkte und Beschäftigungsstrukturen, neue Berufe und Arbeitsplätze usw.). (Vgl. DEDERING 1988, S. 177 ff.). Zur Nutzung dieser Möglichkeiten ist aber ein *integriertes Entwicklungskonzept* für die Region notwendig, in der die Strategien und Aktivitäten auf dem Gebiet der Personalentwicklungspolitik und der Wirtschaftspolitik, insbesondere der Beschäftigungspolitik aufeinander abgestimmt werden. Insbesondere in Anbetracht der andauernden Massenarbeitslosigkeit in der Bundesrepublik und der beschäftigungspolitischen Ungleichgewichte in und zwischen den Regionen ist eine solche "regionale Strategie des Zusammenwirkens von Qualifikation und Innovation" unerläßlich (POLLMEYER 1985, S. 66).

Qualifizierungspolitik bzw. Weiterbildungspolitik versteht sich hier als ein Teil der regionalen Beschäftigungspolitik. Diese umfaßt alle Maßnahmen öffentlicher und privater Institutionen, "die die regionale Beschäftigungssituation in quantitativer (Zahl der Arbeitsplätze) und qualitativer (Arbeitsbedingungen, Qualifikationen, Einkommen etc.) Weise beeinflussen und über deren Ausgestaltung regionale Institutionen entscheiden bzw. mitentscheiden" (BOSCH u.a. 1987, S. 2).

ZUSAMMENFASSUNG:

In Zusammenfassung unserer bisherigen Ausführungen ist festzuhalten, daß betriebliche Weiterbildung, also organisierte Maßnahmen zur Fortbildung und Umschulung von Mitarbeitern eines Betriebes, den zentralen Bereich der Personalentwicklung darstellt. Betriebliche Personalentwicklung ist in der Regel an den ökonomischen Interessen des Arbeitgebers orientiert und steht mit der sog. Organisationsentwicklung (Zusammenarbeit in Arbeitsgruppen, Abteilungen, ganzen Betrieben) in engem Zusammenhang. Die betriebliche Personalentwicklung und mit ihr die Weiterbildung können oft - insbesondere in Klein- und Mittelbetrieben - nur dann hinreichend wirksam werden, wenn die Betriebe auf regionaler Ebene zusammenarbeiten und die Personalentwicklung in eine regionale Bildungs- und Beschäftigungspolitik eingebunden ist.

4.2 BEGRÜNDUNGSANSÄTZE UND ZIELE DER WEITERBILDUNG

Wie die Personalentwicklung generell hat sich betriebliche Weiterbildung erst nach dem 2. Weltkrieg entwickelt. Zwar hat es auch vorher schon Maßnahmen zur betrieblichen Weiterbildung gegeben, jedoch kaum als selbständiger Bildungsbereich mit besonderer pädagogischer Ausrichtung (vgl. WITTWER 1982a, S. 273). So ist etwa im Dritten Reich eine Tendenz zur "Pädagogisierung der Betriebe" eingetreten, die allerdings nicht schon auf eine Erweiterung des fachlichen Qualifikationsprofils zielte, sondern es ging in erster Linie um einen Beitrag zur betrieblichen Leistungserstellung der "Gefolgschaftsmitglieder" (vgl. KIPP 1984, S. 87). Lernen für die Organisation stand im Zentrum einer autoritären Betriebspädagogik.

Befördert wurde die Entwicklung der betrieblichen Weiterbildung durch den Mangel an qualifizierten Fachkräften, der insbesondere Anfang der 60er Jahre aufgrund verschiedener Sachverhalte (Erreichen der Vollbeschäftigung, forciertes Wirtschaftswachstum, Ausbleiben des Zustroms von Arbeitskräften aus den ehemaligen deutschen Ostgebieten (Mauerbau in Berlin 1961) einsetzte (vgl. auch SEYD 1982, S. 22). Die Betriebe antworteten hierauf vor allem mit einer verstärkten Führungskräfteschulung. Die in dieser Situation beginnende Einsicht in die ökonomische Bedeutung von Weiterbildung führte zu einer "realistischen Wende der Erwachsenenbildung" (FEIDEL-MERTZ 1975, S. 45 ff.): Waren in der Erwachsenenbildung der Bundesrepublik zunächst *personenorientierte Theoriekonzepte* (Ziel: Befähigung des "gebildeten Individuums" zur Teilhabe am kulturellen Leben) vorherrschend, so gewannen nun *marktorientierte Konzepte* (Ziel: "Lebenslanges Lernen" als Antwort auf technisch-ökonomische und politische Tendenzen) und *bedarfsorientierte Konzepte* (Ziel: Qualifizierung zur Erfüllung der Anforderungen der Wirtschaft und zur Vermeidung von Anpassungszwängen aufgrund ökonomischer Entwicklungen) an Bedeutung. Diesen Ansätzen wurden schließlich *Konzepte einer arbeitsorientierten Weiterbildung* gegenübergestellt (Ziel: Bildung für Arbeitstätigkeit und Persönlichkeitsentwicklung unter Bezugnahme auf die Interessen der abhängig Beschäftigten). Damit wurde eine verstärkte Selbst- und Gesellschaftsreflexion in den Mittelpunkt der Lernprozesse gestellt, mit der die realistische Wende abgelöst werden sollte. Doch diese *reflexive Wende* hat sich bislang mehr in den Sozialwissenschaften als in der Weiterbildungspraxis vollzogen. → STUDIERHINWEIS: (Zu diesen Konzepttypen siehe Näheres bei FAULSTICH 1981, S. 11 ff.).

Praktische Relevanz haben hingegen vor allem die *bedarfsorientierten Konzepte* gewonnen, die vornehmlich zur Begründung *betrieblicher Weiterbildungsarbeit* herangezogen werden (vgl. FAULSTICH 1981, S. 15). Typische Begründungen im Horizont dieser Ansätze enthält die folgende Zusammenstellung (entnommen aus: SASS u.a. 1974, S. 28 ff.).

BEISPIEL

1. Erhöhte Anforderungen an die Qualifikation der Mitarbeiter lassen ihre Weiterbildung erforderlich werden...
2. Diese Erhöhung ihrer Qualifikationen bindet Beschäftigte stärker an den Betrieb ...
3. Die Gefahren außerbetrieblicher Weiterbildung (mangelhafte Kurse, Entfremdung der Mitarbeiter) werden gemindert ...
4. Zur Pflege ihres Images steht Unternehmen die Einrichtung von Maßnahmen zur Weiterbildung (sozialpolitische Verantwortung) gut zu Gesicht ...
5. Die Teilnahme an Weiterbildungsmaßnahmen spornt zu höherer Arbeitsleistung an ...
6. Die Kommunikation sowohl zwischen den Belegschaftsmitgliedern auf der gleichen Hierarchiestufe als auch zwischen Vorgesetzten und Untergebenen verbessert sich ...

7. Das Führungsverhalten der Vorgesetzten wird geschult ...
8. Seminare lassen sich auch zur Sichtung geeigneter Nachwuchsführungskräfte nutzen ...
9. Schwächen des Bildungswesens außerhalb des Betriebes lassen sich ausgleichen ...
10. Nicht betriebsspezifisch genug ausgerichtete, praxisferne und vergleichsweise teure außerbetriebliche Weiterbildungsangebote lassen sich umgehen ...

Mit diesen - ungeordneten - Argumenten sind drei Grundfunktionen angesprochen, die der betrieblichen Weiterbildung - wie jedem anderen Bildungsbereich auch (vgl. DEDERING 1986, S. 23 ff.) - zugeschrieben werden (können):

1. Eine *Qualifikationsfunktion*, d.h. die Aufgabe, bestimmte Fähigkeiten zu vermitteln. Hier ist entscheidend, ob lediglich Fähigkeiten zur Bewältigung des Arbeitsprozesses gemeint sind oder auch Fähigkeiten, die die Arbeitenden benötigen, um den Wert ihrer Arbeitskraft zu erhöhen, zumindest deren vorzeitigen Verschleiß zu verhindern.

2. Eine *Sozialisationsfunktion*, d.h. die Aufgabe, soziale Grundeinstellungen, Orientierungen und Verhaltensweisen auszuprägen. Dabei ist von Bedeutung, daß fremdbestimmte Arbeit negative Auswirkungen auf den formellen und informellen Sozialisationsprozeß der Arbeitenden hat. Dementsprechend hat diejenige Weiterbildung eine positive Sozialisationswirkung, die die Thematisierung und Durchdringung der Lebens- und Interessenlagen der Arbeitenden anvisiert und die Entwicklung zum gesellschaftlichen Bewußtsein sowie die Vermittlung entsprechender Handlungskompetenzen anstrebt.

3. Eine *Chancenzuteilungsfunktion*, d.h. die Aufgabe, berufliche Möglichkeiten innerhalb und außerhalb des Betriebes zu eröffnen. Weiterbildung kann die beruflichen Chancen im Betrieb und die Chance

der Verwertbarkeit auf dem Arbeitsmarkt erhöhen; sie kann aber auch zu einer Verfestigung der Strukturen beitragen.

Anhand dieser Funktionen, die in den Bildungsveranstaltungen stets gleichzeitig angegangen werden und nicht voneinander zu trennen sind, können wir die Vielzahl der Ziele betrieblicher Weiterbildung systematisieren und diskutieren. Dabei sollte klar sein, daß betriebliche Ziele nicht neutral sind, sondern sich nach den Interessenpositionen des Arbeitgebers und der Arbeitnehmer unterscheiden. Ebenso wie im Gesamtbereich der Personalentwicklung orientiert sich auch die Weiterbildungsarbeit der Betriebe einseitig stark an den Arbeitgeberzielen. Dies wird in einer Reihe von wissenschaftlichen Untersuchungen bestätigt. → STUDIERHINWEIS: (Vgl. SASS u.a. 1974. Näheres zu den Zielen der betrieblichen Weiterbildung siehe WITTWER 1980, S. 161 ff. und SCHILLER 1985, S. 94 ff.). Im allgemeinen sind an die betriebliche Weiterbildung die im folgenden dargestellten Zielkomplexe geknüpft.

(1) *Funktionalisation für bestimmte Arbeitsplätze und Qualifikation für komplexe Arbeit*

Der betrieblichen Weiterbildung liegt meist ein eingeschränkter Qualifikationsbegriff zugrunde, der stark auf die Vermittlung prozeß- und fachspezifischer Fertigkeiten und Kenntnisse abhebt. Oft sind die Weiterbildungsmaßnahmen aufgaben- und adressatenspezifisch sogar fast ausschließlich nur auf Kenntnisse der Gerätebedienung abgestimmt (vgl. ARNOLD 1988, S. 106). Wie die folgende Aussage belegt, wird dies - zumindest von betrieblichen Weiterbildungsreferenten - meist auch unumwunden zugegeben (entnommen aus: WITTWER 1982 b, S. 231).

 BEISPIEL

"Ziele der Weiterbildung sind Erhaltung und Verbesserung, Erweiterung und Qualifikation des Mitarbeiters für seine derzeitige und künftige Tätigkeit im Unternehmen ... Wir betreiben keine Weiterbildung ins Blaue hinein, sondern unsere Weiterbildung ist ja an dem Bedarf orientiert und genauso wie wenn wir neue bauliche Maßnahmen benötigen, dann wird da ja auch hineininvestiert, so investieren wir natürlich auch in unser Bildungsgeschäft, denn es wird benötigt."
(Weiterbildungsreferent in einem Münchener Großbetrieb).

Welches Argumentationsmuster dabei verwendet wird, beschreibt FAULSTICH in folgenden Punkten (FAULSTICH 1989, S. 30):

- Es gibt bestimmte Arbeitsplätze;
- aus den technisch und organisatorischen Vorhaben resultieren entsprechende Arbeitsaufgaben;
- um diese erledigen zu können, müssen Tätigkeitsanforderungen erfüllt werden;
- diejenigen Merkmale der Persönlichkeit, welche die Arbeitenden in die Lage versetzen, die Tätigkeitsanforderungen entsprechend den Arbeitsaufgaben bestimmter Arbeitsplätze zu beherrschen, werden Qualifikationen genannt;
- Ziele, Inhalte und Methoden beruflichen Lernens sind so anzulegen, daß die Anforderungen der Arbeitsplätze erfüllt werden.

Hieraus wird die von Arbeitgebern üblicherweise verfolgte mehr oder weniger *rigide Anpassungsstrategie* mit einer *starken Verwendungsorientierung* der vermittelten Qualifikationen deutlich. Dies bestätigt auch WEBER, der aufgrund einer Befragung von 222 Unternehmen zu dem Ergebnis kommt, daß 75% der Weiterbildungsmaßnahmen den beiden Zielen "Anpassung an sich verändernde Arbeits-, Betriebs- und Produktionsbedingungen" sowie "Lösung konkreter Probleme im Betrieb" zuzuordnen sind.

Lediglich 24% der Maßnahmen im Betrieb dienen der Höherqualifizierung und dem beruflichen Aufstieg der Mitarbeiter (vgl. WEBER 1981, S. 364). Dabei wird im allgemeinen gleichwohl eine Erhöhung des "elastischen Potentials" des Faktors Arbeit angestrebt (vgl. ALTMANN u.a. 1978, S. 44), um zusammen mit dem Faktor Technik betriebliche Veränderungen vornehmen zu können. → STUDIERHINWEIS: (Zum unterschiedlichen Weiterbildungsbedarf von Technikentwicklern, Technikproduzenten, Techniknverkäufern, Technikbetreuern, Technikentsorgern und Techniknutzern vgl. DOSTAL 1991, S. 304 ff.). Diese Elastizität ist meist jedoch rein funktionaler Art und sie bleibt auf die spezifischen Anforderungen des Betriebes beschränkt. Dies führt dazu, daß die so Weitergebildeten - sieht man einmal von den Führungskräften ab - kaum in der Lage sind, auf die Verwendungssituation ihrer Qualifikation Einfluß zu nehmen und auf Ausmaß und Wirkung betrieblicher Veränderungen einzuwirken. Die Beschäftigten bleiben dann auf ihre Teilfunktionen verwiesen; jedenfalls können sie nicht - wie es das Grundanliegen einer modernen Organisationsentwicklung ist - zur gelenkten Selbsterneuerung der Organisation beitragen. → STUDIERHINWEIS: (Zum gesellschaftlichen Umfeld von Arbeitsorganisationen vgl. BOLTE 1991, S. 263 ff.). Von einer *Auslösung innovativer Impulse* durch betriebliche Weiterbildung, die angesichts der technischen und organisatorischen Wandlungsprozesse im Betrieb immer wichtiger werden (vgl. MÜNCH/MÜLLER 1988, S. 24), kann keine Rede sein. Hinzu kommt, daß die Weiterbildungsarbeit oft nur *reaktiv*, d.h. nach erfolgtem Innovationsprozeß einsetzt (vgl. SONNTAG 1989a, S. 28). Oftmals ist fraglich, ob die Betriebe auf die personalpolitischen und qualifikatorischen Herausforderungen der neuen Technologien überhaupt ausreichend vorbereitet sind (vgl. DOBISCHAT /LIPSMEIER 1991, S. 344 ff.).

Gegenüber dem Ziel des Arbeitgebers, die Qualifikationsfunktion der Weiterbildung auf technisch-funktionale Fähigkeiten zur betrieblichen Nutzung zu beschränken, haben die Arbeitnehmer ein Interesse an der umfassenden Erweiterung ihrer Arbeitsqualifikation, um "eine breite individuelle berufliche und nicht nur betriebsspezifische Perspektive entwikkeln zu können" (ARNOLD 1988, S. 105 f.). Betriebliche Weiterbildung als Teil der beruflichen Weiterbildung darf sich nicht nur an kurzfristigen ökonomischen Interessen orientieren, sondern muß auf Erhalt und Erhöhung des allgemeinen Qualifikationsniveaus des einzelnen Arbeitnehmers gerichtet sein und sollte über ein eng begrenztes, unmittelbar anwendungsbezogenes Handeln hinaus den arbeitenden Menschen dazu bringen, sich aktiv an der Gestaltung von Arbeit und Gesellschaft zu beteiligen, aber auch seine eigenen Interessen einzubringen; dies setzt die Vermittlung solcher fach- und berufsübergreifender Qualifikationen voraus, die das individuelle Denken und Handlungspotential sowie die soziale Kompetenz erweitern (vgl. DGB 1991). Dieser Anspruch ist in verschiedener Hinsicht begründet, u.a. in Anbetracht der aktuellen technischen und arbeitsorganisatorischen Entwicklungen (z.b. Aufgabenerweiterungen um dispositive und planerische Tätigkeitsanteile), der "Schnellebigkeit" fachspezifischer Qualifikationen, der Notwendigkeit, den Qualifikationsbedarf möglichst weit in die Zukunft zu prognostizieren und der Forderung, Qualifizierung auf die Gesamtpersönlichkeit auszurichten (vgl. BRATER u.a. 1988; BOJANOWSKI u.a. 1991). Einer der schillerndsten Begriffe ist in diesem Zusammenhang die sogenannte *Schlüsselqualifikation* (vgl. REETZ/ REITMANN 1990; SCHELTEN 1991), gelegentlich auch als *Strukturqualifikation* bezeichnet (vgl. DAUENHAUER 1981, S. 337 ff.). MERTENS hatte 1972 erstmals versucht, Schlüsselqualifikationen zu systematisieren und aufzulisten (vgl. MERTENS 1974). Inzwischen ist dieser Begriff vielfältig kritisiert, modifiziert, ergänzt und weiterentwickelt worden. → STUDIERHINWEIS: (Vgl. ELBERS u.a. 1975; BUNDESMINISTER FÜR BILDUNG UND WISSENSCHAFT 1986; SCHMIEL 1988; BLASCHKE 1988; MERTENS 1989; REETZ/REITMANN 1990; BUNK 1990; BUNK/KAISER/ZEDLER 1991. Kritik dazu NUISSL u.a. 1988; ZABEK 1989; HEID 1990; DOBISCHAT/LIPSMEIER 1991). In der betrieblichen Praxis sind verschiedene Projekte schlüsselqualifikatorisch angelegt, so etwa die "Projekt- und transferorientierte Ausbildung" (PETRA) der Firma

Siemens und die Ausbildungskonzeption "Integrierte Vermittlung von Fach- und Schlüsselqualifikationen" (IFAS) bei Brown Boverie AG. Der betriebliche Weiterbildungsbereich ist bisher jedoch davon wenig tangiert (siehe Abb. 35, entnommen aus: SCHELTEN 1991, S. 236).

Abb. 35: Methoden auf dem Weg zur Vermittlung von Schlüsselqualifikationen in der betrieblichen Bildung

Projekt-methode	8. Weitgehend selbstgesteuerte Übernahme von Aufgaben aus der Produktion	
	7. Weitgehend selbstgesteuerte Projekte	
Leit-text-methode	6. Leittext-gesteuerte Projekte	
	5. Leittexte und Leitfragen	
Lehr-gangs-methode	4. Zunehmender Ersatz von Ausbilder-Unterweisung durch Informationsmaterialien, Medien	Zunehmende Vermittlung von Schlüsselqualifikationen
	3. Vorgaben mit Lücken in Arbeitsplan und Bewertungsbogen	
	2. Handlungsregulatorische Unterweisung (Psychoregulatives Training, Kombinierte Unterweisung, Sprachbetonte Unterweisung)	
	1. Vier-Stufen-Methode	

Qualifikation für komplexe Arbeit als Ziel der Weiterbildung bedeutet, daß zu den fachspezifischen Qualifikationen fach- bzw. *berufsübergreifende* und insbesondere auch *politisch-soziale Fähigkeiten* hinzukommen müssen. Wenn man davon ausgehen kann, daß Arbeitnehmer in ihrem Leben unterschiedliche Berufsbereiche kennenlernen werden, dann müssen auch entsprechende Fähigkeiten - Querschnittsqualifikationen - vermittelt werden. Zudem müssen Arbeitskräfte Kenntnisse davon haben, wie sich der Einsatz neuer Technologien auf den Arbeitsplatz und die Tätigkeitsstrukturen auswirkt, inwieweit dieser gesellschafts- und umweltverträglich ist und welche alternativen Möglichkeiten der Arbeitsorganisation und der Arbeitsplatzgestaltung sich anbieten. Eine *ökologische Kompetenz* und andere *alternative Schlüsselqualifikationen* - wie etwa der "Umgang mit bedrohter und gebrochener Identität" - werden aus pädagogischer Sicht immer relevanter (vgl. NEGT 1988). *Innovatorische Qualifikationen* und mit ihnen soziale und kommunikative Kompetenzen gewinnen ebenso an Bedeutung. Als innovatorische Qualifikationen sind soziale Handlungspotentiale zu verstehen, wie z.B. Formulierung von Interessen, Entwicklung solidarischen Handelns, Kenntnis und Wahrnehmung von Rechten, selbstbewußte Zusammenarbeit mit Vorgesetzten, Entwurf und Realisierung realistischer Handlungsstrategien und Fähigkeit zur ständigen Weiterbildung (vgl. VOLPERT 1979; BOLDER 1987, S. 244). Grundlage solcher Qualifikationen ist ein *Arbeitsbegriff*, der den technischen, ökonomischen und politischen Gesamtzusammenhang einer bestimmten Arbeit erfaßt. Natürlich kann dies die betriebliche Weiterbildung nicht allein leisten; vielmehr muß die berufliche Erstausbildung grundqualifizierend sein, auf der im Rahmen der Weiterbildung - verstanden als lebenslanges Lernen - bausteinhaft neue Qualifikationen 'aufgesattelt' werden können.

(2) *Integration in den Betrieb und umfassende Persönlichkeitsentwicklung*

Mit der Vermittlung von fachlichen Qualifikationen für betriebliche Einsatzbereiche verfolgt der Arbeitgeber auch "extrafunktionale Effekte" im Sinne von Sozialisationserfolgen (vgl. FAULSTICH 1981, S. 37 ff.). Entsprechend hat sich ein Referent für betriebliche Weiterbildung geäußert (entnommen aus: WITTWER 1982 b, S. 232).

 BEISPIEL

"Dabei (gemeint sind die Weiterbildungsmaßnahmen, d.Verf.) sollen nicht nur Wissen und Können vermittelt, sondern auch Führungs- und Kooperationsverhalten eingeübt sowie gesellschaftspolitische Orientierungshilfen angeboten werden". (Betrieblicher Weiterbildungsreferent eines Münchener Großbetriebes).

Zum einen geht es ihm um die "Steigerung der institutionellen Problemlösungskapazität" und zum anderen um die "Stabilisierung der bestehenden Sozialverhältnisse" innerhalb des Betriebes (vgl. HARTMANN 1979, S. 493). Ähnlich schreibt GÖRS der betrieblichen Weiterbildung - allerdings im kritischen Sinne - die Aufgaben zu, "Akzeptanzprobleme zu lösen bzw. abzubauen und Einstellungsveränderungen bei den abhängig Beschäftigten im Sinne einer besseren betrieblichen Anpassung und konfliktloseren Integration zu ermöglichen. Sie zielt damit auch auf eine Intensivierung der Arbeit ab" (GÖRS 1986, S. 224). Der "Aussöhnung des Arbeitnehmers" mit neuen Techniken und Arbeitsorganisationen wird dabei offenbar zunehmende Bedeutung beigemessen (vgl. LOTZ 1986, S. 114).
Berufliche Weiterbildung dient damit auch der "Herstellung und Sicherung von Loyalität" gegenüber dem Betrieb (FAULSTICH 1981, S. 38), etwa durch Stärkung der Betriebsbezogenheit, Verbesserung der Kommunikation

und Kooperation, Erhöhung der Arbeitsmotivation, Beeinflussung des Verhaltens der Mitarbeiter am Arbeitsplatz, Schaffung von Identifikation im Unternehmen oder Steigerung der Integration der Führungskräfte. Dabei kann sich der Arbeitgeber darauf verlassen, daß die Sozialisation der Mitarbeiter auch ohne besonderes 'Zutun' in seinem Sinne verläuft: Der *heimliche Lehrplan*^{x} einer stark auf funktionale Arbeitsanforderungen ausgerichteten Weiterbildung befördert nämlich ohnehin die Einbindung der nunmehr einsatzfähigen Arbeitskraft in die betrieblichen Abhängigkeitsverhältnisse. Dies ist die eigentliche politische Dimension der betrieblichen Bildungsarbeit, die über den Betrieb hinaus von Bedeutung für allgemeinmenschliches Handeln ist.

Stärker in die Diskussion gekommen ist das Ziel der Integration in den Betrieb im Sinne von Loyalität neuerdings durch die Auseinandersetzung um den Begriff der *Unternehmenskultur*. STUDIERHINWEIS: → (Siehe Näheres hierzu in KOBI/WÜTHRICH 1986; SCHOLZ 1986; SCHOLZ/ HOFBAUER 1987; NEUBERGER/KOMPA 1987 und DÜRR u.a. (Hrsg.) 1988).
Eine wichtige Komponente des Unternehmenskulturansatzes ist die Formulierung von Wertvorstellungen und positiv besetzten Normen des Unternehmens, die von den Mitarbeitern verinnerlicht werden und sich in einem ausgeprägten "Wir-Gefühl" äußern sollen. Personalentwicklungsmaßnahmen in diesem Sinne haben nicht nur die qualifikatorische und organisatorische, sondern auch die normative Integration im Auge, denn: "Der Kampf um Märkte und um Gewinne wird im Bereich des Humankapitals entschieden, und zwar weniger als Ausdruck eines technisch-funktionalen Potentials, sondern vor allem eines wertbestimmten Verhaltenspotentials, das gleichzeitig Ergebnis und bestimmender Faktor der Unternehmenskultur ist" (MÜNCH/MÜLLER 1988, S. 28). Dabei kommt der Personalabteilung beim Tradieren der Unternehmenskultur eine *Kontroll- und Koordinierungsfunktion* zu, die durch Teilnahme von Führungskräften an den Weiterbildungsmaßnahmen gesichert werden sollen. Diese haben die

Aufgabe, den Mitarbeitern die Unternehmensstrategie zu erklären und zu begründen, betriebliche Perspektiven zu entwickeln und die Mitarbeiter für die 'gemeinsame Sache' des Betriebes zu motivieren (vgl. MÜNCH/MÜLLER 1988, S. 25). Der Ansatz der Unternehmenskultur setzt also bei den Wertvorstellungen des Managements an, wobei offenbar angenommen wird, daß sich diese im Unternehmen durchsetzen werden, wenn man sie den Mitarbeitern nur angemessen 'nahebringt'. "Aus dem Blick geraten dabei (aber) das Sichverhalten der Beschäftigten zu den Maßnahmen ... und die Tatsache, daß sie unabhängig davon, welche Wertvorstellungen die Unternehmensleitung präferiert, ihre eigenen mit in ihre Beschäftigung einbringen, daß also alle Beschäftigten Kulturträger sind, die ihr Wir-Gefühl über die Gruppe gewinnen, zu der sie gehören" (MERKENS 1988, S. 134).

Damit ist angedeutet, daß die an die betriebliche Weiterbildung geknüpften Integrationsziele des Arbeitgebers keineswegs mit den Sozialisationszielen der Arbeitnehmer identisch sind. Jedenfalls sind diese nur insoweit an Integration in den Betrieben interessiert, wie sie dadurch die Möglichkeit erhalten, sich als *autonome Personen* mit besonderen Bewußtseinsstrukturen, Emotionalitäten usw. im Kontakt zu ihren Arbeitskollegen zu entwickeln und sich selbstbewußt und kritisch im Betrieb zu bewegen. Ziel der Beschäftigten sind also Sozialisationsleistungen durch betriebliche Weiterbildung, die zugleich ihre Persönlichkeiten vielseitig befördern. Merkmale wie Selbständigkeit, einen eigenen Willen und eine persönliche Identität haben, gehören ebenso hierzu wie Urteils- und Kommunikationsfähigkeit oder ein Bewußtsein von übergeordneten Zusammenhängen. Solche grundlegenden Kompetenzen der Persönlichkeitsentwicklung werden in der betrieblichen Weiterbildung aber systematisch vernachlässigt. Um auch sie stärker in ihr Recht zu setzen, wäre es notwendig, sie als *eigenständige Lernziele* aufzunehmen und sie inhaltlich und organisatorisch in *möglichst breit angelegte Lernprozesse* einzubinden (weil eine nur begrenzte Weiterbildung auch nur begrenzte Ausschnitte der individuellen Anlagen und Möglichkeiten zur Entfaltung bringen läßt).

(3) *Allokation zu bestimmten Arbeitstätigkeiten und Eröffnung vielfältiger Beschäftigungschancen*

Betriebliche Weiterbildung hat aus Arbeitgebersicht die Aufgabe, einzelne Arbeitskräfte bestimmten Arbeitsplätzen, Berufsmöglichkeiten und Positionen im Betrieb zuzuordnen. Sie zielt auf "Rekrutierung und Karrieresteuerung "tüchtiger Mitarbeiter"" (FAULSTICH 1981, S. 40) und erfüllt "... den Wert einer Legitimationsinstanz für eine leistungsgerechte Statuszuweisung" (SCHMITZ 1978, S. 117).

Insofern hat die betriebliche Weiterbildung "weniger eine Personalförderungs- als eine Personalbeschaffungsfunktion, indem sie hilft, den Produktionsfaktor qualifizierte Arbeit rechtzeitig zur Verfügung zu stellen" (WITTWER 1982 b, S. 233). Sie wird also zu einem Instrument der Personalpolitik (vgl. auch LEHNHARDT 1974, S. 141). Dabei orientiert sich betriebliche Weiterbildung am *unmittelbaren Bedarf*, d.h. es "werden nicht alle potentiellen Betroffenen weitergebildet, sondern nur eine kleine Auswahl. Diese wird maßgeblich bestimmt von der jeweiligen betrieblichen Strategie der Arbeitsteilung und Spezialisierung" (DRÖGE u.a. 1986, S. 154). Es ist unverkennbar, daß die betrieblich geförderte Weiterbildung damit die in den Schulsystemen der Bundesrepublik institutionalisierten *Selektionsprozesse* fortführt und zur Ungleichheit der Bildungschancen und überhaupt zur *sozialen Ungleichheit* in der Gesellschaft beiträgt (vgl. BOLDER 1987, S. 299; GÖRS 1986, S. 225). Begünstigt sind jene Schlüsselgruppen, die ohnehin über relativ hohe Qualifikationen verfügen (höhere und leitende Angestellte sowie Beamte, Erwerbstätige der Verwaltungs- und personenbezogenen Dienstleistungsberufe), während die geringqualifizierten Arbeitskräfte, die allen Nachteilen des technischen und ökonomischen Strukturwandels ausgesetzt sind (aus- und ungelernte Arbeiter, insbesondere Frauen, Ausländer, Teilzeitbeschäftigte, ältere Arbeiter), nur geringe Chancen haben, in den Genuß von Weiterbildung zu kommen (vgl. DYBOWSKI-JOHANNSON 1987, S. 152 f.; BLOCK 1990, S. 47). STUDIERHINWEIS: → (Zur Weiterbildungsqualifizierung kaufmännischer Sachbearbeiter vgl. HACKSTEIN u.a. 1986). In Anbetracht dessen konstatiert MAASE eine "Tendenz der Verstärkung statt Nivellierung des Qualifikations- und Lohngefälles ..." sowie "statt Mobilitätsfähigkeit die Tendenz zu einer eigenen betriebsspezifischen Qualifizierung und zur betrieblichen Bindung der Arbeitskräfte ..." (MAASE 1977, S. 65 f.). Aus Kreisen der Wirtschaft wird dieser Sachverhalt damit begründet, daß ein 'learning by doing' oder kurzfristige Einweisungen bei einfachen Arbeitstätigkeiten meist genügten und die Weiterbildungsbereitschaft der an- und ungelernten Arbeiter ohnehin schwächer ausgeprägt sei (vgl. SCHLAFFKE 1982, S. 64). Demgegenüber verweist SCHMITZ auf die ökonomische Strategie, die hinter der betrieblichen Personalplanung und Weiterbildung steht: In jene betrieblichen Randgruppen, die bei konjunkturellen Schwankungen und technisch-organisatorischen Änderungen eingespart werden können und damit einem hohen Entlassungsrisiko ausgesetzt sind, soll nur möglichst wenig Humankapital investiert werden; für die betrieblichen Kerngruppen werden indessen deutlich höhere Qualifizierungskosten aufgebracht (vgl. SCHMITZ 1980, S. 124 f.) Damit läßt sich auch "der offensichtliche Widerspruch zwischen breiter Dequalifizierung der Arbeitsplatzanforderungen im Zuge der technologischen Entwicklung ... einerseits und der trotzdem wachsenden Bedeutung der betrieblichen Weiterbildung andererseits erklären ..." (ARNOLD 1982, S. 171). Anzeichen dafür, daß die Anwendung neuer Produktions- und Rationalisierungsstrategien hier eine Änderung bringen könnte und allen Arbeitnehmern die Möglichkeit zur Weiterbildung während ihres ganzen Arbeitslebens eingeräumt würde, gibt es bislang indessen nicht. Somit fehlt eine wichtige Voraussetzung für die Realisierung des Arbeitnehmerinteresses an *chancenreichen Beschäftigungsmöglichkeiten* durch betriebliche Weiterbildung. Jedoch erweist sich der technische Innovationsprozeß immer mehr als wesentliche Determinante der zunehmenden Polarisierung (vgl. BLOCK

1990, S. 47). Allerdings könnte eine Gegenentwicklung von ganz anderer Seite kommen: So geht die Zahl der Berufsanfänger heute erheblich zurück; sollte diese Entwicklung anhalten, wird das Problem relevant, auch die An- und Ungelernten intensiver weiterzubilden.

ZUSAMMENFASSUNG:
Zur Begründung betrieblicher Weiterbildung werden heute vor allem bedarfsorientierte Konzepte herangezogen. Die verschiedenen Begründungen (erhöhte Anforderungen an die Arbeitsqualifikation, Schulung von Führungsverhalten der Vorgesetzten u.a.) verweisen auf die Qualifikations-, Sozialisations- und Chancenzuteilungsfunktion betrieblicher Weiterbildungsmaßnahmen. Anhand dieser Grundfunktionen läßt sich die Vielzahl der Weiterbildungsziele des Arbeitgebers und der Arbeitnehmer systematisieren. Betrieblich geförderte Weiterbildung folgt in aller Regel den Zielsetzungen des Arbeitgebers (Funktionalisation für bestimmte Arbeitsplätze, Integration in den Betrieb und Allokation zu bestimmten Arbeitstätigkeiten). Demgegenüber finden die Ziele der Arbeitnehmer (Qualifikation für komplexe Arbeit, umfassende Persönlichkeitsentwicklung und Eröffnung vielfältiger Beschäftigungschancen) nur teilweise und am Rande Berücksichtigung.

4.3 ZUR AKTUELLEN SITUATION DER WEITERBILDUNG

Die Betriebe sind die bedeutendsten Träger beruflicher Weiterbildung. Etwa die Hälfte (51%) der vom "Berichtssystem Weiterbildungsverhalten" erfaßten 4,2 Mio. Teilnehmer an beruflicher Weiterbildung im Jahre 1984 nahmen an betrieblichen Weiterbildungsveranstaltungen teil (vgl. INFRATEST SOZIALFORSCHUNG 1985, S. 3).
Zur Förderung der Weiterbildung wenden einige Unternehmen beträchtliche Mittel auf. So betrug z.B. der Aufwand für Weiterbildung der Siemens AG im Jahre 1987 460 Mio DM. Das waren 4,3% der Lohn-/Ge-

haltssumme (vgl. SIEMENS AG, S. 2). Damit liegt die Siemens AG "gut im Rennen", denn normalerweise geben die Unternehmen der verschiedenen Branchen für ihre Weiterbildungsmaßnahmen zwischen 0,5 - 1,5% der Lohn-/Gehaltssumme aus (vgl. HÖLTERHOFF/BECKER 1986, S. 291). Für die betriebliche Weiterbildung in der westdeutschen Wirtschaft insgesamt veranschlagt die Bundesvereinigung der Deutschen Arbeitgeberverbände für 1985 Kosten in Höhe von ca. 15 Mrd. DM jährlich (vgl. SIEGERS 1989). 1989 wird vom Institut der Deutschen Wirtschaft behauptet, es seien über 26 Mrd. DM für die betriebliche Weiterbildung ausgegeben worden. Man spricht von einer Ausgabenexplosion in der betrieblichen Weiterbildung (vgl. IW 1989, S. 4 f.). Hingegen beziffert der Deutsche Gewerkschaftsbund das Kostenvolumen für betriebliche Weiterbildung insgesamt mit 5 Mrd. DM pro Jahr (vgl. FEHRENBACH 1988, S. 24). Derartigen Angaben sollte man jedoch mit einer gewissen Zurückhaltung begegnen, denn sie stützen sich auf Untersuchungen, die in vielerlei Hinsicht problematisch sind, insbesondere weil sie die in der Praxis verwendeten unterschiedlichen Kostenbegriffe nicht angemessen aufnehmen (vgl. GÖRS 1986, S. 226; RIESTER/KRÜGER 1990, S. 226 ff.). Vielmehr ist anzunehmen, daß nur eine Minderheit von Betrieben ein angemessenes Weiterbildungsbudget besitzt. Es ist nach BECKER davon auszugehen, daß es "keine realistische stabile Erfassung der in der freien Wirtschaft betriebenen Erwachsenenbildung gibt" (BECKER 1982, S. 10). Die statistische Erfassung der Beteiligung in der beruflichen Weiterbildung Ende der 80er Jahre erreicht "... nicht die Qualität der amtlichen Viehbestandsstatistik" (BLOCK 1990, S. 46). (Zu diesem Urteil kommt BLOCK in einem Gutachten für die Enquete-Kommission "Zukünftige Bildungspolitik - Bildung 2000" nach der Sekundäranalyse neuester Statistiken unter Einschluß des Mikrozensus 1989. Entsprechend wird auch die Statistik der betrieblichen Weiterbildung eingeschätzt (vgl. KUWAN/ GNAHS/ SEUSING 1991, S. 281 f.). In Anbetracht dessen wird auf EG-Ebene ein systematischer Vergleich der in den Mitgliedstaaten vorhandenen Daten sowie eine Erhebung zur betrieblichen Weiterbildung angestrebt - so der Beschluß des Rates vom 29.5.1990 über ein Aktionsprogramm zur Förderung der beruflichen Weiterbildung in der Europäischen Gemeinschaft (Force) (vgl. BUNDESMINISTER FÜR BILDUNG UND WISSENSCHAFT 1992, S. 152).

Die Situation der betrieblichen Weiterbildung bietet im Hinblick auf ihre Träger, den Teilnehmern und Maßnahmen sowie den institutionellen und rechtlichen Rahmenbedingungen ein enorm heterogenes Bild. Dies erschwert es, ihre Strukturmerkmale zu erkennen und herauszuarbeiten. Im wesentlichen handelt es sich dabei um die folgenden Punkte. Bei deren Darstellung ziehen wir einige Ergebnisse einer empirischen Untersuchung des Bundesinstituts für Berufsbildung in Berlin (BiBB) über die Weiterbildungsaktivitäten von 119 Betrieben (fast 3.600 Maßnahmen) in den Branchen Chemie, Elektrotechnik, Maschinenbau, Metall und Textil in Hessen, Nordrhein-Westfalen und Rheinland-Pfalz in den Jahren 1982 und 1983 heran (zitiert unter "BARDELEBEN u.a. 1986"). Wenn diese Ergebnisse auch nicht umstandslos verallgemeinert werden dürfen, so geben sie doch wichtige Hinweise auf die aktuelle Situation der betrieblichen Weiterbildung. → STUDIERHINWEIS: (Dieser Studie können weitergehende Informationen zur Weiterbildungssituation in den Betrieben entnommen werden).

1. *Betriebliche Weiterbildung ist stark branchenabhängig*: Die Quote der Teilnehmer an betrieblichen Weiterbildungsmaßnahmen ist im Bereich der Elektrotechnik mit 35% der dort Beschäftigten am höchsten, während die Branchen Chemie (mit 14,9%), Maschinenbau (mit 6,3%) und Textil (mit 5,9%) unter dem Durchschnitt aller Branchen (Teilnahme von 18,4%) liegen (vgl. BARDELEBEN u.a. 1986, S. 60). Diese Anfang der achtziger Jahre festgestellten Differenzierungen der Weiterbildungsbeteiligung nach Branchen und Wirtschaftssektoren haben sich bis heute kaum verändert (vgl. FAULSTICH u.a. 1991, S. 64).

2. *Es besteht ein deutlicher Zusammenhang zwischen Betriebsgröße und Weiterbildung*: In Betrieben bis zu 500 Beschäftigten beträgt die Teilnehmerquote 9,3%, in der Größenklasse 501 - 1.000 Beschäftigte 6,8%, in der Größenklasse 1.001 - 2.000 Beschäftigte 9,9% und in Betrieben mit über 2.000 Beschäftigten 25,4%. Beschäftigte in Klein- und Mittelbetrieben sind also krass benachteiligt (vgl. BARDELEBEN u.a. 1986, S. 61). Vorausschauende Qualifizierung findet also überwiegend nur in wenigen Großbetrieben statt.

3. *Betriebliche Weiterbildung ist durch ein Stadt-Land-Gefälle geprägt*: Von je 100 Einwohnern nehmen - differenziert nach unterschiedlichen Regionen - in Großstädten 10 Einwohner, in Einzugsbereichen großer Städte 8 Einwohner und in Kleinstädten/ländlichen Gebieten 6 Einwohner an einer beruflichen Weiterbildung im Betrieb teil (vgl. INFRATEST Sozialforschung 1980, S. 181). Dies hängt u.a. mit Unterschieden in der Vorqualifikation und in der Weiterbildungsbereitschaft zwischen (groß) städtischer und ländlicher Bevölkerung zusammen, aber auch damit, daß Großbetriebe (mit mehr Weiterbildungsangeboten) relativ häufiger in größeren Städten angesiedelt sind als in Kleinstädten und auf dem Lande.

4. *Die Beteiligung an betrieblichen Weiterbildungsmaßnahmen weist aufgrund der unterbreiteten Angebote eine polarisierte Struktur auf*: Dieses Phänomen, das in der Literatur als besonders hervortretendes Strukturmerkmal der betrieblichen Weiterbildung beschrieben wird, verdeutlicht Abb.36 (siehe Abb. 36, S. 191, entnommen aus: BARDELEBEN u.a. 1986, S. 57). → STUDIERHINWEIS: (Siehe u.a. SASS u.a. 1974; AXMACHER 1977; ARNOLD 1982; BOLDER 1987; BLOCK 1990; FAULSTICH u.a. 1991, S. 62).

Abb. 36: Teilnehmerquote nach Mitarbeitergruppen

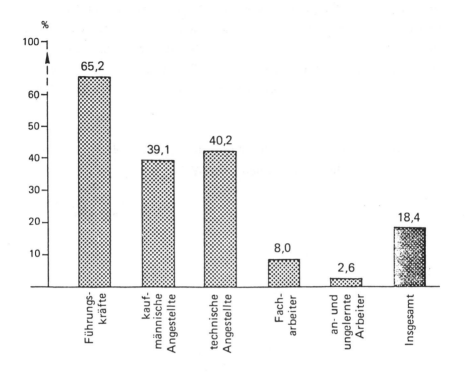

65,2% der Führungskräfte nehmen an betrieblichen Weiterbildungsmaßnahmen teil, aber nur 2,6% der an- und ungelernten Arbeiter. Diese Tendenz setzt sich zwischen den einzelnen Qualifikationsgruppen (z.B. Angestellte - Arbeiter), aber auch innerhalb der einzelnen Gruppen (z.B.

qualifizierte Facharbeiter - unterqualifizierte Facharbeiter) fort: Generell werden (obere und mittlere) Angestellte bei der Auswahl der Teilnehmer an betrieblichen Weiterbildungsmaßnahmen deutlich bevorzugt und Arbeiter deutlich vernachlässigt. Dies wird noch klarer, wenn man die Anteile der Qualifikationsgruppen und der Gesamtbelegschaft in die Betrachtung einbezieht (siehe Abb. 37, entnommen aus: BARDELEBEN u.a. 1986, S. 56):

Abb. 37: Prozentualer Anteil der Mitarbeitergruppen an den Beschäftigten und Teilnehmern betrieblicher Weiterbildung

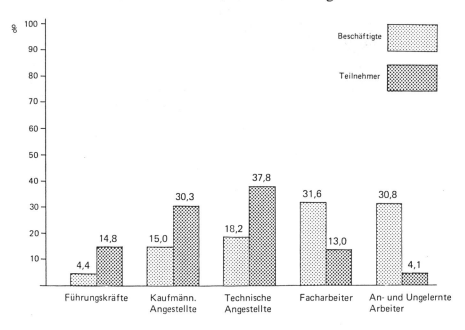

- Die Führungskräfte stellen 4,4% aller Beschäftigten, aber 14,8% aller Weiterbildungsteilnehmer. Hingegen stellen die an- und ungelernten Arbeiter 30,8% aller Beschäftigten, aber nur 4,1% aller Weiterbildungsteilnehmer. Hinzu kommt, daß geringer qualifizierte Arbeitnehmer an Weiterbildungsmaßnahmen mit geringerer Zeitdauer teilnehmen (vgl. auch BLOCK 1990, S. 48).

- Der Anteil der Führungskräfte und mittleren Angestellten an der Gesamtbelegschaft macht 37,6% aus, deren Anteil an der Gruppe der Weiterbildungsteilnehmer aber 82,9%. Hingegen macht der Anteil der Arbeiter (Facharbeiter, an- und ungelernte Arbeiter) an der Gesamtbelegschaft 62,4% aus, deren Anteil an der Gruppe der Weiterbildungsteilnehmer aber nur 17,1%. Dadurch besteht die Gefahr, daß die große Gruppe der schlechter Qualifizierten - bei nur geringfügiger Entspannung des Arbeitsmarktes - weiter an den Rand des Beschäftigungssystems gedrängt wird, da sie dem technischen Modernisierungsdruck nicht durch entsprechende Aktualisierung ihres Arbeitsvermögens mittels Weiterbildung begegnen können (vgl. BLOCK 1990, S. 49 f.). Am Rande sei vermerkt, daß Betriebe vorhandene Qualifikationsreserven oftmals nicht entsprechend nutzen. So geht man davon aus, daß im Jahre 1985 rund 1,3 Mio. Fachkräfte unterhalb ihres Ausbildungsniveaus beschäftigt wurden (vgl. ENGELEN-KEFER 1990, S. 11).

5. *Es existiert ein "Negativzirkel" frauenspezifischer Weiterbildung:* Dieser bezieht sich zwar allgemein auf die berufliche Weiterbildung von Frauen, er kommt aber insbesondere im Bereich der betrieblichen Weiterbildung zum Tragen. Es handelt sich hierbei um ein Geflecht von sich gegenseitig verstärkenden Bedingungen, das Einfluß sowohl auf die Möglichkeit als auch auf das Interesse an Weiterbildung hat (siehe Abb. 38, S. 194, entnommen aus: GÄRTNER/KREBSBACH-GNATH 1987, S. 37).

Abb. 38: Der "Negativzirkel" frauenspezifischer Weiterbildung

Betriebsbezogene Kette	Personenbezogene Kette	Familienbezogene Kette
männliche Vorgesetzte	geringe Berufsqualifizierung	Familienrolle
	Niedrig qualifizierte (Routine) Tätigkeiten	Ungünstige Berufsbiographie
Bevorzugung männlicher Mitarbeiter für Weiterbildung	Geringes Berufsengagement	Geringe Berufserfahrung
Geringe Informationsweitergabe über Weiterbildung an Frauen	Geringe Information über und Suche nach Weiterbildung	
	Geringes Interese an Weiterbildung	

In der Regel nimmt der Negativzirkel seinen Ausgangspunkt in der niedrigen beruflichen Qualifikation der Frauen, die ihren betrieblichen Einsatz auf niedrig qualifizierte Arbeitsplätze beschränkt. Hieraus resultiert ein geringes Berufsinteresse und Berufsengagement der Frauen, die - verstärkt durch die Familienrolle der Frau - verantwortlich sind für das geringe Interesse an beruflicher Weiterbildung, d.h. geringes Suchen nach Weiterbildungsmöglichkeiten und entsprechend geringe Information hierüber. Daraufhin kommen auch die männlichen Vorgesetzten zu einer negativen Einstellung zur Weiterbildung von Frauen. Hinzu kommt noch, daß der Zugang, die Form und der Inhalt der betrieblichen Weiterbildung stark auf männliche Beschäftigte zugeschnitten sind.

Die Folge dieser Negativkette ist eine relativ geringe Teilnahme von Frauen an beruflichen Weiterbildungsphasen. Dadurch wird wiederum deren geringes Berufsengagement verstärkt, ihr niedriges Qualifikationsniveau verfestigt und ihre beruflichen Aufstiegschancen verringert (vgl. GÄRTNER/KREBSBACH-GNATH 1987, S. 36 f.). Um diesen "Teufelskreis" aufzubrechen, fordern GÄRTNER/KREBSBACH-GNATH die Verpflichtung der Frauen zur betrieblichen Weiterbildung. Allerdings müßten dann die zumeist hoch organisierten Tages- bzw. Wochenpläne der Frauen mit Kindern bei der Planung der Bildungsmaßnahmen beachtet werden. Außerdem sollten die Frauen in Weiterbildungsfragen speziell beraten werden und schließlich hätten die Betriebe dafür zu sorgen, daß die Frauen nach Absolvierung der Weiterbildungsmaßnahmen eine angemessene Arbeit und Bezahlung erhalten. → STUDIERHINWEIS: (Zum Stellenwert von Weiterbildung für die Erwerbschancen von Frauen vgl. GOTTSCHALL 1991, S. 396. Zur Weiterbildungsberatung für Bildungsbenachteiligte in kommunalen Beratungsstellen siehe FISCHER 1982).

6. Die Betriebe führen interne und externe Weiterbildungsveranstaltungen[x] durch: 45% der Maßnahmen zur betrieblichen Weiterbildung finden im Betrieb statt und 55% außerhalb des Betriebes. Etwa 33% der externen Weiterbildungskurse werden von Wirtschaftsverbänden, ca. 27% von Kammern und gut 18% von kommerziellen Trägern durchgeführt. Volkshochschulen, Hochschulen, gewerkschaftliche und andere Einrichtungen spielen hierbei eine untergeordnete Rolle (vgl. BARDELEBEN u.a. 1986, S. 74 f.). Die Dauer der Kurse ist sehr unterschiedlich: Sie differiert zwischen einigen Stunden an einem Tag bis zu zwei Jahren (z.B. im Falle von Umschulungen) oder - in Teilzeitform - auch von mehr als zwei Jahren. Meist dauern sie jedoch nicht länger als 4 Wochen.

7. Die Inhalte der betrieblichen Weiterbildung sind stark funktionsbezogen: Hierzu ist zunächst auf Abb. 39, S. 196, zu verweisen (entnommen aus: BARDELEBEN u.a. 1986, S. 77), aus der die einzelnen Maßnahmearten der betrieblichen Weiterbildung zu ersehen sind.

Abb. 39: Prozentuale Verteilung der Maßnahmen, Teilnehmer und Teilnehmerstunden nach Maßnahmearten

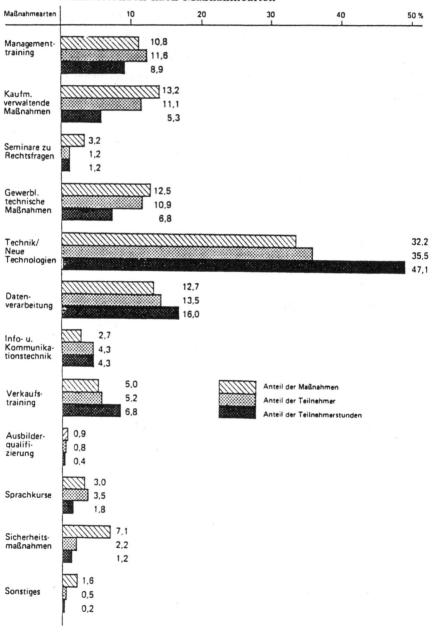

Den betrieblichen Funktionsbereichen entsprechend handelt es sich fast ausschließlich um Maßnahmen zu den Gebieten Technik und Betriebswirtschaft. Dabei dominiert die Maßnahmeart "Technik/Neue Technologien" eindeutig. Fast ein Drittel aller Weiterbildungsmaßnahmen, mehr als ein Drittel aller Teilnehmer und fast die Hälfte der Teilnehmerstunden konzentrieren sich auf diese Maßnahmeart. Auffällig ist dabei folgendes: "Die Schwachstellen bei der Entwicklung des technischen Fortschritts, soweit zu deren Überbrückung Weiterbildung etwas beitragen kann, sehen die Betriebe schwerpunktmäßig im Bereich der Anwendung und Umsetzung der neuen Technologien und nicht in der Forschung, Entwicklung und Herstellung" (BARDELEBEN u.a. 1986, S. 78). Allerdings erfolgt die Qualifizierung für die neuen Techniken in vielen Fällen nicht in der notwendigen Systematik und Tiefe, "...um über die Bedienung einer bestimmten Maschine hinaus mit den neuen Techniken souverän arbeiten und auch an der Gestaltung technischer Innovationen mitwirken zu können" (BUNDESINSTITUT FÜR BERUFSBILDUNG/INSTITUT FÜR ARBEITSMARKT- UND BERUFSFORSCHUNG 1987, S. 201).
Die Maßnahmearten sagen auch noch nichts über die Inhalte der einzelnen Lehrgänge aus. Hierzu hat WITTWER zehn Weiterbildungsreferenten aus Münchener Großbetrieben befragt und festgestellt, daß selbst Themen, die zunächst nicht eindeutig funktionsbezogen erschienen (wie z.B. persönlichkeitsbezogene Themen), den Menschen lediglich als Träger bestimmter betriebspraktischer bzw. wirtschaftsspezifischer Funktionen sehen (vgl. das folgende Beispiel, entnommen aus: WITTWER 1982 a, S. 35).

 BEISPIEL

Funktionsbezogen

Mathematik für Betriebswirte
Bürotechnik für Sekretärinnen
Betriebswirtschaft für Ingenieure

Technologie für Kaufleute
Datenverarbeitung
Netzplantechnik
Unternehmensplanung - Controllerfunktion
Grundlagen und Praxis des Marketing

Persönlichkeitsbezogen

Individuelle Arbeitstechnik
Lerntechniken
Mitarbeiterbeurteilung
Situations- und Prozeßanalysen
Neue Managementtechniken der Entscheidungsbildung
Persönliches Entscheidungstraining
Methoden der Ideenfindung
Optimales Denken

Kooperationsbezogen

Die freie Rede als Führungsmittel
Gruppendynamik
Gesprächs- und Verhandlungsführung
Fremdsprachen
Menschenkenntnis - Menschenführung
Motivation und Leistung
Verhaltensprobleme in der Arbeitsgruppe
Organisationspsychologie

Gesellschaftsbezogen

Aufgaben und Verantwortung des Unternehmens und der Unternehmung in unserer Zeit
Mitbestimmung - Miteigentum
Die Frau in Beruf und Gesellschaft
Autorität und Antiautorität - ein Generationskonflikt?
Arbeit und Freizeit

Industrielle Führungssysteme in Ost und West.
Was ist und will politische Bildung
Die Zukunft der Demokratie (Unternehmen F).

8. *Die betriebliche Weiterbildung wird überwiegend nebenberuflich von Fachkräften ohne pädagogische Vorbildung durchgeführt:* Das trifft sowohl auf die internen als auch auf die externen Veranstaltungen zu. Nach einer Befragung von Trägern der beruflichen Weiterbildung in Nordrhein-Westfalen waren knapp 12% der Lehrpersonen hauptberuflich tätig, davon 37% ohne pädagogische Qualifikation. Etwa 69% waren nebenberuflich tätig, davon gut 61% ohne pädagogische Vorbildung. Die restlichen ca. 19% waren nebenamtlich tätige Lehrer, bei denen wohl eine pädagogische, aber nicht eine spezifisch erwachsenenpädagogische Kompetenz vorausgesetzt werden kann (vgl. MINISTER FÜR WIRTSCHAFT, MITTELSTAND UND VERKEHR NRW 1981).
Speziell die kleineren und mittleren Betriebe verfügen nur selten über ausschließlich für die Weiterbildung zuständiges Personal. Lediglich Großbetriebe haben im allgemeinen einen oder mehrere Weiterbildungsreferenten, dessen Aufgabe sich meist weitgehend auf die Entwicklung und Koordination von Veranstaltungen erstreckt. In der Praxis dieser Betriebe zeigen sich dabei zwei Organisations- und Professionalisierungsmodelle für Weiterbildner. Eine Reihe von Betrieben versteht die Tätigkeit von Weiterbildnern als Baustein für eine in der Linie fortzusetzende "Karriere" - gewissermaßen nach dem "Rolltreppenprinzip" - , andere Betriebe sind bemüht, die Tätigkeit als Weiterbildner als Beruf, als eine eigenständige Personalentwicklungsperspektive für die Weiterbildner selbst zu konstituieren; der Weiterbildner wird dann zum Prozeßberater "Bildung und Organisationsentwicklung". Damit erweitert sich der Aufgabenbereich der Weiterbildner (vgl. ARNOLD 1991, S. 173 ff.; GEIßLER 1992). Aber ohne Frage vollzieht sich dieser Rollenwandel nur schleppend und in wenigen Betrieben. Hinzu kommt, daß die betriebliche Weiterbildung meist von Fachspezialisten durchgeführt wird, die über eine entsprechende

Fachkompetenz verfügen, aber selten didaktische Überlegungen und Maßnahmen anstellen. Das Defizit in der pädagogisch-didaktischen Kompetenz ist unverkennbar. Deshalb wird in einigen Betrieben die betriebliche Weiterbildung durch "Coaching" optimiert; hierbei werden diese Fachspezialisten vor und während des Kurses durch einen Didaktiker unterstützt. Damit wird der jeweilige Kurs didaktisch strukturiert, der Fachspezialist pädagogisch weitergebildet (vgl. REISCHMANN 1991, S.11 ff.). Die eigentliche Weiterbildungsarbeit in der Mehrzahl der Betriebe wird hingegen überwiegend in Form von "Expertenvorträgen" praktiziert (vgl. ARNOLD 1982, S. 186 und ARNOLD 1991). Sie liegt also in den Händen von Fachleuten (Meistern, Technikern, Dipl.-Ingenieuren, Dipl.-Kaufleuten) aus dem eigenen Betrieb und von außerhalb (von Wirtschaftsverbänden und Kammern, von Lieferfirmen neuer Anlagen u.a.). Zukünftig werden - nicht nur wie zur Zeit in den neuen Bundesländern - freiberufliche Trainer, also Unternehmer in Sachen Weiterbildung, an Bedeutung gewinnen. Die bei dem überwiegenden Teil der Lehrkräfte fehlende erwachsenenpädagogische Qualifikation ist insofern ein neuralgischer Punkt der betrieblichen Weiterbildung, als sich hier in letzter Zeit stärker eine "teilnehmerzentrierte Weiterbildungskonzeption" durchsetzt, die zu einer Bedeutungsabnahme der bislang einseitig im Vordergrund stehenden Fachkompetenz des Weiterbildners führt. → STUDIERHINWEIS: (Siehe hierzu ARNOLD 1982, S. 186 f. und GEIßLER 1992). Seine Aufgabe besteht nunmehr auch darin, die Teilnehmer durch pädagogische Maßnahmen (wie Schaffung eines guten Lernklimas, Behebung von Lernschwierigkeiten oder Aktivierung von Erfahrung) im Lernprozeß zu unterstützen, ihren Lernwillen zu stärken und sie zu eigenen Lernanstrengungen zu motivieren. → STUDIERHINWEIS: (Zur Professionalisierung von Ausbildern in Handwerk vgl. Lamszus (Hrsg.) 1990).

9. Entscheidungen über Weiterbildungsmaßnahmen werden in den Betrieben meist ad hoc getroffen: In den meisten Betrieben wird die Weiterbildung ohne ein klares Konzept, d.h. mehr punktuell und sporadisch durchgeführt. Nicht selten fehlen klare Vorstellungen darüber, welcher Weiterbildungsbedarf besteht. Die Erfordernisse des Alltagsgeschäfts bestimmen die Entwicklung von Weiterbildung weit mehr als ein längerfristig angelegtes Strategiedenken im Zusammenhang mit der Personalplanung und der Unternehmenspolitik: "Es fehlt in den Betrieben fast überall ein analytisches, wissenschaftlich fundiertes und in der Praxis erprobtes Instrumentarium zur Ermittlung des Weiterbildungsbedarfs". Und: "Selbst in Großbetrieben beklagt das Weiterbildungsmanagement, daß die Bedarfsmeldungen aus den Betriebsabteilungen zu wenig die zukünftigen Anforderungen berücksichtigen" (BARDELEBEN u.a. 1986, S. 47). Entsprechend existiert nur selten, meist nur in Großbetrieben, eine selbständige Weiterbildungsabteilung. In einer Untersuchung des Instituts der Deutschen Wirtschaft bei 300 Unternehmen mit annähernd 1,8 Mio. Beschäftigten (Zeitraum von 1979-1982) wurde festgestellt, daß Betriebe bis 1.500 Mitarbeiter einen ad-hoc-Typ (Weiterbildungsangelegenheiten werden von anderer Stelle miterledigt), Betriebe mit 1.500 bis zu 3.000 Mitarbeitern einen dezentralisierten Typ (der Betrieb verfügt über eine Weiterbildungsabteilung, die jedoch nur im Auftrag der anderen Betriebsabteilungen tätig wird) und Betriebe mit mehr als 3.000 Mitarbeitern über einen zentralisierten Typ (die Weiterbildungsmaßnahmen werden in einer zentralen Abteilung entwickelt und aus deren Budget finanziert) bevorzugen (vgl. WINTER/THOLEN 1983, S. 19).

10. Betriebliche Weiterbildung findet in einem gesetzlich kaum geregelten Rahmen statt: Während die betriebliche Berufsausbildung durch das Berufsbildungsgesetz und die einzelnen Ausbildungsordnungen in einem gewissen Umfang normiert ist, gibt es für die betriebliche Weiterbildung nur wenige Vorschriften. Grundsätzlich behält sich der Gesetzgeber zwar aufgrund der Einbeziehung von Fortbildung und Umschulung in das Berufsbildungsgesetz vor, auch in die betriebliche Weiterbildung dort regelnd einzugreifen, wo sie ordnungsbedürftig ist, z.B. bei der Anerkennung von Weiterbildungsabschlüssen. So gibt es nach § 46 Abs. 2 bzw. § 42 Abs. 2 der Handwerksordnung (HwO) erlassene Fortbildungsverordnungen für den Meisterbereich oder Umschulungsverordnungen zum "geprüften Wirtschaftsinformatiker" oder zur "geprüften Werkschutzkraft", die manchmal noch durch Rechtsvorschriften der Kammern ergänzt werden. Auflagen genereller Art, etwa zur Anerkennung der Betriebe als Weiterbildungsträger, zur Eignung des Weiterbildungspersonals, zu den Organisationsformen und Teilnahmebedingungen oder zu den Zielen und Inhalten von Weiterbildungsmaßnahmen existieren jedoch nicht (vgl. WITTWER 1982 a, S. 16).

Im wesentlichen wird der rechtliche Rahmen der betrieblichen Weiterbildung durch das Betriebsverfassungsgesetz bestimmt. Hiernach hat der Betriebsrat bei der Berufsbildung gewisse Wirkungsrechte, insbesondere verfügt er bei der Durchführung von Berufsbildungsmaßnahmen und der Auswahl der Teilnehmer über ein Mitbestimmungsrecht. → STUDIERHINWEIS: (Näheres hierzu siehe in Abschnitt 3.1). Im konkreten Fall kommt es jedoch darauf an, ob der Arbeitgeber Maßnahmen zur betrieblichen Weiterbildung überhaupt als Berufsbildung anerkennt oder ob er sie lediglich als eine unternehmensbezogene Information betrachtet. Diese ist nach § 81 BetrVG als Einweisung des Arbeitnehmers in seine Tätigkeit im Betrieb und als Unterrichtung über Veränderungen in seinem Arbeitsbereich zu verstehen. Hierauf hat der einzelne Arbeitnehmer einen Rechtsanspruch; ein Mitwirkungsrecht des Betriebsrates besteht aber nicht. So häufen sich in letzter Zeit Fälle, in denen Unternehmensleitungen versuchen, sowohl die Durchführungsbedingungen als auch die Auswahl der Teilnehmer an Bildungsmaßnahmen der Mitbestimmung des Betriebsrates zu entziehen.

BEISPIEL

In der betrieblichen Praxis sind Lernstätten, Qualitätszirkel u.a. manchmal ohne Beteiligung des Betriebsrates eingerichtet worden. Die Unternehmensleitungen verwiesen dann auf § 81 BetrVG, es handele sich dabei also um eine mitbestimmungsfreie unternehmensbezogene Information (vgl. RISCHE-BRAUN 1986, S. 1 ff.).

Dies erklärt vielleicht, weshalb sich die Weiterbildungsinteressen des Arbeitgebers meist ungebrochen durchsetzen können. Hinzu kommt, daß bei vorgelagerten Entscheidungen über Technologie, Arbeitsorganisation und Personal, die mit der Qualifikationspolitik des Betriebes unmittelbar zusammenhängen, nur Mitberatungs- und Informationsrechte bestehen, also keine echte Mitbestimmung existiert. Übersehen werden darf in diesem Zusammenhang allerdings auch nicht, daß sich viele Betriebsräte 'von sich aus' kaum mit Fragen der Weiterbildung beschäftigen (vgl. GÖRS 1986, S. 227). Da mit einem Ausbau des gesetzlichen Rahmens der betrieblichen Weiterbildung vorerst nicht zu rechnen ist, versuchen die Gewerkschaften seit einiger Zeit verstärkt, auf tarifvertraglichem Wege eine Verbesserung zu erreichen. Ein Kernpunkt der Strategie der Gewerkschaften ist dabei, Wochenarbeitszeitverkürzung nicht nur für die Verlängerung der Freizeit, sondern auch für die berufliche Weiterbildung zu nutzen. Allerdings sind Tarifverträge, die die Qualifizierung und berufliche Weiterbildung zum Ziel haben, noch die Ausnahme. Auch sind Betriebsvereinbarungen zur Weiterbildung äußerst selten. So kam eine Befragung von 50 Großbetrieben der Automobilindustrie und der chemischen Industrie zu dem Ergebnis, "... daß es zwar Einzelregelungen, aber in keinem der Betriebe eine Betriebsvereinbarung mit umfassenden Regelungen der Weiterbildung gibt..." (WALTER/HEIDEMANN 1988, S. 273). Mittlerweile gibt es mehrere Tarifverträge (z.B. im VW-Werk, im Gerüstebaugewerbe, im Berliner Heizungs-, Klima- und Sanitärhandwerk, in der Deutsche Shell AG, im Bereich der Metallindustrie in Nordwürttemberg/Nordbaden sowie in der Chemischen Industrie und bei der Lufthansa und bei Condor), in denen die Weiterbildung der Betriebe geregelt ist. Die Ausweitung von Tarifverträgen läßt sich in drei Punkte zusammenfassen (vgl. HEIDEMANN 1989, S. 217):

1. Seit den 60er Jahren gibt es tarifliche Vereinbarungen mit Weiterbildungsregelungen, die Schutz vor negativen Folgen von Rationalisierungsmaßnahmen bieten sollen.

2. Einige Tarifverträge enthalten präventive Regelungen zur zukunftsbezogenen Qualifizierung. Außerdem gibt es auf betrieblicher Ebene tarifvertragliche Vereinbarungen zu einer Qualifizierung anstelle von Entlassungen bei technisch-organisatorischen Betriebsänderungen.

3. In wenigen Fällen sehen Tarifverträge Weiterbildungsansprüche für einzelne Arbeitnehmer oder für Teilgruppen im Betrieb vor, meist in Form eines jährlichen Volumens für Weiterbildung, über dessen Aufteilung sich Arbeitgeber und Betriebsrat verständigen müssen.

Die Arbeitgeber setzen der tarifvertraglichen Regelung von Weiterbildung - insbesondere von individuellen und kollektiven Weiterbildungsansprüchen - meist massiven Widerstand entgegen. Von einer flächendeckenden tarifvertraglichen Absicherung der betrieblichen Weiterbildung in der Bundesrepublik kann dann auch gegenwärtig nicht gesprochen werden. Dabei sollte klar sein, daß tarifvertragliche Regelungen von Weiterbildungsfragen kein Ersatz für entsprechende Gesetze sein können. "Es bestünde die Gefahr, daß zwischen den Arbeitnehmern von Wirtschaftszweigen unterschiedlicher Ertragslage neue Bildungsgefälle geschaffen würden" (DEUTSCHER BILDUNGSRAT 1970, S. 207). Gefordert wird deshalb von verschiedenen Seiten (Parteien, Gewerkschaften, Wissenschaft) ein *verbindliches Rahmengesetz*, das die vorhandenen gesetzlichen Vorschriften in Bund und Ländern (Betriebsverfassungsgesetz, Arbeitsförderungsgesetz, Bildungsurlaubs- bzw. Weiterbildungsgesetze einzelner Bundesländer) im Sinne eines "integrierten Gesamtplans der Weiterbildung" aufeinander abstimmt und Aspekte wie Freistellung von Berufstätigkeit, Zertifizierung, Lizensierung von Weiterbildungsträgern oder Finanzierung von Kosten regelt (vgl. EDDING 1989a) und einen individuellen Mindestanspruch auf berufliche Weiterbildung festsetzt, benachteiligte Beschäftigtengruppen berücksichtigt, Mitbestimmungs- und Beteiligungsrechte der Beschäftigten und der betrieblichen Interessenvertretungen bei der Ermittlung und Festlegung des Qualifikationsbedarfs, der Planung und Durchführung der Maßnahmen sowie der Auswahl der Teilnehmer(innen) vorsieht (vgl. BISPINCK 1989, S. 331).

11. In den neuen Bundesländern fehlt noch eine leistungsfähige und wirksame Weiterbildungsinfrastruktur (Bildungsstätten, Personal, bildungstechnologische Ausstattung). Die Basis für die berufliche Weiterbildung in der ehemaligen DDR bildeten über 700 Betriebsakademien, die - zumindest quantitativ gesehen - Beachtliches geleistet haben. Die Entwicklungsperspektive dieser Einrichtungen ist weitgehend ungewiß bzw. ungünstig (vgl. BRAMER 1991, S. 423 ff.). 1990 wurde fast jede zweite Betriebsakademie geschlossen; der Umfang der aufgelösten Bildungsstätten ist zur Zeit noch größer als der seriöser Neugründungen (vgl. DIETRICH 1991, S. 432 ff.). Nunmehr ist davon die Rede, daß jeder vierte ostdeutsche Betrieb sich nicht in der Lage sieht, notwendige Schulungsmaßnahmen für Mitarbeiter aus eigenen Mitteln zu finanzieren (vgl. LENSKE 1992). Die Betriebe sehen betriebliche Weiterbildung vorwiegend als Kostenverursacher und externalisieren sie deshalb als erstes (vgl. DOBISCHAT/ NEUMANN 1991; DOBISCHAT 1992). Hingegen wäre eine Unterstützung notwendig, daß Betriebe Bildungsaktivitäten nicht aus kurzfristigen Kostenüberlegungen reduzieren oder gar einstellen. Ein Appell richtet sich auch an westdeutsche Unternehmen, sich in den neuen Ländern zu engagieren, entsprechend auch in die Qualifikation der Mitarbeiter zu investieren (vgl. BUNDESMINISTER FÜR BILDUNG UND

WISSENSCHAFT 1992, S. 5). Zwar verfügte die DDR über ein gewachsenes System betrieblicher Weiterbildung, aber es war auf die Erfordernisse des dortigen Gesellschaftssystems ausgerichtet. Das Arbeitsgesetzbuch der DDR vom 16.6.1977 verpflichtete die Betriebe zu einer rechtzeitigen und kontinuierlichen Weiterbildung, die dann stark auf die industrielle Großproduktion und die leistungsstarken Agrarbetriebe ausgerichtet war. Die Resonanz auf Maßnahmen der Weiterbildung nach der Vereinigung ist nicht so stark wie erwartet. Das mag damit zusammenhängen, daß die Weiterbildung in der DDR eine geringe Wertschätzung erfuhr, da die "Teilnehmer an Bildungsveranstaltungen von den Betrieben geschickt (wurden), oft - lediglich um ein Plansoll zu erfüllen - die gerade Bereitwilligen oder am besten Entbehrlichen, wobei persönliche Neigungen und betriebliche Bedarfsanalysen selten eine Rolle spielten" (FINK 1991, S. 5). Ein weiterer Grund kann jedoch auch sein, daß es für Berufstätige aus der ehemaligen DDR völlig neu ist, an Weiterbildungsmaßnahmen teilzunehmen, die nicht auf einen konkreten Arbeitsplatz, der zukünftig eingenommen werden soll, ausgerichtet sind. "In zahlreichen Betrieben gibt es nämlich nur unsichere Vorstellungen, wie das künftige Leistungsprofil aussehen wird, ja, es fragt sich für sie, ob die so plötzlich hereingebrochene Marktwirtschaft ihnen überhaupt eine Überlebenschance läßt. Folglich wissen viele Betriebe einfach nicht, wen sie wofür umqualifizieren sollen" (MEIER 1990, S. 112). Dabei sind es gerade die Betriebe, die die Hauptlast der Qualifikation in der beruflichen (Weiter-)Bildung zu tragen hätten. So sind 1991 knapp 900.000 Arbeitnehmer in Qualifizierungsmaßnahmen der Bundesanstalt für Arbeit eingetreten, ein Qualifizierungsbedarf besteht jedoch - so schätzt der Bundesminister für Bildung und Wissenschaft - bei mehreren Millionen Menschen (vgl. BUNDESMINISTER FÜR BILDUNG UND WISSENSCHAFT 1992, S. 5). Trotz eines recht anspruchsvollen Qualifikationsniveaus sind Kenntnis- und Leistungsdefizite verständlicherweise in der politisch-sozialen Kompetenz, im betriebswirtschaftlichen und technischen Bereich nicht zu übersehen (vgl. DIETRICH 1991, S. 430 f.). Formal vergleichbare Qualifikationen zwischen West und Ost dürfen nicht darüber hinwegtäuschen, daß doch in vielen Bereichen die Inhalte extrem unterschiedlich sind; insofern besteht ein großer Bedarf an Ergänzungsqualifizierung und grundsätzlicher Neuorientierung. Westdeutsche Qualifizierungskonzepte müßten auch vierzigjährige Gewöhnung an planwirtschaftliches Denken mehr in Rechnung stellen (vgl. BUNDESMINISTER FÜR BILDUNG UND WISSENSCHAFT 1992, S. 5). Zunächst muß es darum gehen, in Schrumpfungsbranchen umzuschulen und die Arbeitnehmer in zukunftsträchtigen Branchen fortzubilden. Als arbeitsmarktpolitische Soforthilfe für die neuen Bundesländer muß das Konzept "Qualifizieren statt Entlassen" in den Vordergrund gestellt werden (vgl. DGB 1991, S. 60 ff.). Die qualifizierenden Beschäftigungsgesellschaften, die mit der Umsetzung dieses Konzepts befaßt sind und von denen es in Ostdeutschland bislang nur wenige gibt, sind jedoch, wenn weitergehende Unterstützung ausbleibt, stark gefährdet. Dies ist um so bedauerlicher, als es sich dabei um Kompromißmodelle handelt, "die sich sowohl betriebswirtschaftlich rechnen als auch für die betroffenen Beschäftigten mit Vorteilen verbunden sind "(BOSCH 1989, S. 312; vgl. BOSCH/NEUMANN 1991). Es ist klar, daß die von der Bundesanstalt für Arbeit bisher finanzierten Qualifizierungsmaßnahmen und die vom Bundesminister für Bildung und Wissenschaft vergebenen Projekte, die darauf abzielen, betriebliche Bildungserfahrungen in den neuen Ländern zu sichten, zu analysieren und den frühzeitigen Informations- und Erfahrungsaustausch zu sichern, nicht ausreichen. Hinzu kommt, daß die differenzierten Weiterbildungsangebote in Gefahr sind, sich zu verzetteln und damit ineffizient zu werden drohen (vgl. BUNDESMINISTER FÜR BILDUNG UND WISSENSCHAFT 1992, S. 5). → STUDIERHINWEIS: (Zu den Anwendungsproblemen der betrieblichen Weiterbildung siehe auch GEIßLER 1992).

ZUSAMMENFASSUNG:
Betriebliche Weiterbildung ist durch enorme Unterschiede zwischen den Branchen, Betriebsgrößen sowie zwischen Stadt und Land charakterisiert.

Je höher die berufliche Qualifikation der Mitarbeiter ist, desto größer ist die Weiterbildungsteilhabe. Weibliche Arbeitnehmer sind gegenüber männlichen Arbeitnehmern meist deutlich benachteiligt. Die verschiedenen betriebsinternen und -externen Weiterbildungsveranstaltungen sind stark funktional ausgerichtet; technikbezogene Themen stehen im Vordergrund. Als Weiterbildner werden meist Fachkräfte ohne genügende erwachsenenpädagogische Qualifikation herangezogen. Betriebliche Weiterbildung wird immer noch punktuell und sporadisch durchgeführt; sie ist nur ungenügend gesetzlich geregelt. In den neuen Bundesländern ist der Bedarf an betrieblicher Weiterbildung enorm und konnte bisher nur unzureichend - meist über externe Maßnahmen - befriedigt werden.

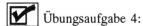 Übungsaufgabe 4:

1. Beschreiben Sie die betriebliche Weiterbildung in ihrem Gesamtzusammenhang von funktionaler Einbindung im Betrieb, Arbeitgeber- und Arbeitnehmerzielen und der konkreten Situation;

2. prüfen Sie unter Bezugnahme auf die im Text dargestellten Situationsmerkmale, inwieweit die Ziele und die Situation der Weiterbildung einander entsprechen.

5. WEITERBILDUNG ZWISCHEN ARBEITSKRAFTANPASSUNG UND ARBEITSPLATZGESTALTUNG

5.0 FALLSTUDIE: INNERBETRIEBLICHE WEITERBILDUNG VOR EINFÜHRUNG EINER NEUEN TECHNOLOGIE[1]

Eine Gruppe von Textilfärbern der Firma BARTHELS/FELDHOFF war mit der Situation konfrontiert, daß in der Färberei ein *computergestütztes Farbmetriksystem* eingeführt werden sollte. Es galt Vorbereitungsmaßnahmen zu treffen, um diese neue Technologie sinnvoll in die bisherigen Arbeitsabläufe zu integrieren und um die Färber zu befähigen, das neue System eigenständig zu handhaben.

Die Situation bei BARTHELS/FELDHOFF bot eine günstige Gelegenheit, schon in der Vorphase des Einbringens einer neuen Technologie auch die *soziale* Seite dieses Einführungsprozesses mit zu gestalten und die Vorbereitungsphase als "Schulungsphase" zu nutzen. Es galt, gemeinsam mit den betroffenen Färbern herauszuarbeiten, wie starr und fixiert die gegebenen Bedingungen in der Färberei wirklich waren, um die oft geäußerte Vermutung einer Technikdominanz durch eine gestaltungsbezogene Sicht- und Handlungsweise zumindest zu ergänzen oder gar zu ersetzen. Dies bedeutete, einen Lernprozeß zu installieren, mit dem die betroffenen Färber in die Lage versetzt wurden, die neue Situation, also die Einführung des Farbmetriksystems, als offen einzuschätzen und "künstlerisch" mit ihr umzugehen.

Um die Ausgangsbedingungen vor der Einführung des Farbmetriksystems zu erkunden, wurde eine ausführliche Arbeitsplatzanalyse durchgeführt. Ein wichtiges Ergebnis der Analyse war, daß die hohe Facharbeiterkompetenz der selbständig arbeitenden Färber tiefgreifenden Wandlungen unterliegen würde, die über die "Verfeinerung" der Fachqualifikationen hinaus auch Schlüsselqualifikationen tangieren würden. So war gerade für die Einführungsphase des Farbmetriksystems mit Problemen zu rechnen, die nur kommunikativ und kooperativ zu bewältigen sind. Dazu wird das

---

[1] Mit Abänderungen entnommen aus: COLSMAN/BOJANOWSKI 1989, S. 121 ff.

Einüben von gruppenorientiertem Verhalten und kollektivem Handeln im Team notwendig, um z.b. in einer Situation der "Hilfslosigkeit" am Computer nachzufragen und Absprachen zu treffen. Weiterhin wäre neben dieser *Sozialkompetenz* die *Methodenkompetenz* zu erhöhen: Dazu muß der Färber seine Ich-Fähigkeiten ergreifen, um seine vorhandene Experimentierfreude weiterzuentwickeln und auf die neue Situation "umzulenken". Hierbei bedarf es nicht nur einer Schulung der Problemlösefähigkeiten, etwa um die Software auf die spezifischen Anforderungen einer bestimmten Färbung zu adaptieren, sondern auch Fähigkeiten und Interesse, selbst weiterzulernen.

Daher war es notwendig, den Einführungsprozeß der neuen Technologien so zu gestalten, daß die verschiedenen Ebenen eines sozio-technischen Systems - technische, persönliche, sozial-interaktive, organisatorische Ebene - gleichrangig Berücksichtigung finden.

Vor dem Hintergrund dieser Bedingungsanalyse wurde ein *"Qualifikationsentwicklungszirkel" (QEZ)*[x] ins Leben gerufen. Für die organisatorische Ausrichtung des Zirkels war zum einen von Bedeutung, in der Färberei einen *längerfristig angelegten Lern- und Erfahrungsprozeß zu etablieren,* der den offenkundig notwendigen "Wandel im Inneren" über einen längeren Zeitraum stützt und begleitet. Zum anderen sollten - ausgehend von der Idee einer "Rhythmisierung des Alltags" - die Zirkeltreffen möglichst *regelmäßig* stattfinden, um die Kontinuität eines gemeinsamen Erfahrungsprozesses sicherzustellen. Zur Durchführung wurden die folgenden *Absprachen* getroffen:

- Der Zirkel tagt einmal in der Woche (nach der Arbeitszeit, 1 - 1 1/2 Stunden)
- Er wird von 1-2 Mitarbeitern des Projektteams moderiert. - Die Zirkelarbeit wird als innerbetriebliche Weiterbildung anerkannt und als Überstunde vergütet.
- Unterbrechungen werden gemeinsam festgelegt (Sommerpause, extremer Produktionsanfall etc.).

Bei der Planung für die inhaltliche Auslegung des Zirkels war zu berücksichtigen, daß zwar eine "Programm"-Planung notwendig war, daß aber die Inhalte des Qualitätsentwicklungszirkels jeweils mit den Vorstellungen und Wünschen der Färber in Verbindung gebracht werden mußten. Diese Spannung von *notwendigen didaktischen Handlungsentwürfen* und der

Teilnehmerorientierung wurde als Wesenselement für solche partizipatorischen Lernprozesse betrachtet, die sich nicht am Konzept strikt ergebnisorientierter Problemlösungsgruppen orientieren. Um in diesem umrissenen Spannungsfeld handeln zu können, wurde ein Prozeß der *"rollenden Konzeptentwicklung"* eingeleitet, in der drei Schritte unterscheidbar sind:

- Zunächst wurden die Teilnehmerinteressen im Sinne einer "stellvertretenden Deutung" interpretiert und zu Beginn ein Thema festgelegt (HIER: "Farbstoffkosten").

- In den ersten Wochen und nach ersten Revisionen wurden die Wünsche der Färber gesammelt und ad hoc realisiert.

- Sodann wurden systematisch die Färberwünsche und weitere Vorschläge aus der Unternehmensleitung zusammengetragen und dieser Gesamtvorschlag als revisionsfähiges Konzept dem QEZ vorgetragen.

Ging man zuerst noch ein wenig unwillig zum Zirkel, so artikulierte sich schon nach kurzer Zeit das Eigeninteresse, sich im Zirkel zu engagieren. Die Färber hatten recht schnell das Gefühl, daß in der Runde *ihre* Probleme und *ihre* Anliegen zur Sprache kommen könnten. Sie begriffen das Votum "Färberrunde" auch als Hilfe zur Weiterqualifikation. Freilich schimmerten in den ersten Gesprächen auch Ängste und Vorurteile durch. Diese bezogen sich wohl in erster Linie auf die *potentiellen Kränkungen*, die den Färbern durch die neuen computergestützten Systeme angetan würden.

Im weiteren Verlauf wurde beschlossen, einen *Vertreter der Herstellerfirma* des computergestützten Meßsystems einzuladen. Das Gespräch mit dem Vertreter war eine beispielhafte und bemerkenswerte Vorführung des Systems: Alle Färber nahmen daran teil, ebenso die Abteilungsleiterin und der Betriebsleiter. Für die Färber war die konkrete *"sinnliche" Erfahrung* des computergestützten Metriksystems eine wichtige Hilfe, um eine Einschätzung ihrer zukünftigen Arbeit zu gewinnen. In einem Rückblick auf die Vorführung wurde dann auch im QEZ festgehalten, daß man mit der Maschine "durchaus echt etwas anfangen könne".

Somit war ein wichtiges "Etappenziel" erreicht: Es war gelungen, im Sinne einer Verstärkung der Autonomie der Färberei alle Beteiligten in einen

Prozeß der inhaltlichen Auseinandersetzung mit der neuen Technologie zu "verwickeln". Ferner war einer der Zwecke des QEZ deutlicher geworden: Man erkannte, daß die Einführung einer komplexen technologischen Innovation *zusätzlicher sozialer und persönlichkeitsorientierter Implementationsformen* bedarf. Schließlich war es gelungen, den Einführungsprozeß fast von Anfang an *partizipativ* zu gestalten, nicht, um Akzeptanz zu "erschleichen", sondern um den Färbern deutlich zu machen, daß unterschiedliche Gestaltungswege denkbar waren.

Die weitere Arbeit im Qualifikationsentwicklungszirkel lief im wesentlichen in folgenden Schritten ab:

1. Es fanden umfängliche Schulungen am Personalcomputer statt.
2. Eine "Delegation" besuchte eine andere Textilfirma zur Erkundung der Einsatzmöglichkeiten des computergestützten Metriksystems.
3. Es wurden Überlegungen zur Verbesserung der Arbeitsorganisation durch Abbau von Hierarchie auch innerhalb der Färber-Gruppe angestellt. Die Implementationssituation bot die Chance, daß alle selbständigen Färber eigenständig mit dem neuen System umgehen können.
4. Mit Hilfe der Polaroid-Fotografie suchten sie nach Möglichkeiten zur Verbesserung zunächst ihrer eigenen Arbeitsplätze und dann auch der ganzen Färberei. Die Fotos bildeten einen Ideen-Pool von Gestaltungsvorschlägen.
5. Zusammen mit den Färbern wurden Szenarios zur Bestimmung und Gestaltung eines Standortes für das neue System entwickelt.
6. Zur konkreten Vorbereitung der Einführung des neuen Systems wurde eine Reihe von Aktivitäten entfaltet:
   - Der Betriebsleiter und die Abteilungsleiterin intensivierten ihren Kontakt zu Farbstoff-Firmen, um die Kompatibilität der Software zu überprüfen. - Angeregt durch die PC-Schulung im QEZ vertiefte die Abteilungsleiterin ihre PC-Kenntnisse.
   - Zur Vorbereitung der Optimierung der Software wurde in einem relativ aufwendigen Prozeß mit den "Eichfärbungen" der Standardfarben begonnen.
   - Eine "Delegation" des QEZ besuchte mit dem Betriebsleiter ein Hersteller-Seminar, um das dort erworbene Wissen an die übrigen Färber weitergeben zu können.
7. Das neue System wurde im Juli 1988 in der Färberei installiert.

213

Dabei war allen Beteiligten klar, daß die neue Situation auch neuer Lernformen bedürfe.

Mit der Einrichtung des sog. Qualifikationsentwicklungszirkels, in dem Vertreter der Betriebsleitung und die betroffenen Arbeitnehmer gemeinsam handeln und lernen, verweist uns die *Fallstudie* auf die Durchführungsformen der betrieblichen Weiterbildung. Dabei wollen wir fünf Fragen erörtern:

1. In welchen Instrumenten schlägt sich die Organisation der betrieblichen Weiterbildung nieder?
2. In welcher Form wird Weiterbildung als prinzipiell arbeitgeberorientierte Strategie üblicherweise durchgeführt?
3. Gibt es Weiterentwicklungen der traditionellen Weiterbildungsformen und welches sind diese?
4. Welche Alternativen stehen in Form von arbeitnehmerorientierten Weiterbildungsmodellen zur Verfügung?
5. Wie wäre Weiterbildung zum Themengebiet "Betriebliche Personalplanung" zu begründen und zu organisieren?

5.1 INSTRUMENTELLE GRUNDLAGEN

Die betriebliche Weiterbildung muß an dem durch Vergleich der Anforderungs-und Fähigkeitsprofile ermittelten *Bildungsbedarf* anknüpfen. → STUDIERHINWEIS: (Siehe hierzu Näheres in Abschnitt 2.2). Wie detailliert diese Vorgaben aus der Personalplanung sind ("Weiterbildungsbedarfspläne"), hängt maßgeblich von den angewandten Methoden der Bildungsbedarfsermittlung ab. Hiervon gibt es eine ganze Reihe (siehe hierzu im einzelnen LEITER u.a. 1982): "Die Bandbreite reicht von gelegentlichen Bedarfsmeldungen aus den Abteilungen und Betrieben über Befragungen von Vorgesetzten, Mitarbeitern und Experten bis hin zur kontinuierlichen Bildungsplanung über ein umfangreiches, viele Elemente umfassendes Weiterbildungssystem" (HAPKE 1982, S. 400). Systematische *Beobachtung, Befragungen, Einstellungs- und Klimaanalysen, Leistungsbeurteilungen, Moderationsmethode, Assessment-Center-Verfahren*[x] sind Methoden, mit deren Hilfe Weiterbildungsbedarfe ermittelt werden können (vgl. HEITMEYER/THOM 1982, S. 19 ff.; SCHULER/ STEHLE 1983; SCHULER 1987). → STUDIERHINWEIS: (Zu den betriebsverfassungsrechtlichen Mitbestimmungsrechten bei Assessment-Centern vgl. SCHÖNFELD/GENNEN 1989; ZÖLLER/GULDIN 1989; BREISIG 1990; BREISIG 1991). Allerdings darf nicht darüber hinweggesehen werden, daß allgemein die Unsicherheit in der betrieblichen Praxis darüber, was Arbeiter und Angestellte wirklich wissen und können müssen, eher größer geworden ist. Nicht anders ist die Information der Fachleute aus den Weiterbildungsabteilungen zu deuten, die gewissermaßen "unter der Hand" signalisiert, "... daß sie oft selbst nicht wissen, welche aktuellen Qualifikationen, etwa angesichts der Einführung neuer Techniken, gebraucht werden - ganz zu schweigen davon, daß die Fachleute in der Regel erst nachgängig mit den technischen Neuerungen konfrontiert werden und erst recht keine "präventive" Weiterbildung betreiben können" (BOJANOWSKI/-BRATER 1992, S. 1). Die Qualifikationsentwicklung ist instabil; entscheidend ist, wie neue Technik arbeitsorganisatorisch eingesetzt wird. → STUDIERHINWEIS: (Zu den verschiedenen Ansätzen in der Qualifikationsforschung vgl. DEDERING/SCHIMMING 1984).

In manchen, insbesondere größeren Unternehmen finden sich auch sog. *Bildungs-* bzw. spezifische *Weiterbildungsgrundsätze*, die meist aus den generellen Unternehmenszielen bzw. Führungsgrundsätzen und den Grundsätzen für die Personalpolitik abgeleitet werden und ihrerseits einen allgemeinen Bezugsrahmen für die konkrete Bildungsplanung bieten. → STUDIERHINWEIS: (Zur Kritik an Führungsgrundsätzen vgl. KUBICEK 1984 a, b). Wie diese üblicherweise aussehen, wird an den folgenden Weiterbildungsgrundsätzen der Siemens AG deutlich (entnommen aus: HÖRGER 1979, S. 4).

 BEISPIEL

Weiterbildungsgrundsätze der SIEMENS AG
- Bildungsmaßnahmen sollen nur dann innerhalb des Unternehmens entwickelt und durchgeführt werden, wenn ein Bildungsbedarf vorhanden ist, und außerhalb des Unternehmens kein dem Bedarf entsprechendes Angebot besteht;
- Vor der Entwicklung einer betrieblichen Maßnahme sollen der qualitative und quantitative Bedarf möglichst exakt ermittelt werden;
- betriebliche Bildungsmaßnahmen sollen auf der Grundlage einer möglichst genauen Lernzielbeschreibung geplant, angeboten, durchgeführt und in ihrem Erfolg kontrolliert werden;
- bei allen Bildungsmaßnahmen sollen, soweit dies wirtschaftlich zu vertreten ist, die wirkungsvollsten Lehrmethoden und Lehrmittel eingesetzt werden;
- die Ausbilder und Lehrkräfte sollen sorgfältig ausgewählt und auf ihre Aufgaben vorbereitet werden.

Solche generellen Bildungsrichtlinien werden manchmal auch bei der Durchführung von betrieblichen Einzelmaßnahmen herangezogen, wie das folgende Beispiel zeigt (entnommen aus: HÖLTERHOFF/BECKER 1986, S. 109).

BEISPIEL

Ein Unternehmen beschließt eine Produktionserweiterung bis zum Jahre 1988, zu deren Erreichen Weiterbildungsziele formuliert werden müssen... Ein Langfristziel für den Bildungsbereich des Unternehmens muß es im konkreten Fall sein, die Ausbildung von zusätzlich benötigten Produktionsmeistern zu planen und zu sichern (z.B. 65 Personen). Für die verantwortliche Bildungsabteilung heißt das, entsprechend dem analysierten und definierten Bildungsbedarf, ein Konzept der Meisterausbildung zu erarbeiten. Dies ist z.B. dadurch zu realisieren, daß für das Jahr 1986 als Einzelmaßnahme das Erarbeiten einer programmierten Unterweisung zum Selbststudium angestrebt wird. Diese Lernhilfe, so wird festgestellt, soll 25% des Lernstoffes abhandeln. Ende 1985/Anfang 1986, als eine weitere Zielgröße, soll ein Pilotprogramm zur Einführung in das Lernen mit einer programmierten Unterweisung stattfinden. Dieser Zusammenhang stellt sich - formalisiert - in folgenden Punkten dar:

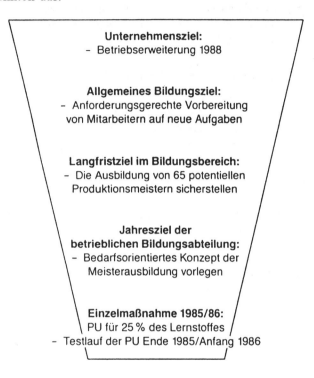

In Anbetracht der unterentwickelten gesetzlichen Normierung der betrieblichen Weiterbildung sollten die Betriebe bei den Weiterbildungsgrundsätzen allerdings auch stärker Qualitätskriterien benennen, z.B. bezogen auf die

Zusammenarbeit zwischen Betriebsleitung und Betriebsrat, die innerbetriebliche Kooperation, die Bildungsmaßnahmen, die Lernorte, das Bildungspersonal oder den erwarteten Erfolg. Solche Qualitätskonzepte sind bereits aus dem Bereich der öffentlich finanzierten beruflichen Weiterbildung bekannt. Sie werden dort bei der Vergabe von freien Maßnahmen und Auftragsmaßnahmen nach §§ 33 und 34 AFG sowie nach 4a Fortbildung und Umschulung zugrundegelegt (vgl. BUNDESANSTALT FÜR ARBEIT 1987).

Für die Weiterbildungsplanung, verstanden als konkrete Maßnahmenplanung, sollten zunächst die möglichen Bildungsmaßnahmen, die zur Schließung bestimmter Bildungslücken überhaupt in Frage kommen, in Form einer *Übersicht* zusammengetragen werden. Zur Orientierung bietet sich hierfür das sog. *morphologische Schema* von ULRICH/STAERKLE an, das ein Durchdenken einzelner Weiterbildungsmaßnahmen im Hinblick auf die Teilnehmer, allgemeine Bildungsziele, Stoff, Methode, Lehrkräfte, zeitliche Gestaltung, Ausbildungsort, Kosten und Erfolgskontrolle erlaubt (vgl. ULRICH/STAERKLE 1965, S. 55 ff.).
Auf dieser Grundlage gilt es, *bestimmte Weiterbildungspläne* zu erstellen, wobei die in Abb. 40 angegebenen Komponenten berücksichtigt werden sollten (vgl. Abb. 40, S. 218, entnommen aus: HENTZE 1989[4], Bd.1, S. 338). Ein Beispiel für einen solchen Weiterbildungsplan enthält Abb. 41 (vgl. Abb. 41, S. 219 f., entnommen aus: DEDERING 1972, S. 121 f.).

Dabei ist es unerläßlich, die Pläne im Zeitablauf zu überprüfen und sie eventuell zu präzisieren und abzuändern. Insbesondere bei Fortbildungsmaßnahmen sind oft noch kurzfristig vor Durchführung Revisionen notwendig, z.B. hinsichtlich der Lernorte, der Methoden, der Lehrkräfte oder der zeitlichen Gestaltung.

Abb. 40: Komponenten eines betrieblichen Bildungssystems

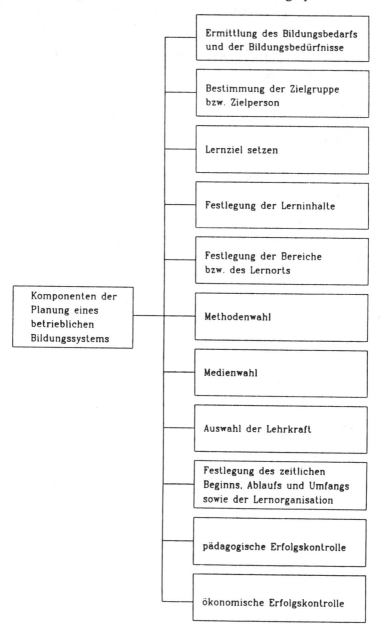

Abb. 41: Programm für einen Vorarbeiterkurs

1. *Teilnehmer und Teilnahme*
   - hierarchische Stufe: Vorarbeiter
   - Abteilungsbereiche: Produktionsabteilungen A, D - Anlaß: berufliche Fortbildung
   - freiwillige Teilnahme
   - Kollektivfortbildung

2. *Bildungsziele*
   - Fortbildung im eigentlichen Fachbereich

3. *Bildungsstoff*
   - Hauptaufgabe: Funktionsweise eines neuen Fertigungsverfahrens
   - Funktionen: Einsatz der Arbeitenden
   - Spezialgebiet: Arbeitsplatzgestaltung

4. *Bildungsmethode*
   - Bildung außerhalb der praktischen Tätigkeit: Vorträge mit Diskussion
   - Bildung außerhalb der Unternehmung: Kurse
   - spezielle Lehrmethode: Berichtigung des Fertigungsverfahrens
   - Studium schriftlicher Unterlagen: Literatur, Merk- und Arbeitsblätter
   - Bildungshilfsmittel: Wandtafel, Bilder, Zeichnungen, Film

5. *Ausbilder*
   - externe Ausbilder
   - direkter Vorgesetzter

6. *Zeitliche Gestaltung*
   - Zeitaufwand: 12 Stunden
   - Zeitspanne: innerhalb von 2 Tagen
   - Zeitpunkt: Februar 19..
   - während der Arbeitszeit: vor- und nachmittags
   - Häufigkeit: einmalig

7. *Bildungsort/-station*
   - außerhalb der Unternehmung

8. *Kosten*
- Gesamtkosten ca. x DM
- Kostenträger: Produktionsabteilungen A, D

9. *Erfolgskontrolle*
- Objekt der Kontrolle: Anzahl der Produktionsunterbrechungen, Zeitaufwand für die Behebung von Störungen
- Kontrollmittel: Personalqualifikation nach dem Kurs.

Eine Methode, die vor allem in der betrieblichen Ausbildung zunehmend an Bedeutung gewinnt, könnte dieses Programm sinnvoll ergänzen: die Leittextmethode[x] - gelegentlich verbunden mit der Projektmethode (vgl. HÖPFNER 1991; SCHELTEN 1991, S. 126 ff.). Dieses Verfahren wird in der Literatur als selbständigkeitsfördernde Methode eingestuft, bleibt allerdings nicht von Kritik verschont: "Selbständigkeitsfördernde Lernverfahren - Unterstützung des Selbstlernens durch Leitkarten, Leitfragen, Leittexte, verschiedene Medien - ersetzen mehr und mehr die klassische Unterweisung (wobei sich die Gefahr gezeigt hat, daß die exessive Nutzung der Leittexte leicht das Gegenteil von Selbständigkeit, nämlich Abhängigkeit vom "papierenen Ausbilder" bewirken kann) "(BOJANOWSKI/BRATER 1992, S. 7). Hinzu kommt, daß die gegenwärtig für die Weiterbildung vorhandenen Leittexte von Fachleuten, wie Ingenieure, Informatiker u. a., erarbeitet wurden; folglich sind fast immer pädagogische Gesichtspunkte vernachlässigt worden (vgl. HÖPFNER 1991, S. 230 ff.). Zunehmend werden - wie in der Erstausbildung - psychologische Trainingsverfahren eingesetzt (vgl. SONNTAG 1989b). Auch werden sich zukünftig rechnergestützte Lernprogramme (Computer-Based-Training) durchsetzen. So können die Anlagen, an denen die Arbeitnehmer tätig sind, mit Lernprogrammen ausgerüstet werden, die z.B. in Zeiten der Instandsetzung oder Umrüstung genutzt werden. In dem dann notwendig hinzukommenden personalen Unterricht wird die *Suggestopädie*[x] von Relevanz sein, die mit visuell-anschaulicher Präsentation die in herkömmlichen Lernprozessen bisher vernachlässigte rechte Gehirnhälte anspricht und auf ganzheitliche Prozesse angelegt ist (vgl. DÖRING 1987, S. 252 und SCHELTEN 1991, S. 238 ff.).

Die zeitliche Durchführung der einzelnen Maßnahmen kann in einem Zeitplan festgehalten werden, bei dem u.a. folgende Punkte beachtet werden sollten (vgl. ULRICH/STAERKLE 1965, S. 61):

- Dringlichkeit der zu deckenden Bildungsbedarfe,
- günstige Zeitperioden für die Teilnehmer,
- Zeitpunkte, in denen die Finanzmittel zur Verfügung stehen,
- Verfügbarkeit der Lehrkräfte,
- zeitliche Belastung der Personal- und Bildungsabteilung,
- Verfügbarkeit der Unterrichtsräume und Unterrichtsmittel.

Dieser Zeitplan sollte regelmäßig durch anschließende Weiterbildungsmaßnahmen ergänzt werden, so daß sich die Zeitplanung immer auf einen bestimmten -kurz-, mittel- und längerfristigen - Zeitraum erstreckt.

ZUSAMMENFASSUNG:
Als Zusammenfassung ist festzuhalten, daß für die Organisation der betrieblichen Weiterbildung im wesentlichen folgende Instrumente zur Verfügung stehen:
1. Weiterbildungsbedarfsplan
2. Weiterbildungsgrundsätze
3. Übersicht über mögliche Weiterbildungsmaßnahmen
4. Konkrete Weiterbildungspläne
5. Zeitplan.

5.2 MITARBEITER- UND FÜHRUNGSKRÄFTESCHULUNG

Die primäre Orientierung betrieblicher Fortbildung und Umschulung an den betriebswirtschaftlich determinierten Interessen und Weiterbildungszielen des Arbeitgebers führt auf der Durchführungsebene zu einer mehr oder weniger strikten *Ausrichtung auf die je vorhandenen oder geplanten Arbeitsplätze*. Die Teilnehmer an den Weiterbildungsveranstaltungen sollen mit ihren Qualifikationen möglichst bedarfsgerecht an die von Technik und Organisation her bestimmten Arbeitsplätze angepaßt werden. Der Hebel hierfür sind nicht nur die Inhalte, indem möglichst anforderungsgerechte Fähigkeiten vermittelt werden, sondern auch die *Verwendung eines 'schulförmigen' Methodenrepertoirs:* Im Vordergrund stehen "Oberlehrermethoden" (BOLDER 1987, S. 73), also ein Frontal- und Dozierunterricht mit "massivem Einsatz audio-visuellen Stimulantien" (HOFSTETTER u.a. 1985, S. 22). Weiterbildung nach diesem Muster ökonomisch bestimmter Anpassung bezieht ihre Legitimation also von den Arbeitsplätzen und damit von der polarisierten Anforderungsstruktur des Betriebes her. Dieser entspricht die Weiterbildung ihrerseits durch verschiedene *polarisierende Differenzierungen* - nach Teilnehmern, Art der Maßnahmen, Methoden, Dauer, Kosten, die das Weiterbildungssystem prinzipiell zweiteilen: in die eher *erkenntnis- und fertigkeitsbezogene Mitarbeiterschulung* und in die eher *verhaltensbezogene Führungskräfteschulung* (vgl. auch BOLDER 1987, S. 79).

In den Veranstaltungen für Mitarbeiter geht es in erster Linie um "Ausführungswissen" (SEYD 1982, S. 104) für den Produktionsablauf im weitesten Sinne, im Extremfall um das bloße Training von Fertigkeiten und die Vermittlung des zugehörigen Wissens. Beispiele für die Mitarbeiterschulung sind EDV- und CAD/CAM^X-Fachkurse, Sprachkurse, Seminare über neue Bürotechniken oder Meisterlehrgänge. Dabei wird das notwendige Sozialverhalten (Fähigkeiten zur 'Zusammenarbeit') meist gleich mitgeliefert. Demgegenüber zielen Seminare für Führungskräfte vor allem auf Fähigkeiten zur Loyalitätssicherung der unteren Hierarchieebenen. In ihnen steht die Auseinandersetzung mit Führungstechniken (Verhandlungsführung, Konkurrenz- und Kommunikationstechnik, Kreativitätstechniken u.a.) im Vordergrund. Für die Vermittlung des darüber hinaus zur Unternehmensleitung und Mitarbeiteranleitung immer auch notwendigen "Führungswissens" (SEYD 1982, S. 104) werden Sonderkurse durchgeführt, z.b. über Arbeitsrecht oder EDV für Führungskräfte. Während also die Weiterbildung von Mitarbeitern auf die *betriebliche Produktion* bezogen ist, kennzeichnet die Weiterbildung der Führungskräfte eher eine *Personalbezogenheit*.

Allerdings ist die Anpassung der Weiterbildungsteilnehmer an die Arbeitsanforderungen nicht immer 'nahtlos' möglich. Insbesondere in Anbetracht neuer Techniken und Arbeitsorganisationen steht die Weiterbildung zunehmend vor dem Problem, auch Qualifikationen für Anforderungen vermitteln zu müssen, die noch gar nicht bekannt sind. Hier hilft sie sich in letzter Zeit verstärkt mit den Leitprinzipien der Antizipation und der Partizipation (vgl. DECKER 1984, S. 125; BOLDER 1987, S. 75). Zum einen wird der Vermittlung von *arbeitsplatzübergreifenden Qualifikationen* durch Auseinandersetzung mit neuen Entwicklungen und Lösungsmöglichkeiten zunehmende Aufmerksamkeit geschenkt und zum anderen werden öfter Lernmethoden eingesetzt, die der *Beteiligung und Kooperation der Lernenden* mehr Raum geben (z.B. Gruppenarbeit, Problemlösungskonferenz, "Brainstorming", Fallmethode, Rollenspiel, Planspiel, Trainingsgruppen oder Sensitivity-Training). → STUDIERHINWEIS: (Zu den Methoden der Weiterbildung siehe CONRADI 1983; HENTZE 1989[4], Bd. 1, S. 342 ff.). Diese *inhaltliche und methodische Öffnung* der Weiterbildungsveranstaltungen vollzieht sich bislang allerdings fast ausschließlich im Bereich der Führungskräfteschulung. Hiermit deutet sich jedoch eine Tendenz an, die in Zukunft auch im Bereich der Mitarbeiterschulung stärker zum Tragen kommen dürfte: Insoweit nämlich die von Horst KERN und Michael SCHUMANN für den Produktionsbereich sowie von Martin BAETHGE und Herbert OBERBECK für den Verwaltungsbereich konstatierten *erweiterten Aufgabenzuschnitte* als Voraussetzung und Folge neuer Produktions- und Verwaltungskonzepte in den Kernsektoren mittel- und großbetrieblicher Unternehmen an Bedeutung gewinnen (vgl. KERN/ SCHUMANN 1984; BAETHGE/OBERBECK 1986), sind auch umfassend qualifizierte Facharbeiter und Sachbearbeiter gefragt, die neben fachlichen Spezialqualifikationen einen breiten Sockel an sachlichen und sozialen Grundqualifikationen aufweisen. Diese gilt es zwar allererst in der schulischen und beruflichen Erstausbildung zu vermitteln, im Rahmen der Weiterbildung müssen sie aber anwendungsbezogen aktualisiert und vertieft werden (vgl. FEIG 1988, S. 59 ff.). Als Anpassungsbasis können dafür weniger exakt definierbare Anforderungen an bestimmten Arbeitsplätzen dienen, sondern vielmehr *eher unbestimmte Anforderungsstrukturen* ganzer Arbeitssysteme und -prozesse. Dadurch wird der Anpassungscharakter der Weiterbildung zwar nicht grundsätzlich überwunden, aber doch relativiert.

Um den Stellenwert von Weiterbildung als *polarisierende Anpassungsstrategie* in den Betrieben zu verdeutlichen, stellen wir im folgenden ein exemplarisches Fallbeispiel aus dem Opel-Werk in Rüsselsheim dar. (Mit Abänderungen entnommen aus: BECKER 1989, S. 40 ff. → STUDIERHINWEIS: Siehe auch HÖLTERHOFF/BECKER 1986, S. 178 ff.).

BEISPIEL

In den Jahren 1985 - 1987 wurde das Karrosseriewerk K 130 im Opel-Werk modernisiert. Schwerpunkte waren die Umstellung von starrer auf flexible Fertigung (u.a. durch Einsatz von 239 flexiblen Robotern) und die Einrichtung computerintegrierter Planungs-, Steuerungs-, Logistik- und Produktionssysteme. Dadurch erfolgte an den Arbeitsplätzen eine Reihe von Veränderungen, und zwar

- Wegfall monotoner, repetitiver, körperlich belastender Arbeitsplätze;
- breitere Anforderungen an Montagearbeiter (Job enlargement);
- höhere Anforderungen an Facharbeiter durch hybride Tätigkeiten;
- Schaffung neuer Arbeitsplätze in den Logistikbereichen, der Programmierung und Instandhaltung;
- Veränderung der Anforderungen an die betrieblichen Vorgesetzten.

Die neuen Techniken sollten - so eine wichtige Personalentscheidung - weitgehend mit den vorhandenen Mitarbeitern bewältigt werden. Damit war der Auftrag an die Fachliche Weiterbildung formuliert: Neben der Ermittlung des Qualifikationsbedarfs (durch Tätigkeitsanalyse und Bestimmung der Soll-Qualifikation) und der Ist-Qualifikation der betroffenen Mitarbeiter hatte sie geeignete Weiterbildungsmaßnahmen zu planen, die erforderliche Trainings-Kapazität (Räume, Einrichtung, Geräte, Personal) bereitzustellen, die Durchführung der Bildungsmaßnahmen sicherzustellen und eine Erfolgskontrolle durchzuführen.

Gemäß der Prämisse pragmatisch ausgerichteter Planung wurde ein Grobraster der erforderlichen Weiterbildung erstellt. Für die Teilnehmer an den Weiterbildungsmaßnahmen - sie wurden von dem jeweiligen Vorgesetzten nominiert - wurden folgende Schwerpunkte benannt:

- für das Instandhaltungspersonal (Facharbeiter, Meister, Obermeister und Ingenieure)
  (1) ein *Grundlagentraining*, in Form von Intensiv-Kursen zur Vermittlung der notwendigen theoretischen Kenntnisse über Aufbau, Arbeitsweise und Zusammenwirken hydraulisch/pneumatischer und elektronischer Komponenten als Steuerungs- und Regelungselemente an Produktionseinrichtungen;
  (2) ein *anlagenbezogenes Training*, das - aufbauend auf den Grundlagenkursen - ein spezielles Technologietraining an den neuen Anlagen zur Befähigung ihrer Wartung und Reparatur sowie der schnellen und sachkundigen Fehlersuche sicherstellen sollte;
  (3) eine systematische *Einweisung am Arbeitsplatz* bei der Einarbeitung der neuen Anlagen und Maschinen (u.a. durch Personal der Herstellerfirmen);
- für die "produktiven" Mitarbeiter
  (4) ein systematisches *Anlernen am Arbeitsplatz*;
- für die Vorgesetzten
  (5) eine systematische *Information* über neue Technologien und damit verbundenem geänderten Führungshandeln (aufgrund veränderter Werthaltung der Menschen, neuer Sozialformen, wachsendem Natur- und Umweltbewußtsein u.a.).

Mittlerweile ist diese projektbezogene Weiterbildung zum Standardangebot der Abteilung Fachliche Weiterbildung ausgebaut worden (vgl. Abb. 42).

Abb. 42: Trainingsangebot Fachliche Weiterbildung (Gesamtübersicht)

Fachgebiet	Lehrgang	Dauer (Tage)
Pädagogik	• Technikorientierter Train-the-Trainer Workshop I – Pädagogische Grundlagen	1
	• Technikorientierter Train-the-Trainer Workshop II – Konzepterstellung	3
	• Technikorientierter Train-the-Trainer Workshop – Videoeinsatz	1
Mechanik	• Schweißtechnik (Widerstandsschweißen)	5
	• Maschinenkunde und Wartung	10
	• Zieh- und Stanztechnik	10
Elektronik	• Grundlagen der Elektrotechnik für Schlosser und Werkzeugmacher	15
	• Elektronik für Elektriker	20
	• Digitaltechnik	25
	• Elektronische Regelungstechnik	10
	• Digitale Steuerungstechnik	15
	• Mikrocomputertechnik	25
	• Speicherprogrammierbare Steuerungen (IPC)	5
	• NC-Grundkurs für Instandhalter	7
	• NC-Grundkurs für Anwender	7
	• NC-Programmierung	25
	• Einführung in die Technik der Industrieroboter (IR) für Facharbeiter	5
	• Betriebsleitsystem	n. A.
	• Schnittstellen für die Datenübertragung	5
	• Software-Engineering	3
	• Hydraulik/Pneumatik I	10
	• Elektrik-Grundlagen, Anwendung in elektropneumatischen und elektro-hydraulischen Steuerungen	10
Steuerungstechnik	• Hydraulik/Pneumatik II	10
	• Grundlagen der Digitaltechnik im Maschinenbau	10
	• Pneumatische Logiksteuerungen, Taktstufentechnik	10
	• Einführung in verschiedene Steuerungssysteme	10
	• Fehlersuche in der Steuerungstechnik durch Messen	5—10
Technologie für Führungskräfte	• Einführung in die NC-Technik für Führungskräfte	5
	• Führungskräfte Informationsveranstaltung Neue Technologien	2 Std.
	• Technologie-Kolleg im Hause Opel	2
	• Einführung in die Technik der Industrieroboter für Führungskräfte	4 x 0,5

In Zusammenarbeit mit der Zentralplanung, den Fertigungsbereichen, der Personalabteilung und der Zentralen Personalentwicklung wurde eine "Richtlinie für die Ermittlung, Vergabe und Koordination des Trainingsaufwandes für moderne Fertigungssysteme" entwickelt. In dieser Richtlinie sind die wesentlichen Planungsaspekte für projektbezogenes Technologie-Training zusammengetragen. Die Richtlinie ermöglicht eine einheitliche, rechtzeitige und umfassende Bildungsplanung. Wie andere Großunternehmen auch, mißt Opel der strategischen Ausrichtung der Unternehmen verstärkte Bedeutung zu. "Strategic Business Management" (SBM) zielt auf die Herausarbeitung strategischer Wettbewerbsvorteile durch intensivierte qualitative Planungsarbeit. Die strategische Personalentwicklungsplanung verfolgt als Teilbereich der strategischen Unternehmensplanung das Ziel, festzustellen, was die Belegschaft zur Behauptung des Unternehmens im Markt zu leisten vermag.

Die Opel-Maßnahme ist eine typische Fortbildung, die der *Anpassung an sich verändernde Arbeits-, Betriebs- und Produktionsbedingungen* dient. Es geht um die Lösung eines konkreten Betriebsproblems. Kernaussage dieses Falles ist der Hinweis, daß die Personalentwicklung als Teil der strategischen Unternehmensplanung das Ziel hat, festzustellen, "was die Belegschaft zur Behauptung des Unternehmens im Markt zu leisten vermag". Dies ist eine einseitig betriebswirtschaftliche Begründung, die zu einer input-output-kalkulierenden Instruktion der abhängig Beschäftigten veranlaßt; die Qualifizierung ist auf einen Funktionszusammenhang mit technischem Fortschritt beschränkt. Das als projektbezogene Weiterbildung bezeichnete Standardangebot der Abteilung Fachliche Weiterbildung bezieht sich stark auf den Erwerb von technischen Kenntnissen der Gerätebedienung. Pädagogik - das einzige nichttechnische Sachgebiet - befaßt sich mit dem Training der Weiterbildner und ist als solches wiederum

technikorientiert. Insofern ist zu vermuten, daß den individuellen, subjektbezogenen Lern- und Entwicklungsansprüchen der Mitarbeiter kaum Rechnung getragen wird. Die Nominierung der Mitarbeiter für die Lehrgangsteilnahme erfolgt durch einen betrieblichen Vorgesetzten. Die aufgrund der technischen Umstellung veränderten Arbeitsanforderungen sind maßgebend für die Bestimmung des Qualifikationsbedarfs. Bei der Qualifizierung "produktiver" Mitarbeiter beschränkt man sich auf ein "systematisches Anlernen". Während zum trainierenden Personenkreis Facharbeiter, Meister, Obermeister und Ingenieure gehören, sollen Planer und Top-Manager sensibilisiert werden für die Berücksichtigung der 'Humankomponenten' bei Investitionsentscheidungen. Damit findet eine *funktionsbezogene und hierarchiespezifische Methoden- und Inhaltsauswahl* und soziale Selektion statt. Den Führungskräften fällt die unternehmenspolitisch wichtige Aufgabe zu, zu lernen, "unternehmerisch zu denken, um obsolete Arbeiten und Strukturen abzubauen" (BECKER 1989, S. 53). Zwar wird eine Weiterbildungsplanung angestrebt, man muß jedoch zugeben, daß auch in der Opel-AG Weiterbildung teilweise noch zu spät *reaktiv* als "Reparaturbetrieb" einsetzt (vgl. BECKER 1989, S. 52). So ist die Qualifikation der Arbeitskräfte eine nachgeordnete Größe hinter der Entwicklung von Technik und Arbeitsorganisation (vgl. in diesem Zusammenhang SCHUMANN u.a. 1990; STAUDT, 1990). STAUDT macht das am Beispiel des Einsatzes der Mikroelektronik in einem Betrieb plastisch deutlich:
- "Eine hektisch wechselnde Modellpolitik ersetzt Vorausdenken oder Eindenken in den Anwendungsbereich.
- Die Entwicklung von Hard- und Software läuft entsprechend als Trial-and Error-Prozeß ab.
- Hard- und Software sind nicht abgestimmt, Orgware ist nur rudimentär vorhanden.
- Die Lebenszyklen sind kürzer als die Amortisationszeiten für Forschung und Entwicklung, Produktion und Marketing.
- Die notwendigen Fehlentwicklungen belasten als Investitionsruinen (im Hard- und Softwarebereich) Hersteller und Anwender.
- Der Ersatz anspruchsvoller Funktionen im informationswirtschaftlichen

229

Bereich führt zu einer zunehmenden Komplexität der eingesetzten Technologie.
- Aufgrund der mangelnden Transparenz des Anwendungsbereiches kommt es zu unerwarteten und ungewollten Folgewirkungen der neuen Technologien.
- Der Anwender hat zusätzliche Integrationsprobleme und wird zu ungeplanten Zusatzaufwendungen veranlaßt, wie z.b. Programmpflege, angemessene Orgware, Aus- und Weiterbildungsprogramme etc.
- Es kommt zu Störungen mit enormer Reichweite und es entstehen neuartige Schnittstellenprobleme zwischen verschiedenen Technologien und zwischen den Menschen und der Technik" (STAUDT 1987, S. 32).

Demgegenüber müßte eigentlich bereits vor der Einführung technisch-organisatorischer Veränderungen eine vorausgreifende Qualifizierung als Folge einer *potentialorientierten Personalplanung* einsetzen. Die stark inhaltliche Konzentration auf das Schwerpunktthema "neue Techniken" weist auf den engen Zusammenhang zwischen technischem Wandel und betrieblicher Weiterbildung hin. Eine möglichst soziale bzw. organisatorische Innovation kommt aber nicht in den Horizont, bei der etwa auch die Arbeitsstrukturierung selbst als Instrument der Organisations- und Personalentwicklung mit dem Ziel der Erweiterung von Fähigkeits-, Kommunikations- und Kontrollspielräumen für die abhängig Beschäftigten genutzt wird. Im Ansatz deutlich wird auch die *politische Dimension* dieses Weiterbildungskonzepts. Angestrebt werden "fortschrittlich arbeitende Organisationsfamilien" (BECKER 1989, S. 53). Offenbar wird erkannt, daß die überkommene Betriebshierarchie sich irgendwann selbst lahmzulegen droht. In *Organisationsfamilien* sollen sich alle Personen der Organisation zu einem vielfach verschränkten Gefüge von reibungslos funktionierenden Gruppen finden. Dazu sind Techniken für die Gewinnung von Akzeptanz der Zielvorgaben des Managements notwendig, vor allem auf den niederen Rängen der Beschäftigten. Mit "systematischem Anlernen" des produktiven Personals allein wird das jedoch nicht zu erreichen sein. So ist eher anzunehmen, daß jene, die von den technischen Entwicklungsprozessen unmittelbar betroffen sind, sich kaum mit dem Betrieb identifizieren und sich der technischen Entwicklung verpflichtet fühlen, wenn sie weiterhin von der direkten formalen Herrschaft des Managements abhängen. Dies verweist darauf, daß das Prinzip der Arbeitsteilung nicht mehr mit den heute notwendigen Strukturen der Arbeitsorganisation sowie mit dem Anspruch der Menschen nach alternativen Arbeitsinhalten vereinbar ist. Bei dem Opel-Projekt sind arbeitnehmerbezogene Elemente wie Partizipation, Verantwortung oder Erfolgserlebnisse nicht eingebaut worden; jedenfalls lassen die angegebenen Weiterbildungsschwerpunkte ihre Berücksichtigung nicht erkennen.

ZUSAMMENFASSUNG:

Üblicherweise ist die von den Betrieben verantwortete Weiterbildung auf die vorhandenen bzw. geplanten Arbeitsplätze ausgerichtet. Dies geschieht zum einen in Veranstaltungen zur kenntnis- und fertigkeitsbezogenen Mitarbeiterschulung und zum anderen in Kursen zur verhaltensbezogenen Führungskräfteschulung. Im Zuge des technisch-organisatorischen Wandels sind Tendenzen zur inhaltlichen und methodischen Öffnung der Weiterbildungsveranstaltungen durch stärkere Ausrichtung auf sachliche und soziale Basisqualifikationen bzw. Aufnahme beteiligungs- und kooperationsförderlicher Lernmethoden feststellbar. Als Bezugsbasis dienen dann weniger begrenzte Arbeitsplätze, sondern vielmehr komplexere Arbeitssysteme und -prozesse. Das dargestellte Beispiel aus dem Rüsselsheimer Opel-Werk veranschaulicht die Bedeutung, die der betrieblichen Weiterbildung als Anpassungsinstrument zukommt. Das wachsende Tempo des technischen Wandels führt dazu, daß das Gewicht der betrieblichen Weiterbildung gegenüber der beruflichen Erstausbildung zunimmt; folglich fällt der Erstausbildung immer mehr die Ausbildung in Grundlagen des Berufes zu.

5.3 LERNSTATT

In den letzten Jahren hat sich immer mehr gezeigt, daß die inhaltliche und methodische Öffnung des funktionalistischen Schulungskonzepts keine angemessene Antwort der betrieblichen Weiterbildung auf die Herausforderungen des technisch-organisatorischen Wandels ist: Aus betriebspolitischer Sicht kommt es heute darauf an, das Qualifikationspotential der Beschäftigten zur Gestaltung von Technik und Arbeit und damit zur Produktivitätserhöhung systematisch zu entwickeln und zu nutzen. Deshalb sind verschiedene Modelle entwickelt worden, die sich als *mitarbeiterorientierte Weiterbildungskonzeptionen* verstehen, wenngleich das Lernen in manchem Konzept im Vergleich zu Zielen wie Qualitätskontrolle oder Verringerung von Fehl- und Ausfallzeiten nur als "kleines Feigenblatt" wirkt (vgl. DUNKEL 1983, S. 34). Von den Problemlösungsgruppen, die in diesem Zusammenhang zu nennen sind - Qualitätszirkel[x] (QZ) (vgl. STAUDT 1982; SIMON 1983; STROMBACH/JOHNSON 1983; BEHRENS 1984; ZINK/SCHICK 1984; DOMSCH 1985; HEEG 1985; RISCHER/TITZE 1988[2]; DEPPE 1989), Werkstattzirkel[x] (vgl. MAUCH 1981), Qualifikationsentwicklungszirkel[x], u.a. - ist die sog. Lernstatt, also das Lernen in der Werkstatt, das bekannteste Modell (Vgl. BOLDER 1988, S. 95). → STUDIERHINWEIS: (Einen Überblick über diese "betriebsorientierten" Modelle vermittelt BOLDER 1987, S. 206 ff.; HEEG 1988, S. 143 ff. und HENTZE 1989[4], Bd. 1, S. 325 ff.). Die Themenschwerpunkte der Problemlösungsgruppen liegen auf dem Gebiet der Qualitätsverbesserung, der Kostenreduzierung, der Betriebsmittelverbesserung und der sozialen Belange der Mitarbeiter (vgl. HEEG 1985, S. 82). Bei der Lernstatt handelt es sich um ein *stärker teilnehmerorientiertes Modell*, das Anfang der 70er Jahre von den deutschen Unternehmen BMW und Hoechst versuchsweise eingeführt wurde. In größerem Maßstab findet es heute noch bei BMW Anwendung. Während die Lernstatt dort ursprünglich zum arbeitsplatzbezogenen Sprachtraining für Ausländer eingesetzt worden ist, wird sie inzwischen bei nahezu allen personalen und arbeitsplatzbezogenen Problemen angewendet. Ende 1986 hatten ca. 1.000 Meister und andere Führungskräfte von BMW eine Moderatorenausbildung absolviert (vgl. KAUNE 1988, S. 161). (Einen Vergleich von teilautonomer Arbeitsgruppe[x], Qualitätszirkel und Lernstatt vermittelt SCHOLZ 1989, S. 279).

Heute wird die Lernstatt als ein tragendes Element der Organisationsentwicklung betrachtet. Ihr Ziel ist es, "... daß Menschen im Betrieb den Umgang mit den Problemen des engeren und weiteren Arbeitsplatzes lernen, und dort, wo es möglich ist, Lösungen und Verbesserungen suchen" (BUNK/ZEDLER 1986, S. 33).

Wie das folgende Beispiel zeigt, können die konkreten Ziele der Lernstatt sehr verschieden sein. (Entnommen aus: REICHART 1989, S. 257).

 BEISPIEL

Ziele der Lernstatt bei BMW

- Qualitäts- und Verantwortungsbewußtsein der Mitarbeiter fördern - Produktqualität ständig verbessern
- Arbeitsbedingungen und Arbeitsabläufe optimieren
- Abteilungsegoismus abbauen
- Ideen der Mitarbeiter nutzbar machen
- Probleme erkennen, Problembewußtsein fördern
- Lösungsansätze finden und erproben
- Gestaltungsmöglichkeiten der Mitarbeiter am Arbeitsplatz erhöhen
- Persönliches Engagement der Mitarbeiter am Arbeitsplatz stärken
- Handlungskompetenz, d.h. fachliche, soziale und methodische Kompetenz fördern
- Arbeits- und Führungsstil verbessern
- Eigene Entwicklungsmöglichkeiten ausschöpfen
- Persönliche Entfaltung in der Gruppe fördern.

Hier steht also - im Gegensatz zu den Qualitätszirkeln - nicht die Qualitätsverbesserung im Vordergrund.

Meist besteht die Lernstatt aus folgenden Organen (vgl. Abb. 43, S. 234, entnommen aus GEBHARDT/HEITMEYER 1985, S. 2)

- einem *Beraterkreis* (mittleres und oberes Management, Mitglied des Betriebsrates),
- einem *Lernstattzentrum* (Mitarbeiter aus dem Bildungswesen und Moderatoren aus der Produktion),
- den *Moderatoren* (i.d.R. zwei Vorarbeiter oder Meister bzw. andere erfahrene Arbeitskollegen),
- der *Moderatorenrunde*,
- der *Lernstattrunde* bzw. den Lerngruppen (je 6-8 Mitarbeiter (un- und angelernte Arbeiter, Facharbeiter, Angestellte) einer Werkstatt).

Die Lernstattrunde bzw. die Lerngruppen sind der zentrale Ort und das wichtigste Medium für Lernprozesse. Sie gehen von ihren eigenen Vorstellungen und von den Wünschen der Unternehmensleitung aus. Dabei steuern sie ihren Arbeits- und Lernprozeß selbst. In der Regel treten sie jede Woche einmal 2-3 Stunden während der Arbeitszeit zusammen. Die Lernstattgruppen treffen sich überwiegend während der normalen Arbeitszeit; in etwa 20% der Zeit laufen diese Aktivitäten aus produktionstechnischen Gründen auf Überstunden-Basis (vgl. KUFER 1990, S. 141). Manchmal kommen systematisch inszenierte Schulungen (zur Sitzungsvorbereitung und Sitzungsleitung, im Abfassen von Protokollen, der Lektüre von Gesetzen und Tarifverträgen u.a.) sowie Seminare zu bestimmten Themen hinzu. In diesen Fällen kann von einem *dualen System der betrieblichen Weiterbildung* gesprochen werden (organisiertes, intentionales Lernen - unorganisiertes, funktionales Lernen) - ein Konzept, das nicht nur in Großbetrieben, sondern auch in Mittel- und Kleinbetrieben effizient sein kann und an Bedeutung gewinnen könnte. Die Betriebe erwarten materielle und immaterielle Verbesserungen durch *Problemlösungsgruppen*. Neben rationelleren Arbeitsabläufen, Senkung der Ausschußquote, Erhöhung der

234

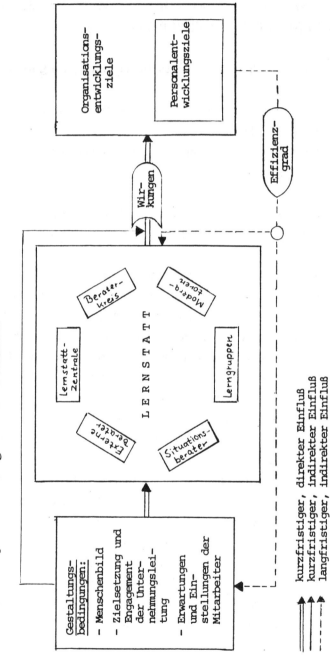

Abb. 43: Konzeptioneller Bezugsrahmen der Lernstatt

Gesamtproduktivität, Verbesserungen der Produktqualität, verminderten Maschinenstillstandszeiten werden vor allem ein verbessertes Verhältnis zu Mitarbeitern und Vorgesetzten, eine größere Kooperationsbereitschaft und eine verbesserte Einstellung zur Arbeit erwartet. → STUDIERHINWEIS: (Eine Übersicht und Rangfolge der Auswirkungen der Arbeit von Problemlösungsgruppen findet sich bei HEEG 1985, S. 405 und 1988, S. 158 ff).

Durch diese knappe Darstellung der Lernstatt mag bereits jenes weiterführende Moment deutlich geworden sein, durch das sich dieses Modell gegenüber der betrieblichen Weiterbildungstradition auszeichnet: Die Lernstatt ist eine mitarbeiternahe und erwachsenengerechte Form der betrieblichen Weiterbildung; im Vordergrund steht der selbststeuernde Erfahrungsaustausch. Die Probleme werden dort behandelt, wo sie auftreten, nämlich im Arbeitsbereich. Dabei wird die soziale und kommunikative Kompetenz der Mitarbeiter und die Teamarbeit gefördert. Außerdem wird auf zukünftige Lernanforderungen im Zuge eines raschen technischen Wandels vorbereitet (vgl. ISCHE 1982, S. 295 ff.; SCHELTEN 1991, S. 181 f.). Als *arbeitsplatznahe Problemlösungsstrategie* ist das Lernstattmodell an der vielseitigen Erfahrung und der konkreten Arbeitsqualifikation der Beschäftigten interessiert. Deshalb werden auch die Bedürfnisse und Wünsche der Arbeitenden berücksichtigt, allerdings nur insoweit, wie sie sich dem betriebswirtschaftlichen Interesse des Arbeitgebers unterordnen lassen (vgl. BOLDER 1987, S. 242). Damit einher geht gelegentlich die Auffassung, daß die Arbeitenden vor Ort dazu ausgenutzt werden, ihre eigene Arbeit wegzurationalisieren und das mitunter ohne zureichende Abklärung mit dem Betriebsrat (vgl. SCHELTEN 1991, S. 179). Aufgrund dieser Möglichkeit nehmen die Gewerkschaften eine eher skeptische Haltung gegenüber dem Lernstatt-Modell ein (vgl. KUNSTEK 1986, S. 211 ff.), und in der Tat läuft es in der Praxis häufig auf ein "Training für produktiveres Arbeiten" und auf eine "systemerhaltende Scheinpartizipation" hinaus (vgl. KUNSTEK 1986, S. 219). Damit steht die Praxis der

Lernstatt im Gegensatz zu ihrem Anspruch, was wesentlich auf Schwächen und Unklarheiten im Konzept der Lernstatt zurückzuführen ist. → STUDIERHINWEIS: (Siehe hierzu Näheres bei KUNSTEK 1986, S. 104 ff.). Hemmnisse, die die Kleingruppenarbeit in einem Betrieb erschweren bzw. scheitern lassen, können sich vor allem daraus ergeben, daß kurzfristige Erfolge erwartet werden, während es eines relativ langen Atems bedarf. Nicht selten sind auch Widerstände beim mittleren Führungspersonal anzutreffen, die meist in der Befürchtung begründet sind, daß mögliche Fehler bzw. eigenes fehlerhaftes Verhalten in der Gruppe aufgedeckt und angeprangert werden könnten (vgl. SCHELTEN 1991, S. 179 f.). Ein weiteres generelles Problem darf nicht übersehen werden: Die Arbeitnehmer - oft genug "Opfer" des Taylorismus - hatten jahrelang Arbeitsplätze mit geringen Lernanforderungen; nunmehr wird von ihnen ein vernetztes system- und handlungsbezogenes Denken in komplexen Kontexten verlangt; das kann zu Überforderungen führen.

Vor diesem Hintergrund ist festzuhalten, daß die Möglichkeiten einer Umgestaltung der Arbeitsstrukturen durch Lernstatt-Aktivitäten meist eher gering sind (vgl. ALTENHÖFER 1981, S. 75). Die Lernstatt ist in erster Linie ein Modell zur Personalentwicklung: Als partizipatives und problembezogenes Lernprojekt ermöglicht es ein *Lernen für partizipative Arbeitsgestaltung*, dessen Anwendung freilich ungesichert ist.

ZUSAMMENFASSUNG:

Unsere Ausführungen in diesem Abschnitt können wir folgendermaßen zusammenfassen:

Die Lernstatt ist ein stärker teilnehmerorientiertes Modell zum problembezogenen Lernen in der Werkstatt. Es wurde in der Bundesrepublik Anfang der 70er Jahre entwickelt und seitdem ständig ausgebaut. Die konkreten Ziele der Lernstatt sind vielfältig; im Mittelpunkt steht meist das Erlernen von Problemumgang und Problemlösung im Umfeld des Arbeitsplatzes. Die Lernstatt besteht aus mehreren Organen; tragende Elemente sind die Lerngruppen, die den Arbeits- und Lernprozeß selbst steuern. Zusätzlich

zu den regelmäßigen Gruppensitzungen werden manchmal ergänzende Weiterbildungsveranstaltungen durchgeführt.
Damit enthält das Lernstatt-Modell gegenüber dem traditionellen Schulungskonzept deutlich fortschrittlichere Momente. Es bleibt jedoch dem ökonomischen Interesse des Arbeitgebers untergeordnet; deshalb sind die Möglichkeiten zur wirklichen Neugestaltung von Arbeit und Arbeitsbedingungen häufig gering. So kommt der Lernstatt im allgemeinen primär die Funktion eines praxisbezogenen Lernprojekts zu.

5.4 MODELLE ZUM PARTIZIPATIONSLERNEN

Insoweit betriebliche Weiterbildung in Formen *aktiver Beteiligung* an der Umgestaltung der Arbeitsstrukturen organisiert ist, deren Ziele und Wege wirklich offen sind, haben wir es mit einem umfassenderen Bildungskonzept zu tun. Die Teilnehmer müssen sich nicht dem fremden Interesse und der gegebenen Organisation unterordnen, sondern sie haben die Möglichkeit, ihre eigenen Ansprüche an Weiterbildung einzubringen und durch gemeinsame Gestaltung der Arbeitsplätze mit dem ihnen zugrundeliegenden technisch-ökonomischen und politisch-sozialen Bedingungsstrukturen zu lernen. Betriebliche Weiterbildung ist hiernach also als *partizipative Arbeitsgestaltungsstrategie* angelegt. Es wird in *lernfreundlichen*, d.h. auch nach Lerngesichtspunkten zu organisierenden Praxisprojekten gelernt, zusammen mit und begleitend zu den darin durchzuführenden Arbeitsgestaltungsmaßnahmen.
Dabei kommt der aktiven Beteiligung der Beschäftigten strategische Funktion zu, insofern daran das Ziel der *Vermittlung von Gestaltungsfähigkeit* im Sinne von Partizipationskompetenz unmittelbar geknüpft ist. Partizipationskompetenz wird durch *Partizipationslernen* (Erfahrungslernen) - verstanden als ein Lernen durch partizipatives Handeln - ausgebildet. → STUDIERHINWEIS: (Siehe hierzu Näheres bei GEORG/KIßLER 1981, S. 68 ff.). Zur Arbeitsgestaltung soll also nicht nur durch inhaltliche

Auseinandersetzung mit Lerngegenständen befähigt werden, sondern auch durch Kommunikation und Handeln im Lernprozeß. Ein solches *Lernen durch partizipative Arbeitsgestaltung* bietet die Möglichkeit einer breiten "Qualifikationskonversion" (FAULSTICH 1987, S. 300) im Betrieb: Indem sich die Lernenden mit neuen Formen der Arbeit auseinandersetzen, können sich die *Innovationspotentiale*, bezogen auf Technik, Arbeitsorganisation, Produkte, Umweltverträglichkeit u.a., erhöhen und für neue Maßnahmen freigesetzt werden.

Diese im Horizont partizipativer Arbeitspolitik sich bewegende Weiterbildung ist bislang auf Einzelfälle beschränkt, die zudem eher bescheidene Ausmaße haben (vgl. u.a. BRUCKS u.a. 1982, S. 395 f.; PÖHLER/PETER 1982, S. 76 f.). Betriebliche Verfügungsmacht verhindert immer wieder ihre Einführung und Fortsetzung. Dies hat sich besonders bei verschiedenen *Belegschaftsinitiativen* gezeigt, die - meist in Absicht der Verhinderung von Entlassungen - gegen erheblichen Widerstand der Unternehmensleitungen durchgeführt werden mußten. Bekannt geworden sind in der Bundesrepublik vor allem Betriebsbesetzungen (z.B. bei Enka Glanzstoff in Kassel oder Video Color in Ulm), Initiativen zur Übernahme des Betriebes (z.B. der Glashütte Süßmuth in Immenhausen bei Kassel) und betriebliche Arbeitskreise für alternative Produktion (z.B. bei Blohm & Voss in Hamburg oder bei Voith in Bremen). (Einen knappen Überblick über diese Initiativen vermittelt DUHM 1985, S. 155 ff.). Typisch für diese Projekte ist, daß mit ihnen auch eine Weiterbildung verbunden war, nicht nur in Form einer unorganisierten 'naturwüchsigen' Aufnahme von Kenntnissen und Erfahrungen oder einer Veränderung des (politischen) Bewußtseins, sondern auch in eigens dazu veranstalteten Maßnahmen (manchmal auch in Zusammenarbeit mit öffentlichen Trägern).
Stärker in den Vordergrund gerückt sind in letzter Zeit allerdings *Projekte zur partizipativen Entwicklung von Arbeitssystemen*, die von der Betriebsleitung und dem Betriebsrat sowie der Belegschaft gemeinsam getragen werden. → STUDIERHINWEIS: (Siehe hierzu JANSEN u.a. (Hrsg.) 1989).

Solche Maßnahmen gibt es in der Bundesrepublik insbesondere im Rahmen des Programms zur "Humanisierung des Arbeitslebens" der Bundesregierung schon seit Anfang der 70er Jahre. Ein relativ groß angelegtes Projekt war das *Modell einer autonomieorientierten Arbeitsgestaltung*, das von Werner FRICKE u.a. in den Maschinen- und Schraubenwerken AG in Peine durchgeführt worden ist. Vor allem ging es dabei um die Freisetzung, Weiterentwicklung und Anwendung innovatorischer Qualifikationen der beteiligten 59 un- und angelernten Arbeiter und Arbeiterinnen durch anwendungsbezogenes Handeln. Hervortretende Merkmale dieses Modells waren

- die hierarchiefreie Zusammenarbeit in den einzelnen Arbeitsgruppen,
- die Möglichkeit der Arbeitsgruppen, den Arbeits- und Lernprozeß autonom zu gestalten und zu kontrollieren,
- die Einbeziehung der Rahmenbedingungen des betrieblichen Handelns und
- die wechselseitige Verknüpfung von Lernen und Handeln.

In einem Anschlußprojekt haben FRICKE u.a. das Peiner Modell dahingehend weiterentwickelt, daß auch die Vorgesetzten der Produktionsarbeiter in die handlungsorientierte Weiterbildung einbezogen wurden (vgl. FRIKKE u.a. 1980; FRICKE/WIEDENHOFER 1985).

Neuerdings in die Diskussion gekommen ist das sog. *"Tübinger Beteiligungsmodell"*, das von Mitarbeitern des Soziologischen Seminars der Universität Tübingen zusammen mit Arbeitern eines metallverarbeitenden Betriebes entwickelt und von 1980 bis 1983 erprobt worden ist (siehe Abb. 44, S. 240, entnommen aus: GIRSCHNER-WOLDT u.a. 1986, S. 63).
Ausgangspunkt dieses Modells ist die These, daß brachliegende Qualifikationen zu Konflikten im Betrieb führen, die gerade unter Heranziehung der vorhandenen qualifikatorischen Überschußpotentiale gelöst werden sollten.

Abb. 44: Modellstruktur des Tübinger Beteiligungsmodells

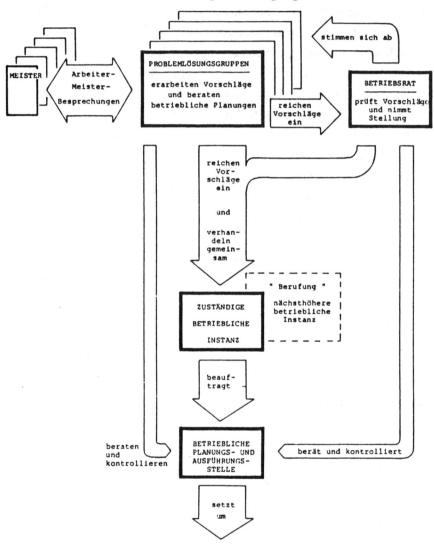

Hierfür muß sich insbesondere der Betriebsrat einsetzen. Entsprechend zeichnet sich das Modell durch zwei Besonderheiten aus: Durch die institutionelle Verzahnung der partizipativen Gruppenarbeit mit der Arbeit des Betriebsrates und die Bezugnahme auf betriebliche Planungsprozesse, d.h. die Lerngruppe ("Problemlösungsgruppe") erarbeitet - weitestgehend autonom - Vorschläge zur Arbeitsgestaltung, die von anderen Betriebsinstanzen ausgeführt werden. Aufgabe der Problemlösungsgruppe ist die Auswahl, Beschreibung und Analyse von Arbeitsproblemen sowie die Suche, Bewertung und Wahl von Lösungsmöglichkeiten. Unter anderem sind bisher Vorschläge zur Raumausstattung, zur Einarbeitung, zur Arbeitsverteilung und zur Leistungskontrolle unterbreitet worden.

ZUSAMMENFASSUNG:
Weiterbildungsmodelle mit dem Ziel der Befähigung zur partizipativen Arbeits(platz)gestaltung gibt es nur in wenigen Betrieben und zumeist nur in begrenzter Form. Es handelt sich hierbei um Praxisprojekte, in denen ein Partizipations- und Arbeitsgestaltungslernen unmittelbar im Zusammenhang mit einer betrieblichen Umgestaltungsmaßnahme in unorganisierter und organisierter Form möglich ist. Das größte und bekannteste Projekt dieser Art ist das "Peiner Beteiligungsmodell" einer betriebsnahen, handlungsorientierten und interessegeleiteten Weiterbildung und Arbeitsgestaltung. Neuerdings ist auch das "Tübinger Beteiligungsmodell" in die Diskussion gekommen, das die Beteiligung des Betriebsrates und die Kopplung von Gruppenarbeit und betrieblicher Planung vorsieht.

5.5 WEITERBILDUNG DURCH BETEILIGUNG AN DER PERSONALPLANUNG

In den vorangehenden Ausführungen haben wir öfter darauf hingewiesen, daß betriebliche Weiterbildung die Berücksichtigung der Interessen des Arbeitgebers und die der Arbeitnehmer erfordert. Diese Feststellung haben wir auch für die Personalplanung im ersten Teil dieses Buches getroffen. Ihre Aufgabe der Vermittlung von objektiven Arbeitsanforderungen und subjektiven Qualifikationen kann in zufriedenstellender Weise nur vor dem Hintergrund und unter Beachtung der widersprüchlichen Interessen von Kapital und Arbeit erfüllt werden. Voraussetzung hierfür ist aber die *Beteiligung der unmittelbar betroffenen Arbeitskräfte* - über die des Betriebsrats hinaus - in prinzipiell sämtlichen Bereichen der Personalplanung, und zwar insoweit, wie diese hiervon berührt werden. Nur so ist sichergestellt, daß die auf Arbeitshumanisierung bezogenen Vorstellungen und Wünsche der Arbeitnehmer auch hinreichend beachtet werden. Das gilt insbesondere für die Personaleinsatzplanung, jenem Bereich der Personalplanung, von dem die Beschäftigten unmittelbar und am stärksten betroffen sind. Die Personaleinsatzplanung kann ohne Beteiligung der Arbeitnehmer ohnehin nicht zufriedenstellend durchgeführt werden: Da die Beteiligten z.B. bei der Ermittlung der Fähigkeitsprofile aufgrund der Unzulänglichkeit der Qualifikationsverfahren meist vor einer Ermessensfrage stehen, sind sie i.d.R. auf Einschätzungen der Arbeitskräfte selbst hinsichtlich ihrer eigenen Fähigkeiten angewiesen. Ebenso wird man von einer Humanisierung der Arbeitsanforderungen in vielen Fällen erst dann sprechen können, wenn die Vorstellungen der Beschäftigten zur Gestaltung der Arbeitsplätze berücksichtigt worden sind. Ähnlich ist ein optimaler Personaleinsatz oft erst dadurch zu erreichen, daß die unmittelbar Betroffenen bereits bei der Anfertigung der einzelnen Stellenbesetzungspläne ihre Interessen einbringen können. Schließlich wäre es nicht zu vertreten, wenn die Kontrolle des Personaleinsatzes mit ihrem zentralen Instrument der Personalbeurteilung ohne Mitwirkung und die Niederschrift der Beurteilungsergebnisse in den Kontrollplan ohne Stellungnahme der Beurteilten erfolgen würde. Die Beteiligung der Arbeitnehmer an der Personalplanung ist aber auch bei anderen Teilplanungen zweckmäßig und notwendig, z.B. bei der Planung von Maßnahmen zur Personalentwicklung und zur innerbetrieblichen Personalbeschaffung oder bei der Erstellung von Sozialplänen im Rahmen der Personalabbauplanung. Außerdem ist zu bedenken, daß entsprechende gesetzliche Vorschriften bestehen, die es zu beachten gilt. So sei noch einmal auf § 81 BetrVG verwiesen, der bestimmt, daß der

Arbeitgeber den Arbeitnehmer über dessen Aufgabe und Verantwortung, über die Art seiner Tätigkeit und ihre Einordnung in den Arbeitsablauf des Betriebes sowie über Veränderungen in seinem Arbeitsbereich rechtzeitig zu unterrichten hat. Und nach § 82 BetrVG hat der Arbeitnehmer das Recht, in betrieblichen Angelegenheiten, "die seine Person betreffen", gehört zu werden. Er ist berechtigt, zu entsprechenden Maßnahmen des Arbeitgebers Stellung zu nehmen und Vorschläge für die Gestaltung des Arbeitsplatzes und des Arbeitsablaufs zu machen. Der Arbeitnehmer kann verlangen, daß ihm die Berechnung und Zusammensetzung seines Arbeitsentgelts erläutert und mit ihm die Beurteilung seiner Leistungen sowie die Möglichkeiten seiner beruflichen Entwicklungen im Betrieb erörtert werden. Obgleich diese Bestimmungen mit ihrer Beschränkung auf den Bereich der Mitwirkung den Arbeitnehmern ein volles Mitbestimmungsrecht nicht zugestehen, bieten sie ihnen doch die rechtliche Möglichkeit, sich an der Personalplanung zu beteiligen. In den Betrieben käme es darauf an, diese Mitwirkungsrechte für die Humanisierung der Arbeit konsequent zu nutzen.

Hierzu benötigen die Arbeitnehmer umfangreiche Qualifikationen, zu deren Vermittlung auch die betriebliche Weiterbildung beizutragen hat. Durch die Beteiligung an der Personalplanung bietet sich den Arbeitnehmern aber auch die Möglichkeit, sich die notwendigen Qualifikationen - wenigstens teilweise - *unmittelbar* anzueignen. Auf diese Weise erwerben und verarbeiten sie Erfahrungen über Personaleinsatzplanung und erreichen so *Partizipationskompetenz*. Damit wird der Personalplanung eine ganz *neue Qualität* zugesprochen: Ihre - qualitative - Aufgabe besteht nicht lediglich in der Vermittlung von Arbeitsanforderungen und Qualifikationen, sondern auch in der Entwicklung von Qualifikationen. Die Beteiligung der Beschäftigten an der Personalplanung vermag gleichsam über die Ausformung subjektiver Erfahrungen (in dem objektiven Erfahrungszusammenhang der Personalplanung) zu einer Erhöhung des Qualifikationspotentials der einzelnen Arbeitnehmer wie der Belegschaft insgesamt zu führen. Zu diesem subjektiven Aspekt der Qualifikationsentwicklung kann noch ein objektiver treten: Insoweit nämlich die erworbenen Partizipationskompetenzen für innovatorische Änderungen im Bereich der Personalplanung und des Personaleinsatzes selbst genutzt werden, ist auch eine Beförderung der Arbeitsanforderungen im Sinne humaner Arbeitsgestaltung möglich. Überhaupt bestünde die Möglichkeit, die Abstimmung von Arbeitsanforderungen und Qualifikationen zu verbessern. Hierzu wäre es insbesondere notwendig, die methodischen Probleme einer objektiven Ermittlung und Abstimmung von Arbeitsanforderungen und Qualifikationen dadurch zu überwinden, daß diese Aufgabe bewußt im Horizont der gegensätzlichen Interessen von Arbeitgeber und Arbeitnehmern gesehen und auf dem Wege der Kooperation und Kommunikation versucht wird, die beiden Kategorien in eine für Arbeitgeber und Arbeitnehmern *vertretbare Balance* zu bringen. Da solche Verbesserungen nicht nur für die Beschäftigten, sondern auch für den Arbeitgeber von Vorteil sind, liegt die Beteiligung der Arbeitnehmer an der Personalplanung 'an sich' im Interesse beider Seiten.

Damit die im Rahmen der Personalplanung ausgebildeten Qualifikationen reflektiert und praktisch werden können, wäre partizipatorisches Handeln an *Prozesse der innertrieblichen Kommunikation* über anstehende Entscheidungen und der Kontrolle ihrer Realisierung gebunden (vgl. GEORG/KIßLER 1981, S. 69 ff.). Da für diese Prozesse der *Personalplanungsausschuß* ein geeignetes Organ ist (siehe in Abschnitt 3.3), müßten auch die jeweils betroffenen Mitarbeiter zu seinen Sitzungen hinzugezogen und mit den notwendigen Mitwirkungs- und Mitbestimmungsbefugnissen ausgestattet werden. Ihre Mitarbeit im Personalplanungsausschuß müßte allerdings durch spezifische Weiterbildungsmaßnahmen (Seminare, Gruppensitzungen u.a.) unterstützt werden. Damit hätte der Personalplanungsausschuß im wesentlichen die Funktion einer Problemlösungsgruppe, ähnlich wie sie im "Tübinger Beteiligungsmodell" vorgesehen ist (siehe Abb. 44, S. 240).

Mit der Verwirklichung dieses Vorschlags wäre ein Schritt in Richtung auf eine *Demokratisierung der Betriebe* getan, die eine wichtige Voraussetzung ist für die Vermittlung zwischen Arbeitsanforderungen und Qualifikationen, ebenso wie für die Weiterbildung der Arbeitnehmer.

ZUSAMMENFASSUNG:
Die Beteiligung der Beschäftigten an der Personalplanung liegt - eigentlich - im beiderseitigen Interesse: des Arbeitgebers und der Arbeitnehmer. Sie dient der Vermittlung zwischen Arbeitsanforderungen und Qualifikationen und dem Interessenausgleich im Betrieb. Die Arbeitnehmer haben vor allem die Möglichkeit, Partizipationskompetenz zu erwerben und diese im Sinne einer humanen Arbeitsgestaltung einzusetzen. Als geeignetes Organ der Beteiligung bietet sich der Personalplanungsausschuß an.

 Übungsaufgabe 5:

Erstellen Sie einen Plan für einen Arbeitnehmerkurs zum Thema "Abstimmung von Arbeitsanforderungen und Qualifikationen durch Personalplanung". Der Kurs soll als Eingangsphase in die Mitarbeit im Personalplanungsausschuß dienen. Insgesamt stehen hierfür vier halbe Tage zur Verfügung, die sich auf vier Wochen verteilen. Konzipieren Sie den Plan in Form von vier Bausteinen, die auch partizipative Elemente enthalten.

6. ZUR WIRKSAMKEIT DER BETRIEBLICHEN WEITERBILDUNG

6.0 FALLSTUDIE: TRANSFEREVALUIERUNG EINES KOMMUNIKATIONS- UND KOOPERATIONSTRAININGS[1]

Ein fünftägiges Kommunikations- und Kooperationstraining wird seit mehreren Jahren im Rahmen eines Führungskräftetrainings durchgeführt. Die Teilnehmergruppen (durchschnittlich 12-15 Personen) setzen sich aus Gruppen-bzw. Abteilungsleitern/-leiterinnen zusammen.

Das Seminar - ein problem- und gruppendynamisch orientiertes Inhalts- und Prozeß-Seminar - beinhaltet Themen wie Kommunikationsmodelle, Selbstbild-, Fremdbild-Analyse, Motivations- und Führungsmodelle und Gruppen- und Persönlichkeitsentwicklung. Diese Inhalte und Prozesse werden mit Gruppenübungen, Video-Feedback und Lehrgesprächen bearbeitet. Während der Seminare werden täglich Lernprozeßevaluierungen und am Ende eine ausführliche Lernerfolgsevaluierung durchgeführt. Jeder Teilnehmer formuliert einen detaillierten Aktionsplan für die Zeit nach dem Seminar. Um den Verbindlichkeitsgrad dieser Aktionspläne zu erhöhen, geht ein Durchschlag der Aktionspläne an das Trainerteam. Der Termin für das Nachbereitungstreffen wird am Ende des Seminars gemeinsam mit den Teilnehmern vereinbart.

Durchschnittlich ergibt sich eine Transferphase zwischen Seminar und Nachbereitungstreffen von ca. 3 Monaten. Aufgrund der starken Belastung der Führungskräfte ist es nur möglich, relativ kurze Nachbereitungstreffen von 1/2 bis 2/3 Tag durchzuführen.

Mit dieser zeitlichen Restriktion und dem Wunsch, neben dem Erfahrungsaustausch über Umsetzungserfolge und -probleme auch noch eine Transferevaluierung durchzuführen, stellte sich die Frage, ob diese verschiedenen Inhalte nicht noch stärker kombinierbar seien als eine bloße Aneinanderreihung der Aktivitäten. Es müßte doch möglich sein, eine Evaluierungsform zu finden, die nicht nur ihre *primäre* Aufgabe, nämlich die

---

[1] Mit Abänderungen entnommen aus: MARCOTTY 1984, S. 28 ff.

Evaluierung erfüllt, sondern auch *sekundär* die übrigen Komponenten eines Nachbereitungstreffens beinhaltet (problemorientierter und allgemeiner Input, Erfahrungsaustausch etc.). In dem Konzept wurde die Transferevaluierung völlig in das Nachbereitungstreffen integriert.

Der zentrale Punkt des Nachbereitungstreffens ist das Evaluierungsinstrument selbst. Es ist folgende Gruppenarbeit vorgesehen:
Kommen Sie zu einem einstimmigen Gruppenergebnis zu folgenden Fragen:

1. Was hat uns das Seminar "Kommunikations- und Kooperationstraining" am Arbeitsplatz und im Privatleben gebracht?

2. Was würden wir - nachdem wir nun das Seminar kennen - ändern, hinzufügen, weglassen? (Jeweils mit kurzer Begründung)

3. Was wir dem Trainer noch sagen wollen ...

Sie haben zur Beantwortung der Fragen insgesamt 2 Stunden Zeit.

Diese Gruppenarbeit ist wie folgt in den Gesamtablauf eingebunden:

08.00 - 08.15 h - Kurze Begrüßung der Teilnehmer und Erläuterung des vorgesehenen Ablaufs

08.15 - 08.30 h - Einführung in die Gruppenarbeit (siehe im Anschluß an den Zeitplan), Video-Aufzeichnung

08.30 - 10.30 h - Gruppenarbeitszeit (alle Teilnehmer gemeinsam in einer Gruppe)

10.30 - 10.45 h - Kurze Reflexion der Gruppe über ihre Zusammenarbeit

10.45 - 11.15 h - P a u s e

11.15 - 12.30 h - Auswertung der Video-Aufzeichnungen anhand einiger Beispiele mit allgemeinem Input (theoretisch und praktisch) durch den Trainer

12.30 - E n d e - (Dauer des Nachbereitungstreffens 1/2 Tag)

Falls notwendig, kann noch eine problemorientierte Einheit nach der Mittagspause durchgeführt werden (Dauer des Nachbereitungstreffens dann insgesamt ca. 2/3 Tag).

Warum gerade eine Gruppenarbeit als Evaluierungsinstrument? Hierfür sind vier Gründe ("vier Fliegen") ausschlaggebend:

1. Eine Transferevaluierung wird durch seminarähnliche Aktivitäten im Nachbereitungstreffen erleichtert;

2. durch die Kombination von Transferevaluierung und seminarähnlicher Aktivität wird das Nachbereitungstreffen zeitlich kompakt;

3. das Nachbereitungstreffen wird zu einem Miniseminar, indem die seminarähnliche Aktivität bzw. die Transferevaluierung so gestaltet wird, daß erneute Lern- und Übungssituationen für die Teilnehmer entstehen;

4. durch die Forderung eines "einstimmigen Gruppenergebnisses" faßt die Gruppe die Evaluierungsergebnisse selbst zusammen und entlastet hierdurch den Trainer.

Jede Teilnehmergruppe gestaltet die Gruppenarbeit unterschiedlich. Manche Gruppen wählen einen Moderator oder verwenden Metaplantechnik[x], andere nicht. Dementsprechend unterschiedlich strukturiert fallen auch die Ergebnisse aus. Die Art und Weise, in der die Gruppe die Aufgabe löst, gibt dem Trainer gute Aufschlüsse darüber, ob die Teilnehmer die im Seminar erlernten Kommunikationstechniken auch noch drei Monate nach dem Seminar anwenden können.

Die Teilnehmergruppe, die die folgenden Ergebnisse erarbeitet hat, wählte gleich zu Beginn der Gruppenarbeitszeit einen Moderator und entschied sich für eine Kärtchenabfrage. Danach bildete sie diverse Cluster und verdichtete diese Cluster zu Kernaussagen. Die Antworten zur dritten Frage "Was wir dem Trainer noch sagen wollen ..." wurden nicht schriftlich festgehalten, sondern direkt den Trainern rückgekoppelt. Primär kamen hier Statements zum individuellen Trainingsstil und auch zu unserer Person.

Frage 1: *Was hat uns das Seminar "Kommunikations-Kooperationstraining" am Arbeitsplatz und im Privatleben gebracht?*

Zusammenfassung der Ergebnisse:

- allgemein ...: keine strikte Trennung zwischen Privat und Betrieb
- Gespräche ...: bessere Gesprächstechniken durch Zuhören, Rückkopplung, Organisation der Gespräche, Information.
- Verhalten ...: bewußteres Erleben des eigenen und fremden Verhaltens; eigenes Verhalten kontrolliert verändern; eigene Verhaltensänderung ist der wichtigste Punkt;
- Motivation ...: Möglichkeiten zur besseren Motivation;
- Klima ...: Verhalten schafft Klima.

Frage 2: *Was würden wir - nachdem wir nun das Seminar kennen - ändern, hinzufügen, weglassen?*

Zusammenfassung der Ergebnisse:
Wir würden das Seminar um folgende Themen erweitern:

- mehr Verhaltenstraining; Verhaltensweisen schulen; mehr gezielte persönliche Rückmeldung; Verhaltensänderung ist nur möglich, wenn Schwerpunkte erkennbar sind;
- organisatorisch würden wir folgendes ändern: Teilung des Seminars in zwei Phasen (2 x 3 Tage) mit maximalem Zeitabstand von 4 Wochen (Grund: bessere Motivation); Lesen am Abend weglassen (Grund: wurde nur als Pflichtübung gesehen).

Die gesamte Gruppenarbeit wurde auf Video aufgezeichnet. Dies ermöglichte eine genaue Analyse des Gruppenprozesses a) zusammen mit den Teilnehmern nach Abschluß der Gruppenarbeit und b) nach Abschluß des Nachbereitungstreffens innerhalb des Trainerteams.

Im Reflexionsgespräch der Gruppe wurde deutlich, daß einige Teilnehmer den erfolgreichen Lerntransfer aus dem Seminar selber beobachtet hatten. Es war aber auch sehr deutlich geworden, welche Kommunikations- und Kooperationshürden die Gruppe/einzelne Teilnehmer noch nicht erfolgreich gemeistert haben. Es fiel deutlich auf, daß die Teilnehmer aus dem Seminar eine geschärfte Beobachtungsgabe ihres eigenen Verhaltens gewonnen haben. Was das Seminar *nun* im einzelnen "gebracht" hat, ist nicht nur in verbalen Aussagen manifestiert, sondern auch deutlich in der Video-Aufzeichnung sichtbar. Die Teilnehmer sind also noch einmal sensibilisiert worden, das eine oder andere an ihrem Verhalten zu überdenken bzw. zu ändern. Während der Durchsprache der Video-Aufzeichnung wurden entweder

- zum Seminar vergleichbare Situationen hervorgehoben, um noch einmal alternative Verhaltensweisen aufzuzeigen,
- oder es wurden die Situationen, in denen deutlich ein Lernerfolg eines einzelnen oder aber der Gruppe erkennbar war, unterstrichen.

Die Fallstudie veranlaßt uns, den folgenden Fragen näher nachzugehen:

1. Welche Bedeutung kommt der Evaluation in der Weiterbildung zu und welche Funktionen hat sie zu übernehmen?

2. Welche Evaluationsmethoden stehen zur Verfügung?

3. Auf welche Gegenstände bezieht sich die Evaluation?

6.1 BEDEUTUNG DER EVALUATION IN DER WEITERBILDUNG

Die Evaluierung der Weiterbildungsmaßnahmen wird im allgemeinen mit Stichworten wie Erfolgskontrolle, Erfolgsermittlung, Trainingserfolg oder Weiterbildungserfolg gekennzeichnet. Es geht dabei um die zielorientierte Bewertung der Wirksamkeit von Weiterbildungsmaßnahmen. Im Kern der Evaluation stehen die Fragen: *"Evaluierung für wen und Evaluierung durch wen?"* ... Und: *"Wer beurteilt wen oder was in welcher Weise?"* (BRONNER/SCHRÖDER 1983, S. 64). Dabei ist Evaluation nicht identisch mit der Kontrolle des individuellen Lernerfolges, denn sie zielt mehr oder weniger auf die Bewertung ganzer pädagogischer Systeme oder Teilsysteme (vgl. MÜNCH/MÜLLER 1988, S. 31 f.; HOHL 1986).

Die Evaluation ist ein großes Problem im Bereich der Weiterbildungsmaßnahmen, vor allem, wenn sie sich auf nichtquantifizierbare Elemente bezieht. Während in der praxisorientierten Literatur häufig der Eindruck erweckt wird, mit den verschiedenen Instrumenten der Erfolgsermittlung sei eine handhabbare Evaluierung möglich, ist die stärker wissenschaftlich ausgerichtete Fachliteratur skeptischer: Oft wird sogar behauptet, eine genaue Erfolgsermittlung sei gar nicht möglich (vgl. BRONNER 1983, S. 191 ff.).

Die *Gründe* für eine systematische Erfolgsermittlung der Weiterbildung sind pädagogischer und ökonomischer Art. In Abb. 45 werden sie nach einzelnen Leitmotiven unterschieden und auf Interessenten bezogen (vgl. Abb. 45, entnommen aus: BRONNER/SCHRÖDER 1983, S. 64).

Abb. 45: Interessenten und Leitmotive der Evaluierung

Evaluierung durch / für	Teilnehmer	Vorgesetzter	Trainer	Trainings-Manager
Teilnehmer (selbst)	PM 2—4	PM 2—4	PM 2—4	PM 2—4
Teilnehmer (alle)	PM 1—4	PM 1—4	PM 1—4	PM 1—4
Vorgesetzter	PM 1—4	PM 1, 3, 4	PM 1, 3, 4 ÖM 1—4	PM 1—4 ÖM 1—4
Trainer	PM 1—4 ÖM 3 + 4	PM 1, 3, 4 ÖM 2—4	PM 1, 3, 4	PM 1, 3, 4 ÖM 2—4
Trainings-Manager	PM 1, 3, 4 ÖM 1—4	PM 1, 3, 4 ÖM 1—4	PM 1, 3, 4 ÖM 2—4	PM 1, 3, 4 ÖM 1—4

Legende:
PM = Pädagogische Motive
ÖM = Ökonomische Motive

PM 1 = Lehrerfolgsnachweis
PM 2 = Lernmotivationsanreiz
PM 3 = Lernerfolgsnachweis
PM 4 = Bildungsbedarfshinweis

ÖM 1 = Ressourcengewinnung
ÖM 2 = Ressourcenbemessung
ÖM 3 = Rechenschaftslegung
ÖM 4 = Effizienznachweis

Die Evaluierung dient nicht nur der Kontrolle, sondern auch der Steuerung und Förderung der Weiterbildung. Diese kann ansetzen

- in der *Analyse-Phase*; so ist Weiterbildung nur eine von mehreren Problemlösungsstrategien, die von den Linienmitarbeitern sowie den Vorgesetzten und unterstützt durch Stabs-Spezialisten der Weiterbildung getragen werden, sie dient dann der Problemermittlung;
- in der *Gestaltungs-Phase*, bei der Ziele ermittelt und verbindlich festgelegt, Strategien, Maßnahmen, Prozesse ausgearbeitet und Teilnehmer sowie Veranstaltungen vorbereitet werden; sie dient dann der Maßnahmenentwicklung;
- in der *Trainings-Phase*, wo der eigentliche Lernprozeß stattfindet, der durch eine Vielzahl von Faktoren beeinflußt wird;
- in der *Transfer-Phase*, mit der die Beeinflussung einer Tätigkeit im Funktionsfeld durch die Weiterbildungsmaßnahme verstanden wird.

Der Lernerfolg wird im wesentlichen vom Programm, von den anderen Teilnehmern, vom Trainer und von der Situation beeinflußt. Diese Faktoren beeinflussen sich wechselseitig und bestimmen Lehrangebote und Lernbedingungen (vgl. Abb. 46, S. 253, entnommen aus: BRONNER/ SCHRÖDER 1983, S. 181).

Eine große Rolle spielt hierbei die Professionalität der betrieblichen Weiterbildner, die sich auf konzeptionelle, führende, bildungstechnologische, personale und soziale Kompetenzen bezieht und den Lern- und Organisationsprozeß wirksam steuert.

Die Evaluation der betrieblichen Weiterbildung hat im wesentlichen *drei Funktionen* (vgl. MÜNCH/MÜLLER 1988, S. 38 ff.):
- *Die Funktion der Entscheidungsfindung*
  Immer mehr gehen Betriebe dazu über, die rationale Programmplanung und Gestaltung der Weiterbildungsmaßnahmen von der Messung der

Wirksamkeit vergangener Weiterbildungsmaßnahmen abhängig zu machen. Diese Evaluation kann zur Folge haben, daß eine Weiterbildungsmaßnahme fortgeführt, verkürzt, verlängert, verändert oder auch eingestellt wird.

Abb. 46: Bestimmungsfaktoren des Lernerfolges

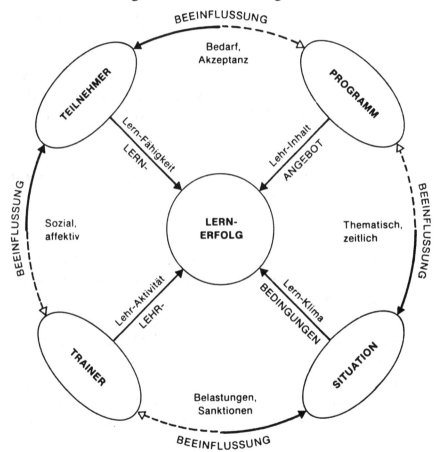

- *Die Funktion der Legitimation*
  Bei allen Ausgaben und Aufwendungen wird in der betrieblichen Praxis nach dem nachweisbaren Nutzen gefragt. Entsprechend sind auch die Weiterbildungsmaßnahmen der Optimierung ausgesetzt. Da mittlerweile geeignete Evaluierungsinstrumente vorhanden sind, kann die Frage nach der Effizienz der Maßnahmen nicht mehr mit dem früher üblichen Hinweis auf das Fehlen wirksamer Meß- und Kontrollinstrumente abgewehrt werden.
- *Die Funktion der Intensivierung des Lernens*
  Die Intensivierung des Lernens wird durch die Beteiligung der Weiterbildungsteilnehmer am Evaluationsprozeß erreicht. Dies führt oft zu einem Identitätsgewinn, indem man die Entwicklungsmöglichkeiten erweitert, die Selbstkontrolle für Lernfortschritte ermöglicht und damit die Lernmotivation steigert. Insofern befinden sich die Teilnehmer in einem Lehr-Lern-Prozeß, der die Lernergebnisse nachhaltig fördert. Nicht selten werden Selbst- und Fremdevaluation integriert.

ZUSAMMENFASSUNG:
Zusammenfassend weisen wir noch einmal auf folgende Punkte hin:
- Bei der Evaluation geht es um die Frage der Wirksamkeit von Weiterbildungsmaßnahmen;
- die Gründe der Evaluation sind pädagogischer Art (Lehr- und Lernerfolgsnachweis, Lernmotivationsanreiz und Bildungsbedarfshinweis) und ökonomischer Art (Ressourcengewinnung und -bemessung, Rechenschaftslegung und Effizienznachweis);
- die Evaluierung dient neben der Kontrolle auch der Weiterbildungssteuerung. Diese kann ansetzen in der Phase der Analyse, der Gestaltung, des Trainings und des Transfers;
- die Evaluation der Weiterbildung hat die Funktion der Entscheidungsfindung, der Legitimation und der Lernintensivierung.

6.2 METHODEN DER EVALUATION

Eine konsistente und bewährte Methode der Evaluation existiert nicht, wohl aber verschiedene Ansätze, die teilweise einen erheblichen Aufwand erfordern. Die angewandten Methoden können in prozeßbegleitende (formative) und reaktive (summative) Evaluation einerseits und quantitative und qualitative Methoden andererseits unterschieden werden. → STUDIERHINWEIS: (Einen Überblick über die verschiedenen Methoden der Evaluation geben GERL/PEHL 1983; KURTZ u.a. 1984, HENTZE 1989[4], Bd. 1, S. 371 ff.).

Prozeßbezogene Erfolgssteuerung bedeutet die laufende Überprüfung der Lehr-und Lernprozesse und die Umsetzung der Evaluationsergebnisse. Sie erfolgt vor allem in Form einer Selbstevaluation, etwa durch Selbsteinschätzungsbögen, Einzelgesprächen mit den Teilnehmern, Manöverkritik[x], Gespräche mit Gruppensprechern, Gruppen-feed-back nach schriftlich formulierten Fragen oder durch Beurteilungsskalen bzw. Polaritätsprofilen[x]. Gelegentlich werden auch mehr oder minder systematisierte Beobachtungen durchgeführt, etwa nach der Methode von BALES (1950), wonach die Sprache, Mimik und Gestik mit einer Klassifizierung sozioemotionaler aufgabenbezogener Interaktion erfaßt werden sollen (vgl. ANTONS 1976, S. 63 ff.). Zu den prozeßbezogenen Erfolgssteuerungsmaßnahmen gehört auch die grafische Darstellung der sozialen Strukturen, Verhältnisse und Beziehungen (Soziogramm) oder die Ermittlung von Lernerfolgen durch Prüfungen.

Reaktive Erfolgssteuerung bedeutet eine nachträgliche Analyse nach einer abgeschlossenen Weiterbildungsmaßnahme. Sie hat - möglicherweise - Einfluß auf spätere Weiterbildungsmaßnahmen, aber nicht mehr auf die durchgeführte Veranstaltung. Die Kontrolle - bei der die sog. Fremdevaluation im Vordergrund steht - bezieht sich meist auf Kenntnisse und Verhaltensweisen der Teilnehmer einer Maßnahme. Hierfür werden im allgemeinen Beurteilungsbögen herangezogen und Abschlußberichte angefertigt. Manchmal wird auch vor und nach einer Weiterbildungsmaßnahme ein Wissenstest durchgeführt. Verbreitet sind auch Fallstudien, die vor und nach dem Seminar bearbeitet werden und die Auskunft über den Lernprozeß geben. Einstellungsänderungen hingegen werden etwa durch Befragen, durch den Einsatz eines Fragebogens oder durch Paarvergleich[x] erfaßt.

Quantitative Evaluation wird meist mit dem Einsatz eines (standardisierten) Fragebogens vollzogen. Daß Fragebögen in vielen deutschen Unternehmen eingesetzt werden, beweist nach MÜNCH/MÜLLER keineswegs, daß diese eine verläßliche Grundlage für die weitere Planung darstellen, denn nicht selten wird die Beantwortung unmotiviert, spärlich oder lückenhaft durchgeführt (vgl. MÜNCH/MÜLLER 1988, S. 49 ff.). Hinzu kommt, daß ein Fragebogen nur auf die gestellten Fragen Antworten gibt, die allgemeine Stimmung am Ende einer Veranstaltung das Gesamturteil beeinflußt und diese nichts über den Lernfortschritt des Teilnehmers aussagt. Oft wird auch die Popularität des Referenten beurteilt und nicht seine Eignung. "Dagegen erfährt man in einer Abschlußdiskussion oft Dinge, die man nicht erfragt, an die man nicht gedacht hat" (BRONNER/ SCHRÖDER 1983, S. 218).

Deshalb sind in den letzten Jahren immer mehr *qualitative Methoden* alternativ eingeführt worden, die offener, unverbindlicher und informeller sind. Zu den qualitativen Methoden gehören vor allem Gesprächsformen, wie z.B. Expertengespräche. Sie zielen auf die Erfassung "weicher" Daten nach dem Ansatz der Aktionsforschung[x] und sind weit mehr teilnehmerorientiert als die Methoden, die nach den Regeln der traditionellen empirischen Sozialforschung[x] "harte" Daten ermitteln sollen. Im Rahmen von Projekten zur partizipativen Arbeitsgestaltung und ihrer berufspädagogischen Begleitforschung hat insbesondere die Gruppendiskussion (mit oder auch ohne Gesprächsleitfaden) einen gewissen Stellenwert erlangt, weil sie

aufgrund ihrer Offenheit besonders geeignet ist, die Projekterfahrungen der Betroffenen kommunikativ zu ermitteln und zu verarbeiten. Dabei ist die Gruppendiskussion nicht nur Erhebungs- und Analyseprozeß, sondern zugleich auch Lernprozeß. Im allgemeinen sind Gruppendiskussionen jedoch nur im Rahmen einer Evaluation des vollständigen Weiterbildungsprogramms in seinem sozialstrukturellen Kontext sinnvoll, abgesehen davon, daß sie an das Verhalten der Diskussionsleiter hohe Anforderungen stellen (vgl. BRUCKS u.a. 1984, S. 98 ff.).
Notwendig ist die Aufzeichnung des Diskussionsverlaufs auf Band oder Video, um eine Auswertung vornehmen zu können. Insofern diese neben formalen Informationen auch detaillierte inhaltliche Aufschlüsse über den Weiterbildungserfolg erbringen sollen, sind teilweise umfängliche Analysen des thematischen Verlaufs und des Interaktionsprozesses vorzunehmen.
Nicht so aufwendig wie die so aufgeführten und ausgewerteten Gruppendiskussionen sind einfache Nachbesprechungen mit einzelnen Teilnehmern der Weiterbildungsmaßnahme oder der ganzen Gruppe unter Anfertigung von Protokollen, die ebenfalls wichtige Hinweise auf den Weiterbildungserfolg geben können.

ZUSAMMENFASSUNG:
Es ist festzuhalten, daß zum einen prozeßbegleitende (formative) und reaktive (summative) Methoden und zum anderen quantitative und qualitative Methoden für die Weiterbildungsevaluation zur Verfügung stehen.
Mit prozeßbegleitenden Methoden (z.B. Einzelgespräche oder Manöverkritik) wird der Weiterbildungsprozeß laufend überprüft und die gewonnenen Erkenntnisse werden gleich in Verbesserungen umgesetzt. Die reaktive Evaluation (mit Beurteilungsbögen, Fallstudien u.a.) setzt hingegen erst nach Durchführung einer Bildungsmaßnahme ein. Die Ergebnisse sind relevant für nachfolgende Veranstaltungen.
Quantitative Evaluationsmethoden (i.d.R. in Form von Fragebögen mit standardisierten Fragen) zielen auf Ermittlung "harter" Daten. Demgegen-

über werden mit qualitativen Methoden (z.b. Expertengespräche) eher "weiche" Daten gewonnen.

6.3 GEGENSTÄNDE DER EVALUATION

Hauptgegenstände der Weiterbildungsevaluation sind das Lernergebnis und das Transferergebnis. Im Mittelpunkt des Evaluationsgegenstandes *'Lernergebnis'* steht die Erarbeitung und Erreichung der in den Lernzielen beschriebenen kognitiven, affektiven und psycho-motorischen Verhaltensänderungen. Mit Hilfe von Taxonomien (siehe Abb. 47, S. 259, entnommen aus: BRONNER/SCHRÖDER 1983, S. 135) wird versucht, nicht nur die Lernziele zu klassifizieren, sondern auch zu ihrer Beurteilung beizutragen. Es soll kontrolliert werden, in welchen Bereichen Lernerfolge stattfinden und ob sie der Planung und Steuerung der Lernverfahren dienen, ob das Lernen ausgewogen ist und ob in ausreichendem Maße affektive Impulse gegeben werden.

Als Kriterien für den Lernerfolg dienen im allgemeinen Faktoren wie der Zuwachs an Problemlösungsfähigkeiten, die Sensibilisierung für neue Probleme, der Identifikationszuwachs mit dem Unternehmen, ein Motivationsschub oder der Zuwachs an Lernfähigkeit.

Das *Transferergebnis* bezieht sich auf das selbständige Übertragen des Gelernten aus dem Lernfeld der Weiterbildungsmaßnahme in das Funktionsfeld "Arbeitsplatz". Hier sind die Verhaltensmodifikationen zu nennen, die sich - positiv gesehen - als wirksamere Kooperation, erhöhte Leistungsmotivation, mehr Ideen für neue Aufgabenlösungen, verbesserte Verhandlungsführung und Konferenztechnik zeigen können. Natürlich können dabei auch negative Verhaltensänderungen entstehen, die die Qualität des Arbeitssystems beeinträchtigen oder zur Demotivierung führen.

Abb. 47: Beispiel einer Lernziel-Taxonomie (nach OCHSNER)

Taxonomie / Lernsequenz / Lernziel / Thema	Kognitiver Bereich							Emotionaler Bereich		
	Wissen		Intellektuelle Operationen							
	Tatsachen und Begriffe	Verfahren und Methoden	Regeln und Gesetz	Verständnis	Anwendung	Analyse	Synthese	Aufnahme	Beantwortung	Bewertung
Einführung der Methode „Management by Objectives" (MBO). Branchenähnliche Firmen erwähnen, die bereits mit MBO arbeiten.	x							x		
Vermittlung der Grundbegriffe: Der Lernende soll innert 10 Minuten ohne Hilfsmittel 8 von 10 Grundsätzen des MBO aufschreiben können.			x							
Fallstudie (in Teamarbeit): Der Lernende soll in 4 Stunden unter Zuhilfenahme der Kursunterlagen und mit Beratung des Referenten 15 von 20 Teilproblemen in der Fallstudie - richtig erfassen (aufschreiben)				x						
- die zu treffenden Maßnahmen im Sinne des MBO vorschlagen (1 Bericht pro Team)					x	x	x		x	x
- die Formulare 1–5 richtig ausfüllen	x				x					
Ausbildungs-Grobziel Der Absolvent des Kurses soll fähig sein, mit Hilfe des Beraters in 6 Monaten MBO in seiner Firma einzuführen.									x	

Insbesondere organisatorische Rahmenbedingungen und Beziehungsstrukturen können zu Transferhemmnissen werden (vgl. Abb. 48, S. 261, entnommen aus: BRONNER/SCHRÖDER 1983, S. 235).

Da hier sowohl das Lernfeld als auch das Funktionsfeld beurteilt werden muß, ist die Ermittlung des Transfererfolges besonders schwierig. Dabei werden im allgemeinen folgende Evaluationskriterien herangezogen:

- "Schnelligkeit, mit der es den Teilnehmern gelingt, neu gelernte Fähigkeiten auf die Bedingungen ihrer Arbeitssituation zu übertragen;
- Effizienz, mit der die Teilnehmer in ihrem Aufgabenfeld Probleme bewältigen;
- Motivation, mit der die Teilnehmer die Aufgaben und Probleme am Arbeitsplatz nach Abschluß der Weiterbildungsmaßnahme angehen und lösen;
- Grad der Kooperation, mit der die Teilnehmer ihre Aufgaben am Arbeitsplatz angehen;
- Qualität der Kommunikation, mit der die Teilnehmer ihre Tätigkeit am Arbeitsplatz wieder aufnehmen;
- Qualität der Lösungen, welche die Teilnehmer am Arbeitsplatz erarbeiten;
- Akzeptanz der Tätigkeit und der Arbeitsergebnisse der Teilnehmer bei ihren Vorgesetzten, Kollegen und Mitarbeitern am Arbeitsplatz;
- Handlungsfähigkeit der Teilnehmer am Arbeitsplatz;
- Entscheidungsfähigkeit der Teilnehmer am Arbeitsplatz" (MÜNCH/ MÜLLER 1988, S. 47 f.).

Manchmal wird auch versucht, durch bestimmte Vorkehrungen einen möglichst großen Lerntransfer zu erreichen, z.B. durch die Einbeziehung der Vorgesetzten und Mitarbeiter in die Planung der Weiterbildungsmaßnahme, die tranferorientierte Gestaltung des Lernprozesses (anwendungsbezogene Vermittlung und Übung von Fachkompetenz u.a.) oder die Durchführung von Nachbereitungs- und Transfertreffen (vgl. MÜNCH/ MÜLLER 1988, S. 43).

Abb. 48: Transfer-Widerstände beim Übergang vom Lernfeld in das Funktionsfeld

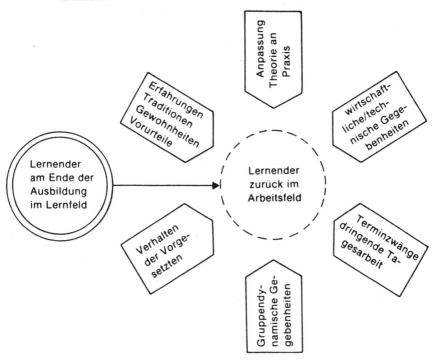

Neben den genannten primären Evaluationsgegenständen sind auch sekundäre Gegenstände, die ebenfalls zum Weiterbildungserfolg beitragen bzw. ihn beeinträchtigen können, überprüfungsfähig. Hierzu gehören nach MÜNCH und MÜLLER (vgl. MÜNCH/MÜLLER 1988, S. 43 ff.).

- die Eingangsvoraussetzungen der Teilnehmer (Auswahlverfahren und Auswahlkriterien, berufliche Qualifikation und Position);
- die Ziele und Inhalte (u.a. mit konkreten und praxisbezogenen Anwendungsbeispielen);
- die Methoden und Medien (damit sind u.a. Arbeitsform, Lern- und Lehraktivitäten, Lehrstil, die Lernsituation und die Unterrichtsmedien gemeint);
- die situativen Begebenheiten (insbesondere gilt es hier, die Einstiegs-, Anwendungs-, Gruppen- und evtl. die Konfliktsituation zu analysieren);
- die technisch-organisatorischen Rahmenbedingungen (hierzu gehören die Dauer- und die Zeitdifferenzierung sowie der Lernort bis hin zu den Freizeitmöglichkeiten, die bestimmend für die Lernatmosphäre und damit für den Lernerfolg sind);
- Kosten und Finanzierung der Weiterbildungsmaßnahme.

Eine Schlüsselstellung kommt den *Kosten* und der *Finanzierung* der Weiterbildungsmaßnahmen zu. Vor allem in Großbetrieben werden die Seminargebühren, Übernachtungs- und Verpflegungskosten, Fahrtkosten und Trainerhonorare exakt erfaßt und als direkte Kosten verbucht. Indirekte Kosten entstehen u.a. durch ausgefallene Arbeitszeiten, Verwaltungskosten und Nutzung für Seminarräume. Solchen Kosten lassen sich die bessere und schnellere Arbeitsweise oder die gesteigerte Motivation nach dem Training gegenrechnen. Dies verweist auf den Investitionscharakter der Weiterbildung (vgl. MENTZEL 1980, S. 236 ff.). In Klein- und Mittelbetrieben wird die Erfassung und Verrechnung von Bildungskosten meist nur grob vorgenommen. "Das liegt ... einmal an der Schwierigkeit, die notwendigen Kostenarten zu bestimmen und den sie verursachenden Kostenstellen, Bildungsmaßnahmen und Teilnehmern zuzuordnen, zum anderen scheut man den Aufwand, der oft nicht in Relation zum gesamten Aufgabenvolumen für betriebliche Bildung steht" (SABEL 1978, S. 87). Abbildung 49 zeigt im Überblick die verschiedenen Kostenbereiche, getrennt nach extern und intern durchgeführten Maßnahmen. (Vgl. Abb. 49, S. 263, entnommen aus: HENTZE 1989[4], Bd. 1, S. 369).

Abb. 49: Abgrenzung der Kostenarten im Bildungsbereich nach externen und internen Bildungsmaßnahmen

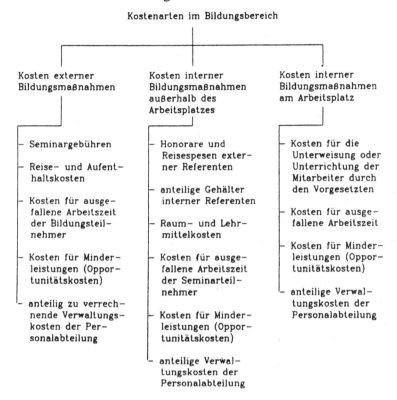

Es sei darauf hingewiesen, daß das Eingehen auf die Evaluationsgegenstände - dies gilt für die Methoden gleichermaßen - keineswegs bedeutet, daß diese in ihrer Breite auch in der betrieblichen Praxis angewendet werden. Ebenso wie die Bedeutung der Weiterbildung selbst mit der Betriebsgröße zunimmt, hat auch die Weiterbildungsevaluation in größeren Betrieben meist einen bedeutsameren Stellenwert. Ein zentrales Problem der Evaluation entsteht aus der relativen Unbestimmtheit betrieblicher Weiterbildung und der damit häufig wechselnden Rahmenbedingungen.

Viele Betriebe gehen auch davon aus, daß die Weiterbildung so oder so 'etwas bringt' und sind aus Kostengründen nicht bereit, die personellen Ressourcen für die Evaluation zur Verfügung zu stellen. Da Evaluation Zeit kostet, verzichten nicht wenige Betriebe auf die Erfolgsermittlung. Ein besonderes Problem stellt die Dissonanz zwischen Lernfeld und Funktionsfeld (Arbeitsplatz) dar; zwischen Soll- und Ist-Unternehmenskultur bestehen dann erhebliche Unterschiede, so daß die Möglichkeiten eines positiven Lerntranfers in das Funktionsfeld sehr begrenzt sind (vgl. MÜNCH/MÜLLER 1988, S. 54 ff.).

ZUSAMMENFASSUNG:
Primäre Evaluationsgegenstände der betrieblichen Weiterbildung sind das Lernergebnis und das Transferergebnis.
Bei dem Lernergebnis steht die Beurteilung von kognitiven, affektiven und psycho-motorischen Verhaltensänderungen mit Hilfe von Lernzieltaxonomien im Vordergrund. Das Transferergebnis bezieht sich auf - positiv und/oder negativ zu bewertende - Verhaltensmodifikationen (Kooperation, Leistungsmotivation u.a.) im Funktionsfeld "Arbeitsplatz" als Folge des Gelernten in der Weiterbildungsveranstaltung. Evaluationskriterien hierbei sind z.B. die Schnelligkeit, mit der neue Fähigkeiten in die Arbeitssituation tranferiert werden oder die Qualitätsveränderung der Kommunikation und des Handelns am Arbeitsplatz.
Von den sekundären Evaluationsgegenständen (Eingangsvoraussetzungen der Teilnehmer, Ziele und Inhalte, Methoden und Medien, Rahmenbedingungen u.a.) kommt den Kosten und der Finanzierung der Weiterbildungsmaßnahmen zentrale Bedeutung zu. Sie unterliegen jedoch meist nur in Großbetrieben genauer Berechnung. Klein- und Mittelbetriebe verfügen im allgemeinen nicht über ein entsprechend differenziertes Buchungssystem und zudem scheuen sie den Aufwand einer detaillierten Kostenerfassung und Finanzberechnung.

☑ Übungsaufgabe 6:

Lesen Sie noch einmal die Fallstudie unter 6.0 durch und beurteilen Sie sie unter Beachtung der Ausführungen in diesem Kapitel (zur Bedeutung, zu den Methoden und den Gegenständen der Weiterbildungsevaluation). Nehmen Sie dabei vor allem zu den an der Transferevaluierung beteiligten Personen und zu den ausgewählten Methoden Stellung.

ANHANG

LÖSUNGSHILFEN ZU DEN ÜBUNGSAUFGABEN

Übungsaufgabe 1:

Bei der Skizzierung des Personalplanungssystems sollten Sie von Abb. 5, 6 und 8 ausgehen. Anhand dieser Übersichten ist es Ihnen möglich, die Teilbereiche der betrieblichen Personalplanung und die zwischen ihnen bestehenden Beziehungen zu beschreiben. Dabei sollten Sie Ihr Augenmerk besonders auf die Aufgaben der einzelnen Planungsbereiche und den Zusammenhang zwischen Personalbedarfsplanung und personellen Maßnahmenplanungen richten.

Es wäre deutlich zu machen, daß die Personalplanung mit den übrigen Unternehmensplanungen und dem Arbeitsmarkt in wechselseitigen Abhängigkeitsverhältnissen steht. Dabei sollten Sie sich nicht mit einer formalen Beschreibung dieser Beziehungen begnügen; notwendig ist auch die inhaltliche Thematisierung ihrer wesentlichen Aspekte (z.B. die Personalplanung als bloße Folgeplanung der Investitions-, Produktions- und Absatzplanung, das Personal als Engpaßfaktor dieser Planungen, die Berücksichtigung der Arbeitsmarktpolitik in der Personalplanung, die Reaktion des Arbeitsmarktes auf betriebliche Entlassungen).

Im Zusammenhang mit der Bearbeitung der Frage nach der Bedeutung der Personalplanung für Arbeitgeber und Arbeitnehmer sollten Sie nicht nur zur Verbreitung der Personalplanung, zu den bestehenden Hindernissen, ihren Vorteilen und begrenzten Möglichkeiten Stellung nehmen, sondern auch die unterschiedlichen Interessen von Arbeitgebern, Arbeitnehmern und Staat angeben, die an die Personalplanung geknüpft sind. Hierbei können Sie sich weitgehend auf Abb. 2 stützen. Wichtig wäre vor allem aber die Diskussion der betrieblichen Personalplanung unter dem Aspekt ihrer Möglichkeiten zum Interessenausgleich zwischen Kapital und Arbeit im allgemeinen und zwischen Arbeitsanforderungen und Qualifikationen im besonderen.

Übungsaufgabe 2:

Ihre Aufgabe ist, einen Vorschlag zur Organisation der Personalplanung, insbesondere der Stellen- und Stellenbesetzungspläne zu unterbreiten, der eine möglichst optimale Abstimmung zwischen Arbeitsanforderungen und Qualifikationen der Arbeitskräfte ermöglicht.
Zunächst einmal sollte sich Ihr Vorschlag auf den Organisations- und Stellenplan beziehen. Hierin wären nämlich bereits Arbeitsplätze vorzusehen, die sowohl dem Interesse des Arbeitgebers an Erhöhung der Arbeitsproduktivität als auch dem Interesse der Arbeitnehmer an Humanisierung ihrer Arbeit genügen. Unter Umständen können Sie Ihre Vorstellungen am Beispiel eines bestimmten, 'komplex' geplanten Arbeitsplatzes verdeutlichen.
Sodann wären Angaben zur Ermittlung der Anforderungs- und Fähigkeitsprofile und zur Möglichkeit ihrer Abstimmung in Form des Profilvergleichs zu machen. Hierbei kommt es vor allem auf die detaillierte Beschreibung der einzelnen Planungsschritte an.
Weiterhin müßten Sie Vorschläge zur Erstellung des Stellenbesetzungsplanes und eventuell zu weiteren Zusatzplänen unterbreiten. Hierauf bezogen wäre es zweckmäßig, Muster für die einzelnen Planungsvorschläge beizufügen. Dabei können Sie auf jene zurückgreifen, die in Abschnitt 2.4 enthalten sind. Schließlich sollten sich Ihre Überlegungen auf die laufende Überprüfung der Anforderungs- und Fähigkeitsprofile richten. Dabei wäre es wichtig, auch Hinweise auf die Durchführung von Anforderungs- und Qualifikationsanalysen zu geben.

Übungsaufgabe 3:

Bei Ihrer Argumentation sollten Sie auf folgende Aspekte abheben und diese im einzelnen begründen:

- Ein Personalplanungsausschuß ist für eine institutionalisierte Zusammenarbeit zwischen Arbeitgeber und Betriebsrat im Bereich der Personalplanung notwendig.
- Er ist ein wichtiges Instrument für den Ausgleich der unterschiedlichen Interessen von Arbeitgeber und Arbeitnehmern und damit für die Vermeidung von Konflikten im Betrieb. Das gilt insbesondere für den paritätisch besetzten Personalplanungsausschuß.
- Der Personalplanungsausschuß stellt eine geeignete Form dar zur Wahrnehmung der Informations-, Anhörungs- und Beratungspflichten des Arbeitgebers und der Kontrollfunktionen des Betriebsrates. Insbesondere ist er für die Entscheidungsfindung auf personellem Gebiet von Bedeutung. Ein Konzern-Personalplanungsausschuß bietet die Möglichkeit, die Beratungen dort vorzunehmen, wo die Entscheidungen getroffen werden.
- Bei frühzeitiger Kommunikation zwischen Arbeitgeber und Betriebsrat im Personalplanungsausschuß können Benachteiligungen (z.B. in Form von Entlassungen oder unnötigen Personalkosten) vermieden werden.

Übungsaufgabe 4:

Bei der Bearbeitung des ersten Teils der Aufgabe können Sie dem Aufbau des 4. Kapitels folgen. Sie sollten den Text noch einmal durchsehen und die wesentlichen Aussagen zu folgenden Aspekten stichpunktartig zusammenstellen:

- Zur Funktion und zu den Angebotsformen der betrieblichen Weiterbildung,

- zur Funktion der Personalentwicklung,
- zur Funktion der Organisationsentwicklung,
- zu den Möglichkeiten der regionalen Zusammenarbeit und der Beförderung regionaler Entwicklungsprozesse durch Personalentwicklung,
- zu den Begründungsansätzen und Einzelbegründungen für betriebliche Weiterbildung,
- zu den Zielkomplexen der Weiterbildung mit ihren verschiedenen Dimensionen und
- zu den Situationsmerkmalen der betrieblichen Weiterbildung.

Für den zweiten Teil der Aufgabe empfiehlt es sich, eine Matrix zu erstellen, in der den einzelnen Situationsmerkmalen die jeweils relevanten Ziele des Arbeitgebers und der Arbeitnehmer zugeordnet werden. Eine solche Matrix erleichtert die Prüfung, welche Ziele auf dem Gebiet der betrieblichen Weiterbildung realisiert bzw. welche nicht realisiert werden. Zudem zwingt sie zur 'Kleinarbeit' der Ausführungen im Text und zur Systematisierung der eigenen Überlegungen.

Übungsaufgabe 5:

Bei der Erstellung des Weiterbildungsplanes sollten Sie das in Abb. 41 dargestellte Kursprogramm zur Hilfe nehmen. Die dort angegebenen Hauptpunkte (1. - 9.) müssen hier der gestellten Übungsaufgabe entsprechend ausgelegt werden. Besonders kommt es auf eine detaillierte Angabe des Bildungsstoffes und der Bildungsmethoden an.

Da der Kurs als "Einstieg" in das partizipative Praxisprojekt "Mitarbeit im Personalplanungsausschuß" konzipiert werden soll, sollten Sie sich vor allem Gedanken zu den notwendigen Handlungselementen machen (Anfertigung einer Stellenbeschreibung, Erstellung eines eigenen Fähigkeitsprofils u.a.). Auch ist es notwendig, geeignete Methoden zur sozialen Qualifikation für die Mitarbeit im Personalplanungsausschuß vorzuschlagen (Arbeit im Team, Diskussionsbeteiligung u.a.). Schließlich ist es zweckmäßig, die Befragung von Mitgliedern des Personalplanungsausschusses vorzusehen und hierfür einen Interviewleitfaden (als Anlage des Weiterbildungsplanes) zu entwickeln.

Übungsaufgabe 6:

Die Autorin der Fallstudie weist selber auf einige "kritische Punkte" des beschriebenen Transferevaluierungskonzepts hin, die ihrer Meinung nach nicht projektspezifisch sind (vgl. MARCOTTY 1984, S. 43 ff.). Es sind die folgenden, wörtlich übernommenen Punkte. Sie geben Ihnen bei der Bearbeitung der Übungsaufgabe wichtige Hinweise.

(1) In der von uns gewählten Evaluierungsmethode wurde den Teilnehmern eine sehr aktive Rolle zugewiesen. Die Teilnehmer gewichteten die Ergebnisse in der Gruppe. Sie trugen als Gruppe die Verantwortung für die Ergebnisse. Von sozialwissenschaftlicher Seite hat es sich bewährt, diesen Gruppen-Verantwortungsaspekt bei Evaluierungsvorhaben zu stärken. Hiermit vermeiden wir eine mögliche Fehlinterpretation der Ergebnisse durch die Trainer, wie sie oft bei Evaluierungen mit individuellen Fragebögen vorkommen. Auch seminarunerfahrene Teilnehmer bekommen durch die Lernprozeß- und Lernerfolgsevaluierungen ... während des Seminars ein ausreichendes Gespür für die wesentlichen Aspekte von Evaluierungen. Das heißt, wir glauben, daß Seminarteilnehmer durchaus "reif" sind, die Aufgabe "Transferevaluierung" gemeinsam in der Gruppe zu lösen.

(2) Den Teilnehmern sind alle Transferevaluierungsdaten bekannt, da sie die schriftlichen Aussagen zusammen erarbeiten und auch die Video-Aufzeichnung gemeinsam auswerten.

Ein Nachteil von Fragebogeneinzelevaluierungen ist, daß den Teilnehmern nicht bekannt ist, wie andere Mitglieder ihrer Gruppe das Seminar evaluieren. Wenn es kein Gruppenevaluierungsergebnis gibt, finden meist in informellen Gesprächen zwischen den Teilnehmern für die Trainer unerreichbare, aber wichtige Evaluierungen statt.

(3) Die Transferevaluierungsdaten sind nicht direkt in statistisch auswertbare Daten umsetzbar. Diesen Nachteil nehmen wir zu Gunsten der "vier Fliegen" in Kauf. Auch müssen wir uns fragen, was uns und vor allen Dingen den Teilnehmern statistische Auswertungen bei Transferevaluierungen "bringen".

(4) Die von uns gewählte Form transferzuevaluieren erscheint uns nur bei Seminaren ausreichend, die hinreichend im Unternehmen bewährt sind. Neue Seminare bedürfen sicherlich eines ausführlichen Transferevaluierungskonzeptes.
Ketzerisch müssen wir hier auch anmerken, daß oft nur neue Seminare transferevaluiert werden. Hat sich ein Seminar einmal "bewährt" (was auch immer das heißen mag), werden oft Transferevaluierungsmaßnahmen aus zeitlichen oder manpower-Gründen gestrichen. Bei dieser Betrachtungsweise wird der Nutzen, den die Transferevaluierung den Teilnehmern "bringt", vollkommen außer acht gelassen.

(5) Alternativ zu dem von uns in diesem Beitrag beschriebenen Ablauf ließe sich die Gruppenaufgabe auch durch eine Rollenaufteilung in Diskussionsteilnehmer und Beobachter (zum Beispiel: fishbowl = Innenkreis/Außenkreis oder Beobachtungsbogen für Gruppenfunktionen von BALES) verändern. Die Entscheidung für die eine oder andere Alternative sollte unserer Meinung nach vom Seminarablauf abhängen. Hatten einige Teilnehmer im Seminar Schwierigkeiten, gezielt Verhaltensbeobachtungen anzustellen, so empfiehlt es sich,

unter Umständen noch einen zusätzlichen Beobachtungsbogen vorzustellen beziehungsweise auszuprobieren.

(6) Im Laufe des Berufslebens besuchen die meisten Mitarbeiter mehrere Weiterbildungsveranstaltungen mit unterschiedlich erfolgreichen Lerntransfers. Es erscheint uns deshalb sinvoll, Seminarteilnehmer im Zuge einer Transferevaluierung nicht nur nach Transfererfolgen zu fragen, sondern auch nach eventuellen Transferhindernissen ... Eine genaue Analyse der Transferhindernisse ermöglicht es den Teilnehmern, bei zukünftigen Seminaren eventuelle Vorkehrungen zu treffen, um somit die Quote ihres persönlichen Lerntransfers zu erhöhen. Dieser Aspekt muß noch in das hier diskutierte Transferevaluierungskonzept integriert werden.

(7) Eine weitere Abrundung des Transferevaluierungskonzeptes können wir uns mit einer individuellen Maßnahmenplanung oder der Bildung von Lernpartnerschaften am Ende des Nachbereitungstreffens vorstellen. Im Nachbereitungstreffen sind erneute Lernsituationen enthalten, die durch eine erneute Maßnahmenplanung/Bildung von Lernpartnerschaften verstärkt würden.

(8) Eng mit Punkt (7) verknüpft ist auch die Möglichkeit der individuellen Beratung am Rande des Nachbereitungstreffens, falls individuelle Probleme auftauchen. Erkennt ein Teilnehmer, daß er trotz intensiver Bemühungen in der Transferphase ein Problem nicht allein lösen konnte, so kann ihm vielleicht mit einer erneuten Beratung geholfen werden. Überhaupt sollte der Trainer auch noch nach dem Nachbereitungstreffen den Teilnehmern als "Berater" zur Verfügung stehen.

(9) Last not least möchten wir nochmals den nicht unwesentlichen Problemkreis "manpower der Weiterbildungsabteilungen" aufgreifen. Ein

Kommunikationstraining muß wegen des hohen gruppendynamischen Anteils von zwei Trainern durchgeführt werden. Nachbereitungstreffen sind unserer Erfahrung nach gruppendynamisch gesehen nicht so intensiv wie ein fünftägiges Training, deshalb genügt hier ein Trainer. Die Video-Aufzeichnung läßt sich ohne weiteres von ihm allein bewerkstelligen. Der zweite Trainer, der nicht am Nachbereitungstreffen mitwirkt, kann sich jedoch jederzeit zu seiner persönlichen Information die Video-Aufzeichnung später ansehen und seine eigenen Schlüsse daraus ableiten.

VERZEICHNIS DER ABBILDUNGEN UND ÜBERSICHTEN

Abb. 1: Interessenlagen von Arbeitnehmern und Arbeitgebern
Abb. 2: Interessenschwerpunkte gesellschaftlicher Gruppen an der Personalplanung
Abb. 3: Schwierigkeiten aufgrund des Mikroelektronik-Einsatzes
Abb. 4: Situative Einflüsse auf die Personalplanung
Abb. 5: Zusammenhang zwischen den Personalmanagementfeldern
Abb. 6: Zentrale Fragen der Personalmanagementfelder
Abb. 7: Zusammensetzung des Personalbedarfs
Abb. 8: Teilplanungen und Planungsansätze der Personalplanung
Abb. 9: Inhalt und Ablauf der Personalbeschaffung
Abb. 10: Unterschiedliche Zielsetzung von Arbeitnehmern und Arbeitgebern in den Teilbereichen der Personalplanung
Abb. 11: Aufbau des Leitfadens zur qualititativen Personalplanung bei technischen Innovationen (LPI)
Abb. 12: Mögliche Ansatzpunkte für Personalplanung
Abb. 13: Beispiel: Organisationsplan eines Mittelbetriebes
Abb. 14: Beispiel: Stellenplan der Abteilung Finanz- und Rechnungswesen
Abb. 15: Beispiel: Stellenplan einer Formatgießerei
Abb. 16: Beispiel: Stellenbeschreibung
Abb. 17: Arbeitsplatzkarte
Abb. 18: Fähigkeiten, Disposition und Antriebe als Grundlage des Leistungsangebotes
Abb. 19: Struktur eines Personal- und Arbeitsplatzinformationssystems
Abb. 20: Grobgliederung einer korrespondierenden Anforderungs- und Fähigkeitsdatei
Abb. 21: Beispiel: Vergleich von Anforderungs- und Fähigkeitsprofil
Abb. 22: Funktionen von Personalinformationssystemen
Abb. 23: Personalinformationsverwaltung durch ein Expertensystem

Abb. 24: Ausschnitt aus einem Personalinformationssystem (z.B. Fluktuationsschlüssel als Beispiel einer Datenquelle)
Abb. 25: Bundesdatenschutzgesetz und Betriebsverfassungsgesetz
Abb. 26: Beispiel: Stellenbesetzungsplan (Auszug aus der Abteilung Gießerei)
Abb. 27: Beispiel: Nachfolgeplan
Abb. 28: Beispiel: Einsatzfolgeplan
Abb. 29: Beispiel: Nachfolgeliste
Abb. 30: Beispiel: Stellen- und laufbahnbezogenes Personalentwicklungssystem
Abb. 31: Exemplarische Dimension einer Verhaltensbeobachtungsskala
Abb. 32: Rechtsvorschriften zur Beeinflussung der Personalplanung im Planungsablauf
Abb. 33: Beispiel: Gremien für Personalplanung und Qualifizierungsmaßnahmen
Abb. 34: Struktur der betrieblichen Weiterbildungsangebote
Abb. 35: Methoden auf dem Weg zur Vermittlung von Schlüsselqualifikationen in der betrieblichen Bildung
Abb. 36: Teilnehmerquote nach Mitarbeitergruppen
Abb. 37: Prozentualer Anteil der Mitarbeitergruppen an den Beschäftigten und Teilnehmern betrieblicher Weiterbildung
Abb. 38: Der "Negativzirkel" frauenspezifischer Weiterbildung
Abb. 39: Prozentuale Verteilung der Maßnahmen, Teilnehmer und Teilnehmerstunden nach Maßnahmearten
Abb. 40: Komponenten eines betrieblichen Bildungssystems
Abb. 41: Programm für einen Vorarbeiterkurs
Abb. 42: Trainingsangebot Fachliche Weiterbildung (Gesamtübersicht)
Abb. 43: Konzeptioneller Bezugsrahmen der Lernstatt
Abb. 44: Modellstruktur des Tübinger Beteiligungsmodells
Abb. 45: Interessenten und Leitmotive der Evaluierung
Abb. 46: Bestimmungsfaktoren des Lernerfolges
Abb. 47: Beispiel einer Lernziel-Taxonomie (nach OCHSNER)

Abb. 48: Transfer-Widerstände beim Übergang vom Lernfeld in das Funktionsfeld

Abb. 49: Abgrenzung der Kostenarten im Bildungsbereich nach externen und internen Bildungsmaßnahmen

GLOSSAR

Aktionsforschung
Steht ein Forscher oder ein Forscherteam mit den im Forschungsfeld betroffenen Personen in einem sozialen Beziehungsgefüge bzw. in Kooperation, so spricht man von Aktionsforschung. Die beteiligten Personen werden nicht lediglich als Forschungsobjekt, sondern als Forschungssubjekt betrachtet, wobei verschiedene Grade ihrer Einbeziehung in den Forschungsprozeß möglich sind. Es geht bei dieser Forschung nicht ausschließlich darum, theoretische Aussagen zu überprüfen, sondern darum, gleichzeitig praktisch verändernd in gesellschaftliche Zusammenhänge einzugreifen.

Arbeit, komplexe
Sie umfaßt sowohl technisch-funktionale als auch politisch-kommunikative Arbeitsmerkmale und bezieht sich damit nicht nur auf Teile einzelner Arbeitshandlungsstrukturen ('restriktive Arbeit'), sondern auf den technischen, ökonomischen und politischen Gesamtzusammenhang einer bestimmten (individuellen und gesellschaftlichen) Arbeit.

Arbeitsanforderungen
Gesamtheit der Anforderungen ('Anforderungsprofil'), die der Arbeitgeber an einem Arbeitsplatz (einer Stelle) an den Arbeitnehmer stellt. Sie sind durch die - mehr oder weniger differenzierten und spezialisierten - Arbeitsaufgaben und die damit verbundenen Belastungen bestimmt, die es an dem Arbeitsplatz mit je vorgegebener > *Arbeitsorganisation* zu erfüllen gilt.

Arbeitsfunktionswechsel
Dieser umfaßt den Berufs- und Arbeitswechsel. Ein Berufswechsel liegt vor, wenn am neuen Arbeitsplatz Arbeiten verlangt werden, die gegenüber vorher eine andere Kombination von Fähigkeiten erfordern.

Ein (einmaliger) Arbeitswechsel liegt vor, wenn lediglich in der Art und/-oder im Umfang der Arbeitsaufgabe eine geringfügige Veränderung erfolgt, der Arbeitsplatz sonst aber unverändert bleibt.

Arbeitsgruppe, autonome
Soll der Gesamtkomplex der von den Mitarbeitern zu verrichtenden Tätigkeit selbst organisiert und durchgeführt und eine größere Variationsvielfalt der Tätigkeitsarten, Abwechslung der Aufgaben, Vermehrung kognitiver Beanspruchungen, gruppenbezogene Motivation und Kommunikation ermöglicht werden, so ist dies durch die Zusammenfassung von Beschäftigten zu einer sog. autonomen Arbeitsgruppe möglich. Allerdings wäre es besser, von > *teilautonomer Arbeitsgruppe* zu sprechen, denn im Rahmen gesellschaftlicher und betrieblicher Produktionsorganisation kann es Autonomie im Sinne von Unabhängigkeit nicht geben.

Arbeitsgruppe, teilautonome
Darunter ist eine Gruppe von Arbeitenden zu verstehen, der relativ umfängliche Arbeitsaufgaben (mit ähnlichen und verschiedenen Detailoperationen, mit der Möglichkeit des Wechsels und der selbständigen Disposition) übertragen werden und die bestimmte Aspekte (Arbeitszeit, Arbeitsverteilung, Arbeitsablauf o.a.) autonom regeln kann.

Arbeitsorganisation
Gesamtheit der formalen Bedingungen, die die Arbeitsverteilung und den Arbeitsablauf bestimmen.

Arbeitsplatzwechsel
Wechsel des Tätigkeits- und Arbeitsbereichs durch den Arbeitnehmer.

Arbeitsproduktivität
Kennzahl, die die Ergiebigkeit der Arbeit im Produktionsprozeß angibt, also das Verhältnis von Produktionsergebnis (Output) und Arbeitseinsatz

pro Beschäftigten, Arbeitsstunde o.ä. (Input). Die Arbeitsproduktivität läßt sich also erhöhen durch
- Steigerung des Produktionsergebnisses (bei gleichbleibendem Arbeitseinsatz);
- Senkung des Arbeitseinsatzes (bei gleichbleibendem Produktionsergebnis);
- Steigerung des Produktionsergebnisses bei gleichzeitiger Senkung des Arbeitseinsatzes.

Bisher wurde (in der Industrie) eine Steigerung der Arbeitsproduktivität vor allem durch eine partialisierte Arbeitsgestaltung erreicht. Neuerdings wird darüber diskutiert, ob nicht auch durch weniger Arbeitsteilung mehr Produktivität erzielt werden kann.

(Arbeits-)Qualifikation
Allgemein ist unter Qualifikation die Handlungsfähigkeit des einzelnen für die Übernahme der verschiedenen Lebensrollen zu verstehen. Mit Arbeitsqualifikation ist das individuelle Arbeitsvermögen gemeint, d.h. die Gesamtheit der Fähigkeiten ('Fähigkeitsprofil'), also die Kenntnisse, Fertigkeiten und Verhaltensmuster, die dem einzelnen zur Erfüllung der > *Arbeitsanforderungen* (funktionale Arbeitsqualifikation) wie seiner eigenen Ansprüche und Erwartungen (innovative Arbeitsqualifikation) zur Verfügung stehen.

Arbeitszufriedenheit
Die positive Grundstimmung in der Arbeitssituation ist als Arbeitszufriedenheit zu verstehen. Entscheidend für die Arbeitszufriedenheit ist der Grad der Entsprechung zwischen den Erwartungen des Individuums und ihrer Erfüllung in der Realität. Dabei stellen Anerkennung, menschliche Beziehungen, Einkommen, Weiterentwicklungsmöglichkeiten und der Arbeitsinhalt die vermutlichen Einflußgrößen dar. Die Abwesenheits- und

Kündigungsraten geben einen gewissen Aufschluß über die Arbeitszufriedenheit.

Assessment-Center
Das Assessment-Center ist ein standardisiertes, oft mehrtägiges Verfahren zur Ermittlung und Feststellung von Verhaltensleistungen. Mehrere Tests werden miteinander verbunden. Die Bewerber befinden sich in Gruppen und müssen gemeinsam verschiedene Probleme lösen. "Postkorbmethode", Gruppendiskussionen mit oder ohne Rollenvorgabe, Interviewsimulationen, Fallstudienanalysen etc. sind typische Beispiele für Assessment-Übungen.

Aufgabenbereicherung ('Job Enrichment')
Darunter ist die Vergrößerung der individuellen Arbeitsaufgaben durch Erhöhung des Dispositionsspielraumes und der Verantwortung zu verstehen, z.B. durch selbständige Einrichtung, Wartung und Reparatur der Anlagen oder durch selbständige Kontrolle der Endprodukte.

Aufgabenerweiterung ('Job Enlargement')
Darunter ist die Vergrößerung der individuellen Arbeitsaufgaben durch Hinzunahme strukturell ähnlicher Detailoperationen zu verstehen.

Aufgabenwechsel ('Job Rotation')
Darunter ist die wechselnde Verrichtung von - in der Regel kleineren - Arbeitsvollzügen an verschiedenen Arbeitsplätzen (bei vollem Lohnausgleich) zu verstehen. Je nachdem, ob es sich bei dem Wechsel um begrenzte oder um größere, möglicherweise ganz andere Arbeiten handelt, kann er mehr oder weniger zur Minderung von Monotonie und einseitiger Belastung führen.

Betriebsvereinbarung
Schriftliche Vereinbarung zwischen Arbeitgeber und Betriebsrat, die der generellen Regelung der betrieblichen und betriebsverfassungsrechtlichen

Ordnung oder der Gestaltung der individuellen Rechtsbeziehungen zwischen Arbeitgeber und Arbeitnehmer dient. Rechtsgrundlage für die bundesdeutsche Betriebsverfassung ist das Betriebsverfassungsgesetz (BetrVG) aus dem Jahre 1972, das für alle Betriebe mit in der Regel mindestens fünf ständigen wahlberechtigten Arbeitnehmern gilt.

CAD
Computer Aided Design (rechnergestütztes Konstruieren). Anwendung von Computern beim Konstruieren. Das Konstruieren erfolgt im Dialog mit dem Rechner. Es gibt Systeme zur Erstellung zwei- und dreidimensionaler Konstruktionsunterlagen. CAD-Systeme werden auch zur Arbeitsvorbereitung sowie CNC-Programmierung und somit zur Fertigungssteuerung eingesetzt.

CAI
Computer Aided Industry (rechnergestützte Industrie). Gesamtbetriebliches Zukunftskonzept mit dem Ziel einer computerunterstützten Integration von Produktions- und Verwaltungsbereich. Erweiterung des > CIM-Konzeptes um die rechnergestützten Büro- und Verwaltungsfunktionen. Unter CAI wird aber auch "rechnergestützte Instandhaltung" verstanden.

CAM
Computer Aided Manufacturing (rechnergestütztes Fertigen). Rechnergestütztes Verteilen von Daten und rechnergestütztes Steuern von Werkzeugmaschinen, zur Herstellung von Produkten bzw. Bauteilen.

CAO
Computer Aided Office (rechnerunterstützte Verwaltung). Büroautomatisierung mit integrierter Software (Finanz-, Rechnungs- und Personalwesen, Beschaffung, Vertrieb).

CAP
Computer Aided Planning (rechnergestütztes Planen). Unterstützt das Erstellen der Fertigungsdaten und die Fertigungssteuerung.

CAQ
Computer Aided Quality (rechnergestützte Qualitätskontrolle). Qualitätssicherung durch Rechnerunterstützung.

CIM
Computer Integrated Manufacturing (rechnergestütztes Konstruieren und Fertigen). Begriff für eine zukunftsbezogene Produktionstechnologie mit einem kontinuierlichen Produktionsfluß, der durch einen übergreifenden integrierten Rechnereinsatz für Entwicklung, Konstruktion und Produktion entsteht.

CNC-Maschine
Computerized Numerical Control (rechnergestützte numerisch gesteuerte Maschine). Der Unterschied zur NC-Technik besteht darin, daß der Bearbeitungsvorgang durch einen in die Werkzeugmaschine integrierten Kleinrechner gesteuert wird. Das Steuerungsprogramm ist direkt an der Maschine noch veränderbar.

Cross-Impact-Matrix
Die Cross-Impact-Matrix als Instrument qualitativer Analyse- und Prognosetechniken geht - anders als die deduzierende > *Relevanzbaum-Methode* - kombinierend vor, indem sie Einzelaussagen systematisch verknüpft.

Delphi-Technik
Bei dieser qualitativen Analyse- und Prognosetechnik geben Experten unabhängig voneinander ihre Meinung zu einem Problem ab. Eine Moderatorengruppe sammelt diese Urteile und wertet sie aus. Die Informationen der ersten Auswertungsrunde werden dann an die Mitglieder der Delphi-

Runde zurückgespielt, die wieder isoliert Stellung nehmen und ihre ggf. relativierte Auffassung der Moderatorengruppe mitteilen. Dieser Prozeß setzt sich bis zu einer annäherend einheitlichen Gruppenmeinung fort.

DNC-Systeme
Direct Numerical Control (rechnergesteuerter NC-Maschinenverbund). Die Steuerung des Bearbeitungsvorgangs erfolgt durch einen Rechner, der über eine direkte Leitung mit der Werkzeugmaschine verbunden ist.

Erstausbildung, berufliche
Sie "hat eine breit angelegte berufliche Grundbildung und die für die Ausübung einer qualifizierten beruflichen Tätigkeit notwendigen fachlichen Fertigkeiten und Kenntnisse in einem geordneten Ausbildungsgang zu vermitteln. Sie hat ferner den Erwerb der erforderlichen Berufserfahrungen zu ermöglichen" (§ 1, Abs. 2 BBiG).

Expertensystem
Ein wissensbasiertes System der Methoden- und Modellbank. Über eine Benutzerschnittstelle wird der Dialog zwischen Benutzer und Experten bzw. Wissensbasis hergestellt; bereits vorhandenes Wissen wird mit neuen Informationen verglichen und in die Wissensbasis integriert.

Flexibilität
Fähigkeit zur raschen Beherrschung neuer Anforderungen und zur Akzeptanz der Neuerungen. Sie ist Voraussetzung für eine schnelle und reibungslose Umsetzung technisch-ökonomischer Veränderungen. Dabei muß das kreative Potential der Beschäftigten entfaltet und genutzt werden. Eine nennenswerte Flexibilität der Betriebsangehörigen ist nur möglich, wenn ihnen ein entsprechender Spielraum bei der organisatorischen Gestaltung der Arbeit zugestanden wird.

Fluktuation
Bezeichnung für den zwischenbetrieblichen Arbeitskräftewechsel. Manchmal werden auch die sog. natürlichen Abgänge (Pensionierung, Tod) dazugerechnet.

Führungs- und Unternehmensgrundsätze
Die Anforderungen, Verhaltensempfehlungen, Richtlinien für die Zusammenarbeit und die Führung von Mitarbeitern werden in Führungs- und Unternehmensgrundsätzen geregelt. In manchen Unternehmen sind diese an die Mitarbeiter und Führungskräfte gerichteten Grundsätze sogar Bestandteil des Arbeitsvertrages.

Humanisierung der Arbeit
Zunehmende Gestaltung der Arbeit (der Arbeitsaufgaben und der Arbeitsbedingungen) als menschenwürdiger Lebensbereich, in dem die Arbeitenden auch in Form von Selbst- und Mitbestimmung über die Arbeit verfügen können. Im Zusammenhang mit dem Begriff 'Humanisierung der Arbeit' (bzw. des Arbeitslebens) sind inzwischen mehrere Gesetze und Verordnungen eingeleitet und verwirklicht worden.

Human relations
ist die Förderung zwischenmenschlicher Beziehungen im Betrieb und in anderen Organisationen. Ende der 20er Jahre begannen entsprechende Untersuchungen in einigen Industriebetrieben der USA (von E. MAYO, F.J. ROETHLISBERGER u.a.). Die seit 1927 durchgeführten Hawthorne-Studien der Western Electronic Comp. sind die wohl - historisch gesehen - bekanntesten Forschungen auf diesem Gebiet.

Job Rotation > *Aufgabenwechsel*

Lehrplan, heimlicher
Es ist davon auszugehen, daß jede Kultur einen bestimmten, auf ihre je-

weiligen Produktions- und Reproduktionsbedingungen zugeschnittenen typischen Sozialcharakter erzeugt. Die Schule ist ein Ort, an dem die Sozialcharaktere maßgeblich geformt werden. Großen Einfluß darauf hat der sog. heimliche Lehrplan; hierbei handelt es sich um die schlagwortartige Bezeichnung für die Tatsache, daß neben dem offiziellen Lehrplan der Schule Aufgaben und Funktionen zukommen, die unausgesprochen sind oder gelegentlich sogar den offiziell erklärten Zielen widersprechen. Entsprechend wird die Bezeichnung manchmal auch auf den Betrieb bezogen ("heimlicher Lehrplan des Betriebes").

Leittextmethode
Die Leittextmethode steuert anhand schriftlicher Unterweisung das Selbstlernen; sie ist im Rahmen von Modellversuchen zur projektorientierten Berufsausbildung in Großbetrieben entstanden. Sechs Ablaufschritte sind typisch für diese Methode: Information, Planung, Entscheidung, Arbeitsausführung, Kontrolle, Bewertung. Leittexte sind Lernanleitungen, -hilfen und -stimulierungen, mit denen ein selbständiger, den individuellen Voraussetzungen angepaßter Lernprozeß möglich ist. Leittexte sollen also zum selbständigen Handeln beitragen. Dabei gilt dieses selbständige Handeln sowohl für die Arbeitstätigkeit als auch für die Lerntätigkeit. Der Begriff "Leittext" wird sowohl für einzelne, mit Aufgaben verbundene Fragestellungen, Hinweise und Anregungen, für mehr oder weniger ausführliche einzelne Informationen als auch für Gesamtkonzepte solcher Fragestellungen, Hinweise, Anregungen und Informationen verwendet, die auf einen komplexen Lerninhalt gerichtet sind.

Manöverkritik
Am Ende einer Trainingsveranstaltung gibt es verschiedene Möglichkeiten, eine Lernfortschrittskontrolle vorzunehmen. Eine Möglichkeit ist die sog. Manöverkritik. Sie besteht in einer offenen Aussprache der Teilnehmer zu der Gestaltung und Durchführung der Weiterbildungsveranstaltung, zu den Inhalten und zur Persönlichkeit des Trainers.

Markow-Modelle

Prognosemodelle des zukünftigen Personalbestandes einer Abteilung/Unternehmung. Die Verfahren gehen aus von einem gegebenen Personalbestand einer Organisation sowie von bestimmten Übergangswahrscheinlichkeiten (Versetzungen, Pensionierungen u.a.) und führen nach verschiedenen Rechenoperationen zur Beschreibung eines zukünftigen Personalbestandes.

Massenentlassung

Eine Massenentlassung liegt vor, wenn einer bestimmten Anzahl von Beschäftigten innerhalb einer Frist von 30 Tagen vom Arbeitgeber gekündigt wird, z.b. bei Betrieben zwischen 60 und 500 Beschäftigten, wenn 10% oder mehr als 25 Arbeitnehmer, oder in Betrieben ab 500 Beschäftigten, wenn mehr als 30 Arbeitnehmer entlassen werden sollen.

Metaplantechnik

Die Metaplantechnik ist eine systematisierte Kombination von Gesprächstechnik unter Führung eines Moderators, von Gruppenarbeit, Techniken der Zielfindung und Planung sowie vor allem Verwendung von Techniken der Visualisierung.

Nach der Metaplanmethode müssen Gesprächsbeiträge optisch an der Tafel, auf Flipcharts oder auf Folien eines Overhead-Projektors festgehalten werden. Äußeres Kennzeichen der Metaplanmethode sind deshalb diese Medien sowie Stecktafeln, Karteikarten, Klebepunkte, Plakatpapier und verschiedenfarbige Filzstifte.

Mitbestimmung

Gegenwärtig umfassen die existierenden Mitbestimmungsrechte ein historisch gewachsenes System von Informations- und Anhörungsrechten sowie von gleichberechtigten Mitwirkungsmöglichkeiten, die ihre Legitimation aus so unterschiedlichen Rechtsnormen wie dem Betriebsverfassungsgesetz (von 1972), > dem *Montan-Mitbestimmungsgesetz* (von 1951), > dem *Mitbestimmungsgesetz* (von 1976) u.a. ableiten. Diese Mitbestimmungsgesetze regeln die Beteiligungsrechte der auf den verschiedenen Entscheidungsebenen ansetzenden Mitbestimmungsinstitutionen.

Mitbestimmungsgesetz 1976
Das Gesetz erstreckt sich auf Unternehmen mit in der Regel mehr als 2000 Arbeitnehmern, sofern sie in Form einer AG, KGaA, GmbH, bergrechtlichen Gewerkschaft oder einer Genossenschaft betrieben werden. Nicht erfaßt sind demnach alle "kleineren" Unternehmen mit 2000 und weniger Beschäftigten sowie Stiftungen, Versicherungsvereine auf Gegenseitigkeit, Personengesellschaften, Einzelhandelsgeschäfte sowie sämtliche Tendenzbetriebe.

Mobilität, innerbetriebliche
Der Wechsel des Arbeitsplatzes auf gleicher Hierarchieebene innerhalb einer Unternehmung als auch die Möglichkeit des Aufstiegs in eine höhere Hierarchieebene hinein wird als innerbetriebliche Mobilität bezeichnet. Die wichtigste Voraussetzung für eine große Mobilität ist eine möglichst breite Qualifikation der Mitarbeiter.

Montan-Mitbestimmungsgesetz (1951)
Die Montan-Mitbestimmung findet ausschließlich Anwendung auf Kapitalgesellschaften des Bergbaus sowie der Eisen und Stahl erzeugenden Industrie, sofern diese Unternehmen mehr als 1000 Arbeitnehmer beschäftigen. Im Aufsichtsrat sind die Vertreter der Anteilseigner und der Arbeitnehmer gleich stark repräsentiert. Aus diesem Grunde spricht man hier auch von paritätischer oder qualifizierter Mitbestimmung.
Der Geltungsbereich des Mitbestimmungsergänzungsgesetzes von 1956 erstreckt sich speziell auf konzernbeherrschende Obergesellschaften mit Tochtergesellschaften im Montanbereich. Dieses Ergänzungsgesetz wurde geschaffen, um den Ausstieg aus der Montan-Mitbestimmung zu erschweren. Trotz dieser Sicherungsmaßnahme hat sich die Zahl der montanmitbestimmten Unternehmen drastisch vermindert.

Ökonometrische Modelle der Personalwirtschaft
Verfahren zur Planung des langfristigen Personalbedarfs. Hier wird mathematisch ein funktionaler Zusammenhang zwischen der Entwicklung einer ökonomischen Zeitreihe (preisbereinigter Umsatz) und der Entwicklung des Personalbedarfs konstruiert.

Paarvergleich
Insbesondere bei sozialwissenschaftlichen Befragungen - aber nicht nur dort - bedient man sich der systematischen Bewertung des Paarvergleichs. Im Rahmen der Entscheidungsfindung bei der Beurteilung von Alternativen findet diese relativ einfache Skalierung vielfältige Verwendung. In der Erfolgssteuerung von Weiterbildungsveranstaltungen werden vor allem die vier Formen 'Vergleichs-Fragen', 'Bewertungs-Matrix', 'Bewertungs-Quadrat' sowie 'Bewertungs-Rangreihe' eingesetzt. Die Methode des Paarvergleichs wird unhandlich bei sehr vielen zu vergleichenden Merkmalen.

Personal Assignment - Modelle
Lineare Prognoseverfahren der Zuordnung von Personen mit einem bestimmten Eignungsprofil auf Stellen mit einem bestimmten Anforderungsprofil.

Personalinformationssysteme
Systeme der Unterstützung von Personalplanung und -disposition durch Speicherung, Verarbeitung und Bereitstellung von entscheidungsrelevanten Daten.

Personalplanungsmethoden, formale
Als formal ist eine Personalplanungsmethode zu bezeichnen, die sich überwiegend mathematischer oder statistischer Mittel bedient oder in systematisierter Form heuristische Entscheidungstechniken einbezieht.

Personalwesen
Bezeichnung für jenen institutionalisierten Bereich in der Unternehmensverwaltung, in dem politische, d.h. interessenspezifische Personalentscheidungen getroffen und mit Hilfe von Mitteln der Personalführung realisiert werden.

Polaritätsprofil
Will man den Eindruck, den Objekte auf befragte Personen machen, in mehreren Dimensionen quantitativ bestimmen, so ist der Einsatz des Polaritätsprofils ratsam. Bei dieser Skalenform geht man davon aus, daß bestimmte Begriffe verschiedenen Assoziationen zugeordnet werden können. Der Grad dieser Assoziationen wird auf einer Intensitätsskala vermerkt. Die entsprechenden Adjektivpaare zur Beurteilung einer Weiterbildungsveranstaltung können z.b. sein: chaotisch - gut organisiert, langweilig - anregend, unwichtig - wichtig usw.

Profilmethode
Sie besteht in folgenden Arbeitsschritten:
1. Erarbeitung eines Systems vergleichbarer Anforderungs- und Fähigkeitsmerkmale und ihrer Gewichtung unter dem Aspekt des Personaleinsatzes;
2. Erarbeitung und Einführung der organisatorischen Hilfsmittel zur Ermittlung der Arbeitsplatzanforderungen und Fähigkeiten der Arbeitskräfte;
3. Analyse der Arbeitsplätze und Erstellung der Anforderungsprofile;
4. Ermittlung der Fähigkeitsprofile;
5. Vergleich der Profile und Personalauswahl.

Qualifikationsentwicklungszirkel (QEZ)
Eine Form innerbetrieblicher Weiterbildung, bei der die Teilnehmerorientierung ein Wesensmerkmal ist und bei der die Lernprozesse - im Unterschied zum > *Qualitätszirkel* - nicht ausschließlich der Produktqualität ver-

pflichtet sind. Damit hat dieses Modell eine gewisse Nähe zur Lernstatt, unterscheidet sich von ihr jedoch durch den längerfristig angelegten Lern- und Erfahrungsprozeß.

Qualitätszirkel
Unter der Führung eines Gruppenleiters setzen sich Mitarbeiter während der Arbeitszeit zumeist wöchentlich für 1-2 Stunden zusammen, um Schwachstellen und Probleme des Arbeitsbereichs zu besprechen. Es geht in der Arbeitsgruppe darum, das Qualitäts- und Kostenbewußtsein und das Verhältnis zum Vorgesetzten zu verbessern sowie die Fehl- und Ausfallzeiten und Fluktuationsraten zu verringern.

Relevanzbaum-Technik
Hier werden hierarchisch aus übergeordneten Begriffen über Ziel-Mittel-Beziehungen untergeordnete Komponenten konkretisiert und (mathematisch) spezifiziert. Diese Technik wird bei der Vermittlung von Anforderungsmerkmalen eingesetzt.

Rationalisierung
Im umfassenden Sinne von technisch-organisatorischem Wandel kann Rationalisierung definiert werden als Veränderung der Werkstoffe, des Produkts, der Ausrüstung, der Produktionsmethoden und der (technischen, wirtschaftlichen und sozialen) Organisation mit der Folge, daß sich die >*Arbeitsproduktivität* erhöht. Sie wird durch das Streben der Unternehmen nach > *Rentabilität* bestimmt und ist mit ökonomischen und sozialen Auswirkungen verbunden.

Rentabilität
Kennzahl, die die Ergiebigkeit des eingesetzten Kapitals bzw. des erreichten Umsatzes im Unternehmen angibt, also das Verhältnis von Gewinn und (Eigen- und/oder Fremd-)Kapital bzw. von Gewinn und Umsatz.

Schlüsselqualifikationen
Schlüsselqualifikationen sind universale und antizipative Kenntnisse, Fähigkeiten und Fertigkeiten, welche nicht unmittelbaren und begrenzten Bezug zu bestimmten Tätigkeiten erbringen, sondern vielmehr die Eignung für die Bewältigung einer von (meist unvorhersehbaren) Anforderungsänderungen im Laufe des Lebens. Zunehmende Bedeutung haben dabei Ökologie, Krisen- und Risikoanalysen. Schlüsselqualifikationen sind Prinzipien des Lernens, die auf die Kategorie der Selbständigkeit ausgerichtet sind.

Sozialforschung, empirische
Die Aufgabe dieser sozialwissenschaftlichen Arbeitsmethode besteht darin, bestimmte Theorien und Hypothesen über soziale Zusammenhänge auf ihren Wirklichkeitsgehalt hin zu überprüfen oder durch die Analyse sozialer Realitäten die Entwicklung der Theorie zu fördern. Die favorisierten Techniken sind Statistik, Feldforschung und Interview. Ursprünglich entwickelte sich die Sozialforschung aus den Arbeitsbereichen der Bevölkerungsstatistik, den Sozialstudien und den Methoden der Marktforschung und Meinungsumfrage.

Sozialplan
Bezeichnung für die Einigung zwischen Arbeitgeber und Betriebsrat über den Ausgleich oder die Milderung der wirtschaftlichen Nachteile, die den Arbeitnehmern in Folge geplanter Betriebsänderungen entstehen (§ 112 BetrVG).

Suggestopädie
Bei der Suggestopädie geht es vor allem um den Einsatz von Musik, Entspannung, Atemtechnik und visuell-anschaulicher Präsentation zur stärkeren Nutzung der rechten Hirnhälfte, die in verbal-abstrakten Darstellungen des herkömmlichen Lernens bisher zu kurz gekommen ist.

Szenario-Technik
Diese Technik soll eine hypothetische Sequenz von Ereignissen ausdrükken, die in eine komplexe Systembeschreibung münden. Szenarien besagen damit, wie sich die Zukunft möglicherweise entwickeln könnte.

Taylor, Taylorismus
Der amerikanische Ingenieur Frederick Winston Taylor (1856-1915) ist der Begründer der sog. wissenschaftlichen Betriebsführung (Scientific Management). Die wichtigsten Ziele der Strategie sind Vervollkommnung der Produktionsmittel und Arbeitsverfahren, straffere Organisation und Zeitordnung des betrieblichen Ablaufs sowie die Neuordnung der Lohnsysteme. Mit seinen Vorstellungen wurden die Grundlagen für Arbeits- und Zeitstudien geschaffen. Taylor gilt als Vorkämpfer einer klaren Trennung von planenden und ausführenden Aufgaben. Die Nachteile einer entsprechenden Arbeitsteilung für den arbeitenden Menschen wurden dabei kaum gesehen.
Taylorismus wird als Gesamtheit der Verfahren eines durchstrukturierten, arbeitsteiligen Betriebsablaufs verstanden.

Versetzung
Unter einer (einmaligen) Versetzung ist die "Zuweisung eines anderen Arbeitsbereichs, die voraussichtlich die Dauer von einem Monat überschreitet oder die mit einer erheblichen Änderung der Umstände verbunden ist, unter denen die Arbeit zu leisten ist" (§ 95 Abs. 3 BetrVG), zu verstehen.

Weiterbildungsveranstaltungen, interne und externe
Lehrgänge, Kurse, Seminare, Workshops u.a. in organisierter Form, die unmittelbar im Betrieb, in einem anderen zum Unternehmen gehörenden Betrieb oder in einer unternehmenseigenen Weiterbildungseinrichtung durchgeführt werden, sind als interne Weiterbildung zu bezeichnen. Teilnehmer an diesen Lehrveranstaltungen sind also ausschließlich Betriebs-

angehörige. Werden Maßnahmen von einem betriebsfremden Träger verantwortlich durchgeführt, handelt es sich um externe Weiterbildung; in diesem Fall setzt sich der Teilnehmerkreis i.d.R. nicht ausschließlich aus Betriebsangehörigen zusammen.

Werkstattzirkel
Gruppenaktivität, die auf der Erschließung neuer Produktivitätschancen, auf die Erhöhung der Produktqualität sowie auf die Verbesserung der Arbeitsbedingungen zum Zwecke einer höheren Identifikation der Beschäftigten mit ihrer Arbeit und dem Betrieb abzielt. Dieses Konzept ist - wie der > *Qualitätszirkel* - einseitig auf unternehmensorientierte Zielsetzungen ausgerichtet, in denen das Mitarbeiterinteresse als Mittel zum Zweck Berücksichtigung findet. Die Moderation der bereichs- und betriebsübergreifenden Gruppen liegt ausschließlich in der Hand der unteren Führungskräfte.

Werkzeugmaschine, numerisch gesteuert
Es handelt sich um den Typ einer vollautomatischen Werkzeugmaschine, die vielfältig verwendbar ist (z.B. zum Drehen, Bohren, Fräsen) und die mit Hilfe der Programmiertechnik (Magnetbänder, Lochkarten u.a.) gesteuert wird. Da sie weitgehend unabhängig von Betriebsgröße und Branche eingesetzt werden kann und in bezug auf die Personal- und sonstigen Kosten einen hohen Rationalisierungseffekt aufweist, hat sie in den 70er und 80er Jahren in der Bundesrepublik starke Verbreitung gefunden.
In den letzten Jahren wird diese Maschine durch > *CNC-Maschinen* ersetzt, die von einem integrierten Kleinrechner oder zentral von > *DNC-Systemen* gesteuert werden.

LITERATURVERZEICHNIS

ALBACH,H./CLEMENS,R./FRIEDE,C.: Kosten der Arbeit. Einflußfaktoren der Personalaufwendungen in Abhängigkeit von der Unternehmensgröße. Stuttgart 1985

ALEMANN,U.v./SCHATZ, H.: Mensch und Technik. Grundlagen und Perspektiven einer sozialverträglichen Technikgestaltung. Opladen 1986

ALTENHÖFER,P.O.: Das Lernstattmodell bei der Firma BMW AG. Diplomarbeit. Neubiberg 1981

ALTMANN,N./BECHTLE,G./LUTZ,B.: Betrieb - Technik - Arbeit. Frankfurt a.M. 1978

ALTMANN,N./DÜLL,K./BURKART,L.: Zukunftsaufgaben der Humanisierung des Arbeitslebens. Frankfurt a. M./New York 1987

ANTONS,K.: Praxis der Gruppendynamik. Göttingen 1976

APITZSCH,W.u.a.: Im Schatten des großen Bruders. Personalinformationssysteme - Auswirkungen und Gegenwehr. Frankfurt a.M. 1985

ARBEITSGEMEINSCHAFT "Engere Mitarbeiter der Arbeitsdirektoren Eisen und Stahl" in der Hans-Böckler-Stiftung (Hrsg.): Berufsbildungs- und Qualifikationsplanung als integrierter Bestandteil der Personalplanung. Köln 1979

ARBEITSKREIS DER DEUTSCHEN GESELLSCHAFT FÜR PERSONALFÜHRUNG: Personalplanung, Empfehlungen für die Praxis. Königstein/Ts. 1979

ARNOLD,R.: Beruf, Betrieb, betriebliche Bildungsarbeit. Einführung in die Betriebspädagogik. Frankfurt/Berlin/München/Aarau/Salzburg 1982

ARNOLD,R.: Anspruch und Realität betrieblicher Weiterbildung. In: Zeitschrift für Berufs- und Wirtschaftspädagogik, Jg. 84, H. 2, 1988, S. 99-117

ARNOLD,R.: Betriebspädagogik. Berlin/Bielefeld/München 1990

ARNOLD,R.: Betriebliche Weiterbildung. Bad Heilbrunn 1991

AXMACHER,D.:Qualifikation und imaginäre Bildungsform. Betriebliche Weiterbildung in Unternehmerhand für Arbeiter und Führungskräfte. In: BERGMANN, K./FRANK, G. (Hrsg.): Bildungsarbeit mit Erwachsenen. Reinbek b. Hamburg 1977, S. 86-117

BAETGE,J. u.a.: Vahlens Kompendium der Betriebswirtschaftslehre. Bd. 1. München 1984

BAETGE,J./WAGENER,H. (Hrsg.): Personalbedarfsplanung in Wirtschaft und Verwaltung. Stuttgart 1983

BAETHGE,M./OBERBECK,H.: Zukunft der Angestellten. Neue Technologien und berufliche Perspektiven in Büro und Verwaltung. Frankfurt a. M./New York 1986

BAETHGE,M./DOBISCHAT,R./HUSEMANN,R./LIPSMEIER, A./SCHIERSMANN,C/WEDDIG,D.: Forschungsstand und Forschungsperspektiven im Bereich betrieblicher Weiterbildung aus Sicht von Arbeitnehmern (Soziologisches Forschungsinstitut Göttingen). In: BUNDES-

MINISTER FÜR BILDUNG UND WISSENSCHAFT (Hrsg.): Betriebliche Weiterbildung, Forschungsstand und Forschungsperspektiven. Schriftenreihe Studien zu Bildung und Wissenschaft, Bd. 88. Bad Honnef 1990, S. 193-500

BARDELEBEN,R. v./BÖLL,G./KÜHN,H.: Strukturen betrieblicher Weiterbildung - Ergebnisse einer empirischen Kostenuntersuchung. Berichte zur beruflichen Bildung, H. 83. Bundesinstitut für Berufsbildung. Berlin/Bonn 1986

BARDENS,R.E.: Personalplanung und CIM. In: CIM Management, H. 1, 1988, S. 41-47

BECKER,H.: Erwachsenenbildung zwischen Wissenschaft, Verwaltung, pädagogischer Praxis und Politik. In: BECKER, H.u.a. (Hrsg.): Wissenschaftliche Perspektiven zur Erwachsenenbildung. Braunschweig 1982

BECKER,M.: Beispiel: Adam Opel AG, Rüsselsheim. In: DYBOWSKI, G. u.a.: Strategien qualitativer Personal- und Bildungsplanung bei technisch-organisatorischen Innovationen. Frankfurt a.M. 1989, S. 37-54

BECKER,W./KAKALICK,G.: Beispiel: Volkswagen AG, Kassel. In: DYBOWSKI, G./HERZER, H./SONNTAG, K.H.: Strategien qualitativer Personal- und Bildungsplanung bei technisch-organisatorischen Innovationen. Frankfurt/a.M. 1989, S. 157-166

BEHRENS,R.: Qualitätszirkel in der Praxis. In: Personal, Jg. 36, H. 6, 1984, S. 214-219

BERNDT,G.(Hrsg.): Personalentwicklung. Ansätze, Konzepte, Perspektiven. Köln 1986

BERTHEL,J./BECKER,F.G.: Strategisch-orientierte Personalentwicklung. In: WISU - DAS WIRTSCHAFTSSTUDIUM, Jg. 15, H. 11, 1986, S. 544-549

BEYER,H.-T.: Determination des Personalbedarfs. Bern/Stuttgart 1981

BILDUNGSWERK DER BAYERISCHEN WIRTSCHAFT: Seminar für Personalplaner, Rationalisierungs-Kuratorium der Deutschen Wirtschaft, Teil A-F, Eschborn 1980

BISPINCK,R.: Aus- und Weiterbildung im Tarifvertrag. In: Gewerkschaftliche Bildungspolitik, Jg. 40, H. 11, 1989, S. 326-332

BLASCHKE,D.: Soziale Qualifikationen am Arbeitsmarkt und im Beruf. In: MERTENS, D. (Hrsg.): Konzepte der Arbeitsmarkt und Berufsforschung. Nürnberg 1988^3, S. 561-605

BLK (BUND-LÄNDER-KOMMISSION FÜR BILDUNGSPLANUNG): Bildungsgesamtplan. Stuttgart 1973

BLOCK,R.: Bildungsbeteiligung in der beruflichen Weiterbildung. Anlage zu Drucksache 11/7820, Deutscher Bundestag - 11. Wahlperiode. Bonn 1990, S. 46-52

BLUMSCHEIN,H.: Personalpolitik, Personalplanung und Mitbestimmung. Eine empirische Untersuchung. München 1981

BLUMSCHEIN,H./SCHOLL,W.: Personalplanung in der Rezession, Frankfurt a.M. 1979

BOJANOWSKI,A./BRATER,M.: Arbeitsweltliche Entwicklungen und individuelle Bildungsansprüche, Manuskript Kassel 1992 (erscheint in:

Probleme und Perspektiven der beruflichen Aus- und Weiterbildung im vereinigten Deutschland. Hagen 1993)

BOJANOWSKI,A./BRATER,M./DEDERING,H.: Qualifizierung als Persönlichkeitsbildung. Analysen und Ansätze zur Verbindung von Arbeit und Lernen in Schule und Betrieb. Frankfurt a.M. 1991

BOLDER,A.: Arbeitnehmerorientierte berufliche Weiterbildung im Zeichen neuer Technologien. Köln 1987

BOLDER,A.: Die Qualifizierungsoffensive - eine kritische Bestandsaufnahme von Ergebnissen der Weiterbildungsforschung. In: DEUTSCHE GESELLSCHAFT FÜR ERZIEHUNGSWISSENSCHAFT (Hrsg.): Erziehung und Bildung als öffentliche Aufgabe. Weinheim/Basel 1988, S. 89-99

BOLTE,K.M.: Das gesellschaftliche Umfeld von Arbeitsorganisationen als Gegenstand beruflicher Weiterbildung. In: Mitteilungen aus der Arbeitsmarkt- und Berufsforschung, Jg. 24, H. 2, 1991, S. 263-269

BOSCH,G.: Die Ausbildungs- und Beschäftigungsgesellschaft von Thomsen. In: Gewerkschaftliche Bildungspolitik, Jg. 40, H. 11, 1989, S. 320-326

BOSCH,G./GABRIEL,H./SEIFERT,H./WELSCH,J.: Beschäftigungspolitik in der Region. Köln 1987

BOSCH,G./NEUMANN,H.: Beschäftigungsplanung - Beschäftigungsgesellschaft. Neue Instrumente der Arbeitsmarkt- und Strukturpolitik. Köln 1991

BRAMER,H.: Berufliche Weiterbildung in der DDR vor der Wende. In: Mitteilungen aus der Arbeitsmarkt- und Berufsforschung, Jg. 24, H. 2, 1991, S. 423-431

BRATER,M./BÜCHELE,U./FUCKE,E./HERZ,G.: Berufsbildung und Persönlichkeitsentwicklung. Stuttgart 1988

BREISIG,T.: Betriebliche Sozialtechniken. Handbuch für Betriebsrat und Personalwesen. Neuwied 1990

BREISIG,T.: Personalauswahl und Mitbestimmung. Praxisbeispiel einer einvernehmlichen Gestaltung eines Assessment-Centers: In: Grundlagen der Weiterbildung, Jg. 2, H. 2, 1991, S. 90-92

BRESSER,P.: Personalbedarf der Arbeitsplanung. Berlin 1985

BRONNER,R.: Erfolgsermittlung der Weiterbildung. In: WEBER, W. (Hrsg.): Betriebliche Aus- und Weiterbildung. Ergebnisse der betriebswirtschaftlichen Bildungsforschung. Paderborn/München/Wien/Zürich 1983, S. 191-205

BRONNER,R./SCHRÖDER,W.: Weiterbildungserfolg. Modelle und Beispiele systematischer Erfolgssteuerung. München/Wien 1983

BRUCKS,U./GEORG,W./KIßLER,L./SATTEL,U./SCHOLTEN,U./ WAHL,W.-B.: Arbeitsstrukturierung und Höherqualifizierung in der Rollenkettenfertigung - Berufspädagogische Begleitforschung. Forschungsbericht der Projektgruppe 'Arbeit und Lernen' an der Fernuniversität Hagen. November 1984

BRUCKS,U./GEORG,W./SATTEL,U./WAHL,W.-B.: Arbeitsstrukturierung und Qualifizierung. Bericht aus einem betrieblichen Humanisierungsprojekt. In: GEORG, W./KIßLER, L. (Hrsg.): Arbeit und Lernen. Frankfurt/New York 1982, S. 357-396

BUNDESANSTALT FÜR ARBEIT: Individuelle Förderung der beruflichen Fortbildung und Umschulung: Qualität und Vergabe von Auftragsmaßnahmen. In: BA-Dienstblatt-Runderlaß 66/87 v. 8.7.1987

BUNDESINSTITUT FÜR BERUFSBILDUNG/INSTITUT FÜR ARBEITSMARKT- UND BERUFSFORSCHUNG (Hrsg.): Neue Technologien. Verbreitungsgrad, Qualifikationen und Arbeitsbedingungen. Analysen aus der BIBB/IAB - Erhebung 1985/86. Beiträge aus der Arbeitsmarkt- und Berufsforschung, Heft 118. Nürnberg 1987

BUNDESMINISTER FÜR BILDUNG UND WISSENSCHAFT (Hrsg.): Der zwischenbetriebliche Verbund. Ein neues Instrument. Bonn 1985

BUNDESMINISTER FÜR BILDUNG UND WISSENSCHAFT (Hrsg.): Schlüsselqualifikationen und Weiterbildung. Bonn 1986

BUNDESMINISTER FÜR BILDUNG UND WISSENSCHAFT (Hrsg.): Betriebliche Weiterbildung. Forschungsstand und Forschungsperspektiven. Schriftenreihe Studien zur Bildung und Wissenschaft, Bd. 88. Bad Honnef 1990

BUNDESMINISTER FÜR BILDUNG UND WISSENSCHAFT (Hrsg.): Berufsbildungsbericht. Grundlagen und Perspektiven für Bildung und Wissenschaft, Bd. 31. Bad Honnef 1992

BUNDESMINISTER FÜR FORSCHUNG UND TECHNOLOGIE/BUNDESMINISTER FÜR ARBEIT UND SOZIALFORSCHUNG (Hrsg.): HdA - Dokumentation 1987. Bonn 1987

BUNK,G.P.: Arbeitspädagogik. In: Pädagogische Rundschau, Jg. 42, 1988, S. 3-22

BUNK,G.P.: Schlüsselqualifikationen, anthropologisch-pädagogisch begründet. In: SOMMER, K.H.: Betriebspädagogik in Theorie und Praxis. Festschrift für Wolfgang Fix zum 70ten Geburtstag. Esslingen 1990, S. 175-188

BUNK,G.P./KAISER,M./ZEDLER,R.: Schlüsselqualifikationen - Intention, Modifikation und Realisation in der beruflichen Aus- und Weiterbildung. In: Mitteilungen aus der Arbeitsmarkt- und Berufsforschung, Jg. 24, H. 2, 1991, S. 365-374

BUNK,G.P./ZEDLER, R.: Neue Methoden und Konzepte beruflicher Bildung. Köln 1986

CIEPLIK,U.: Personalplanung bei technologischem Wandel. In: ZINK, K.J. (Hrsg.): Personalwirtschaftliche Aspekte neuer Technologien. Berlin 1985, S. 45-61

COLSMAN,E./BOJANOWSKI,A..: Betriebliche Aus- und Weiterbildung als eine notwendige Investition. In: VDI-Gesellschaft Textil und Bekleidung: Qualitätssicherung durch integrierte Farbdatenverarbeitung. Düsseldorf 1989, S. 121-145

CONRADI,W.: Personalentwicklung. Stuttgart 1983

DÄUBLER,W.: Das Arbeitsrecht. Leitfaden für Arbeitnehmer. Bd. 1. Reinbek bei Hamburg 1985

DÄUBLER,W.: Ratgeber Arbeitsrecht. Mit den Übergangsregelungen für die neuen Bundesländer. Reinbek bei Hamburg 1991

DAUENHAUER,E.: Berufsbildungspolitik. Berlin 1981

DECKER,F.: Grundlagen und neue Ansätze in der Weiterbildung. München/Wien 1984

DEDERING,H.: Personalplanung und Mitbestimmung. Opladen 1972

DEDERING,H.: Projekt Neue Bildungsoffensive. Weinheim/München 1986

DEDERING,H.: Kann berufliche Bildung regionale Wirtschaftsprozesse befördern? In: Gewerkschaftliche Monatshefte, H. 3, 1988, S. 172-179

DEDERING,H./SCHIMMING, P.: Qualifikationsforschung und arbeitsorientierte Bildung. Opladen 1984

DEDERING,H./VERLAGE, H.: Personaleinsatzplanung - Konstruktion eines Unterrichtsmodells für den gewerblich-technischen Bereich. In: DEDERING, H. (Hrsg.), Lernen für die Arbeitswelt. Reinbek 1979, S. 301-331

DEPPE,J.: Quality Circle und Lernstatt. Wiesbaden 1989

DETERS,J./KARG,P.W./ROSENBERG,T.: Personalabbau in der Personalwirtschaftslehre. In: Betriebswirtschaftliche Forschung und Praxis, Jg. 37, 1985, S. 254-273

DEUTSCHER BILDUNGSRAT: Empfehlungen der Bildungskommission: Strukturplan für das Bildungswesen. Stuttgart 1970

DGB (DEUTSCHER GEWERKSCHAFTSBUND): Zum Berufsbildungsbericht 1991: Qualifizierte Berufsbildung für alle in einem vereinten

Deutschland als Auftrag. In: Gewerkschaftliche Bildungspolitik, Jg. 42, H. 3, 1991, S. 56-61

DGB-Arbeitsausschuß Personalplanung: Personalplanung. Eine politische Aufgabe der Arbeitnehmervertreter. In: KOHL, H. (Hrsg.), Betriebliche Beschäftigungspolitik und Personalplanung. Köln 1978, S. 287-293

DIDICHER,W.: Die umstrittene Humanisierung der Arbeit. Gesellschaftspolitische und betriebliche Strategien von Staat, Gewerkschaft, Privatwirtschaft. Frankfurt a.M./New York 1981

DIETRICH,R.: Das System beruflicher Erwachsenenbildung in der ehemaligen DDR mit Ausblick auf künftige Strukturprobleme in den neuen Bundesländern. In: Mitteilungen aus der Arbeitsmarkt- und Berufsforschung, Jg. 24, H. 2, 1991, S. 432-439

DOBISCHAT,R.: Qualifizierungspolitik in den neuen Bundesländern. In: Gewerkschaftliche Bildungspolitik, Jg. 43, H. 1, 1992, S. 14-20

DOBISCHAT,R./LIPSMEIER,A.: Betriebliche Weiterbildung im Spannungsfeld von Technikanwendung, Qualifikationsentwicklung und Personaleinsatz. In: Mitteilungen aus der Arbeitsmarkt- und Berufsforschung, Jg. 24, H. 2, 1991, S. 344-350

DOBISCHAT,R./NEUMANN,G.: Qualifizierungs- und beschäftigungspolitische Perspektiven in den fünf neuen Bundesländern. In: Gewerkschaftliche Bildungspolitik, Jg. 42, H. 4, 1991, S. 83 ff.

DÖRING,K.W.: System Weiterbildung. Zur Professionalisierung des quartären Bildungssektors. Weinheim/Basel 1987

DOMSCH,M.: Systemgestützte Personalarbeit. Wiesbaden 1980

DOMSCH, M.: Qualitätszirkel - Baustein einer mitarbeiterorientierten Führung und Zusammenarbeit. In: Schmalenbachs Zeitschrift für betriebswirtschaftliche Forschung, Jg. 37, H.5, 1985, S. 428-441

DOSTAL,W.: Weiterbildungsbedarf im technischen Wandel. In: Mitteilungen aus der Arbeitsmarkt- und Berufsforschung, Jg. 24, H. 2, 1991, S. 304-316

DRÖGE,R./NEUMANN,G./SCHEEL,A.: Arbeitsgestaltung und Qualifizierung beim Computereinsatz in Konstruktions- und Textverarbeitungsbereichen. Kassel 1986

DRUMM,H.J.: Qualitative Personalplanung. In: Schmalenbachs Zeitschrift für betriebswirtschaftliche Forschung, Jg. 39, H. 11, 1987, S.959-974

DRUMM,H.J./SCHOLZ,C.: Personalplanung: Planungsmethoden und Methodenakzeptanz. Bern/Stuttgart 1983

DRUMM,H.J./SCHOLZ,C./POLZER,H.: Zur Akzeptanz formaler Personalplanungsmethoden. In: Schmalenbachs Zeitschrift für betriebswirtschaftliche Forschung, Jg. 32, H. 8, 1980, S. 721-740

DÜLFER,E.(Hrsg.): Organisationskultur. Phänomen - Philosophie - Technologie. Stuttgart 1988

DÜRR,W./LIEPMANN,D./MERKENS,H./SCHMIDT,F.(Hrsg.): Personalentwicklung und Weiterbildung in der Unternehmenskultur. Baltmannsweiler 1988

DUHM,R.: Der Resignation entgegentreten: Lernprozesse in neuen Formen betrieblichen Widerstandes. In: SCHLUTZ, E. (Hrsg.): Krise der Arbeitsgesellschaft - Zukunft der Weiterbildung. Frankfurt/Berlin/München 1985, S. 155-166

DUNKEL,D. (Hrsg.): Lernstatt. Köln 1983

DYBOWSKI-JOHANNSON,G.: Thesen aus Sicht der Gewerkschaften. in: GÖBEL, M./SCHLAFFKE, W. (Hrsg.): Kongreß: Beruf und Weiterbildung. Köln 1987, S. 149-157

DYBOWSKI,G./HERZER,H./SONNTAG,K.H.(Hrsg.): Strategien qualitativer Personal- und Bildungsplanung bei technisch-organisatorischen Innovationen. Frankfurt a.M. 1989

EDDING,F.: Thesen zur Diskussion in der Enquete-Kommission 'Bildung 2000'. Manuskript der Enquete-Kommission 'Bildung 2000'. Kommissionsdrucksache Nr. 11/20 vom 8.3.1989a

EDDING,F.: Die Weiterbildung läuft gegen das Grundgesetz. In: Weiterbildung, 1989b, Heft 4, S. 18-22

EHMANN,Ch.: Beiträge der Weiterbildung zum Abbau der Arbeitslosigkeit. In: Gewerkschaftliche Bildungspolitik, Jg. 37, H. 10, 1986, S. 228-231

EINSIEDLER,H.E./KNURA,B.: Die "Lernstatt" - eine Alternative zum Quality Circle? In: Schmalenbachs Zeitschrift für betriebswirtschaftliche Forschung, Jg. 36, H. 8/9, 1984, S. 748-755

ELBERS,D./HECKENAUER,M./MÖNIKES,W./PORNSCHLEGEL,H./ TILLMANN, H.: Schlüsselqualifikationen - ein Schlüssel für die Berufsbildungsforschung? In: Berufsbildung in Wissenschaft und Praxis, Jg. 4, H. 4, 1975, S. 26-29

EMRICH-OLTMANNS,S. u.a.: Arbeitsbuch Personalplanung - 6 Lernprogramme -, Rationalisierungs-Kuratorium der Deutschen Wirtschaft. Frankfurt a.M. 1978

ENGELEN-KEFER,U.: Die Zukunft der Arbeit und des Arbeitsmarktes. In: BULLENS, H. (Hrsg.): Zukunft der Arbeit. Analysen-Prognosen-Strategien. Heidelberg 1990, S. 1-12

ESCHENBACH,A.: Job Enlargement und Job Enrichment, Methoden und Organisationsformen. Gerbrunn bei Würzburg 1977

FAULSTICH,P.: Arbeitsorientierte Erwachsenenbildung. Frankfurt a.M. 1981

FAULSTICH,P.: Betriebliche Weiterbildung als Handlungsfeld. In: Gewerkschaftliche Monatshefte, Jg. 38, H. 10, 1987, S. 299-304

FAULSTICH,P.: Qualifikationskonversion - Arbeitsplatzgestaltung durch die Beschäftigung. In: Didaktik der Berufs- und Arbeitswelt, Jg. 8, H.1, 1989, S. 28-34

FAULSTICH,P./TEICHLER,U./BOJANOWSKI,A./DÖRING,O.: Bestand und Perspektiven der Weiterbildung. Das Beispiel Hessen. Weinheim 1991

FEHRENBACH,G.: Recht auf Weiterbildung. In DIHT (Hrsg.): Zukunft durch Weiterbildung. Bonn 1988

FEIDEL-MERTZ,H.: Erwachsenenbildung seit 1945. Köln 1975

FEIG,G.: Ansatzpunkte und Aspekte einer arbeitsorientierten Bildung. In: BUNDESFACHGRUPPE FÜR ÖKONOMISCHE BILDUNG (Hrsg.):

Ökonomische Bildung - Aufgabe für die Zukunft. Bergisch Gladbach 1988, S. 59-77

FINK,U.: Aufgaben gewerkschaftlicher Bildungspolitik in den kommenden Jahren. In: Gewerkschaftliche Bildungspolitik, Jg. 42, H. 1, 1991, S. 3-7

FISCHER,L.: Weiterbildung als kommunale Aufgabe. Empfehlung zur Einrichtung von Beratungsstellen für Weiterbildung in Kommunen. In: Gewerkschaftliche Bildungspolitik, Jg. 33, H.8, 1982, S. 227-230

FRICKE,E./FRICKE,W./SCHÖNWÄLDER,M./STIEGLER,B.: Beteiligung und Qualifikation - Das Peiner Modell zur Humanisierung der Arbeit. Bd. 1-3. Bonn 1980

FRICKE,E./WIEDENHOFER, H.: Beteiligung im Industriebetrieb. Frankfurt/New York 1985

FRICKE,W./SCHUCHARDT,W.(Hrsg.): Innovatorische Qualifikationen - eine Chance gewerkschaftlicher Arbeitspolitik. Erfahrungen aus den Niederlanden, Italien, Schweden und der Bundesrepublik. Bonn 1985

FRIELING,E./HOYOS,G.K.: Fragebogen zur Arbeitsanalyse (FAA). Bern/Stuttgart/Wien 1978

FRIELING,E./SONNTAG,KH.: Lehrbuch der Arbeitspsychologie. Bern/ Stuttgart/Toronto 1987

FRÖHLICH,W.: Qualitative Personalplanung. Frankfurt a.M. 1984

FUHRMANN,J.: Neue Informationstechnologie für Angestellte. Betriebliche Kommunikations-Netze: Personalsachbearbeitung und Personalinformationssysteme (Reihe Automation und Angestelle des DGB). Düsseldorf 1985

GÄRTNER,H.J./KREBSBACH-GNATH,C.: Berufliche Qualifizierung von Frauen zur Verbesserung ihrer Berufschancen bei der Einführung neuer Technologien. Schriftenreihe des Bundesministers für Jugend, Familie, Frauen und Gesundheit. Stuttgart/Berlin/Köln/Mainz 1987

GAUGLER,E.: Betriebliche Personalplanung. Eine Literaturanalyse. Göttingen 1974

GAUGLER,E.: Betriebliche Weiterbildung als Führungsaufgabe. Wiesbaden 1987

GEBERT,H.: Das integrierte Personalinformationssystem (IPIS) der Ford-Werke AG. Köln. In: IBM-Nachrichten, 19. Jg. 1969

GEBHARDT,W./HEITMEYER,K.: Lernstatt. Ein Beitrag zur Erreichung von Personal- und Organisationsentwicklungszielen. Köln 1985

GEISLER,G.: Ein integriertes Modell quantitativer und qualitativer Personalplanung aus dem Montanbereich. In: Kohl, H. (Hrsg.): Betriebliche Beschäftigungspolitik und Personalplanung. Köln 1978, S. 75-122

GEIßLER,H.: Organisations-Lernen. Gebot und Chance einer zukunftsweisenden Pädagogik. In: Grundlagen der Weiterbildung, Jg. 2, H. 1, 1991, S. 23-27

GEIßLER,H.: Neue Qualitäten betrieblichen Lernens. Frankfurt a.M./Berlin/Bern/New York/Paris/Wien 1992

GEIßLER,A.KH.: Auf dem Weg in die Weiterbildungsgesellschaft. In: WITTWER, W.(Hrsg.): Annäherung an die Zukunft. Zur Entwicklung von Arbeit, Beruf und Bildung. Weinheim/Basel 1990, S. 161-188

GEORG,W./KIßLER, L.: Arbeitshumanisierung und Empirische Sozialforschung. Eine Einführung am Beispiel eines berufspädagogischen Begleitforschungsprojektes im Rahmen betrieblicher Arbeitsstrukturierung. Baden-Baden 1981

GEORG,W./SATTEL,U.: Pädagogische Aspekte industrieller Arbeit. In: GEORG, W./KIßLER, L./SATTEL, U. (Hrsg.): Arbeit und Wissenschaft: Arbeitswissenschaft? Eine Einführung. Bonn 1985, S. 214-247

GERL,H./PEHL,K.: Evaluation in der Erwachsenenbildung. Bad Heilbrunn 1983

GESELLSCHAFT FÜR RECHTS- UND VERWALTUNGSINFORMATIK E.V. (Hrsg.): Personalinformationssysteme in Wirtschaft und Verwaltung. München 1982

GIRSCHNER-WOLDT,I./BAHNMÜLLER,R./BARGMANN,H./BRAUNWALD,H./BROCKHOFF,B./GIRSCHNER,W.: Beteiligung von Arbeitern an betrieblichen Planungs- und Entscheidungsprozessen. Frankfurt a.M./New York 1986

GÖRS,D. (Hrsg.): Arbeiten und Lernen. Zur Praxis arbeitsbezogener Weiterbildung. München 1983

GÖRS,D.: Betrieblich-unternehmerische Weiterbildung eine Herausforderung der Gewerkschaften. In: Gewerkschaftliche Bildungspolitik, Jg. 37, H. 10, 1986, S. 222-228

GÖRS,D.: Arbeitsbedingungen, Qualifikationsanforderungen und Konsequenzen für die Weiterbildung. In: Gewerkschaftliche Bildungspolitik, Jg. 43, H. 2, 1992, S. 32-36

GÖRS,D./SCHLAFFKE, W.: Die gesellschaftspolitische Bedeutung der Weiterbildung - aus der Sicht der Unternehmen und der Arbeitnehmer. Berlin 1982

GOTTSCHALL,K.: Chancengleichheit durch Bildung? Zum Stellenwert von Weiterbildung für die Erwerbschancen von Frauen. In: Mitteilungen aus der Arbeitsmarkt- und Berufsforschung, Jg. 24, H. 2, 1991, S. 396-408

GRABNER,G.: Fallbeispiel eines entwickelten Personalplanungs- und -informationssystems. In: KOHL, H. (Hrsg.), Betriebliche Beschäftigungspolitik und Personalplanung. Köln 1978, S. 123-131

GRAß,G./SCHMITT,G.: Weiterbildung für Facharbeiter im zwischenbetrieblichen Verbund. In: SIEHLMANN, G. (Hrsg.): Weiterbildung im zwischenbetrieblichen Verbund. Köln 1988

GROSKURTH,P./VOLPERT,W.: Lohnarbeitspsychologie. Berufliche Sozialisation: Emanzipation zur Anpassung. Frankfurt 1975

GRÜNEFELD,H.-G.: Personalkennzahlensystem: Planung - Kontrolle - Analyse von Personalaufwand und -daten. Wiesbaden 1981

HACKER,V.: Personalentwicklung und betriebliche Bildungsplanung. Frankfurt am Main 1976

HACKSTEIN,R./HEEG,F.-J./BELOW,F.v.(Hrsg.): Arbeitsorganisation und neue Technologien. Berlin/Heidelberg/New York/Paris/London/ Tokyo 1986

HAGNER,G.W.: Grundlagen, Methoden und Erfolge eines modernen Personal-Management-Systems. In: Fortschrittliche Betriebsführung, Jg. 19, H. 3, 1970

HAGNER,G.W.: Personalwirtschaft im Personal-Management-System. In: Fortschrittliche Betriebsführung, Jg. 20, H. 1, 1971

HAGNER,G.W. (Hrsg.): Personalplanung. Darmstadt 1972

HAMACHER,J.: Personalberichtswesen - Aufgaben und Chancen. In: Personal, Jg. 38, 1986, S. 193-196

HAPKE,R.: Bildungsbedarfsanalyse in Montan-Unternehmen. In: Die Mitbestimmung, Bd. 28, H. 11, 1982, S. 400-402

HARMON,P./KING,D.: Expertensysteme in der Praxis. München/Wien 1986

HARTMANN,H.: Betriebliche Weiterbildung und sozialer Einfluß. In: Soziale Welt. H. 4, 1979, S. 488-512

HEEG,F.J.: Qualitätszirkel und andere Gruppenaktivitäten - Einsatz in der betrieblichen Praxis und Anwendung. Berlin/Heidelberg/New York/ Tokyo 1985

HEEG,F.J.: Moderne Arbeitsorganisation. Grundlagen der organisatorischen Gestaltung von Arbeitssystemen bei Einsatz neuer Technologien. München/Wien 1988

HEID,H.: Über Zwecke, Inhalte und Subjekte von Qualifizierungsprozessen. In: Grundlagen der Weiterbildung, Jg. 1, H. 3, 1990, S. 136-140

HEIDACK,C.(Hrsg.): Lernen der Zukunft. Kooperative Selbstqualifikation - die effektivste Form der Aus- und Weiterbildung im Betrieb. München 1989

HEIDEMANN,W.: Trendwende in der Qualifizierung? In: Gewerkschaftliche Bildungspolitik, H. 7/8, 1989, S. 209-220

HEINRICH,L.J./PILS,M.: Personalinformationssysteme im Zwielicht. In: Personal, Jg. 29, H. 1, 1977, S. 29-30

HEITMEYER,K./THOM,N.: Assessment-Center. In: Personalwirtschaft, Jg. 9, H. 9, 1982, S. 19-26

HENSS,K./MIKOS,L.: Personal-Informationssysteme. Der große Bruder im Betrieb. Berlin 1983

HENTSCHEL,B.(Hrsg.): Personalinformations-Systeme - in der Diskussion -. Köln 1983

HENTZE,J.: Personalwirtschaftslehre, Bd. 1+2. Bern/Stuttgart 1989[4]

HERZIG,V.: Personalentwicklung als Instrument der qualitativen Personalplanung (Diss.). Bielefeld 1986

HÖLTERHOFF,H./BECKER,M.: Aufgaben und Organisation der betrieblichen Weiterbildung. München/Wien 1986

HÖPFNER,H.-D.: Qualifizierungsmaßnahmen vermittels Leittext in der beruflichen Weiterbildung. In: Berufsbildung, Jg. 45, H.5/6, 1991, S. 230-234

HÖRGER,H.: Bildungsarbeit im Unternehmen. In: Beiträge zur betrieblichen Bildungsarbeit. München 1979

HOESCH AG: Betriebliche Personalpolitik, Arbeitsunterlagen der HOESCH HÜTTENWERKE AG, o.O., o.J.

HOFMANN,J.: Heißt der Personalchef bald Computer? Personalinformationssysteme als neue Leitungstechnologie der Unternehmer. In: HUND, J. (Hrsg.): Unterm Rad des Fortschritts? Köln 1981, S. 167-192

HOFSTETTER,H./LÜNENDONK,T./STREICHER,H.: Betriebliche Weiterbildung in Deutschland. In: Personal, Jg. 37, H. 1, 1985, S. 17-23

HOHL,E.: Zur Evaluation betrieblicher Weiterbildungsmaßnahmen (Diss.). München 1986

HORN,H.J.: Zukunftsgestaltung durch Unternehmensplanung. München 1967

IG DRUCK UND PAPIER (Hrsg.): Informationen im Betrieb, Schriftenreihe für Betriebsräte, H. 17. Stuttgart o.J.

IG METALL (Hrsg.): Entwurf zu einem "Tarifvertrag zur Sicherung des sozialen Besitzstandes", o.O., 25. März 1971

IG METALL: Personalplanung - Seminare für Arbeitnehmervertreter, Teil A-D, Rationalisierungs-Kuratorium der Deutschen Wirtschaft, o.O., o.J.

INFRATEST SOZIALFORSCHUNG: Berichtssystem Weiterbildungsverhalten, herausgegeben vom BUNDESMINISTER FÜR BILDUNG UND WISSENSCHAFT. München 1980

INFRATEST SOZIALFORSCHUNG: Berichtssystem Weiterbildungsverhalten, herausgegeben vom BUNDESMINISTER FÜR BILDUNG UND WISSENSCHAFT. München 1985

ISCHE,F.: Lernstatt - ein Modell der Praxis. In: Zeitschrift Führung und Organisation, Jg. 51, H. 5/6, 1982, S. 295-298

ISF (Institut für Sozialwissenschaftliche Forschung e.v.): Zur Verbreitung und Institutionalisierung betrieblicher Personalplanung in der BRD. München 1976

IW (Institut der Deutschen Wirtschaft): Informationsdienst des Instituts der Deutschen Wirtschaft. Die vierte Säule: Betriebliche Weiterbildung, Nr. 40, 5.10.1989, S. 4-5

IW (Institut der Deutschen Wirtschaft): Forschungsstand und Forschungsperspektiven im Bereich betrieblicher Weiterbildung aus betrieblicher Sicht. In: BUNDESMINISTER FÜR BILDUNG UND WISSENSCHAFT (Hrsg.): Betriebliche Weiterbildung. Forschungsstand und Forschungsperspektiven. Schriftenreihe Studien zu Bildung und Wissenschaft, Bd. 88. Bad Honnef 1990, S. 1-191

JÄGER,H.: Notwendige Informationen und Hilfsmittel für die Arbeitnehmervertretung. In: KOHL, H. (Hrsg.), Betriebliche Beschäftigungspolitik und Personalplanung, Köln 1978, S. 157-169

JÄGER,H.: Arbeit und Technik - Personalentwicklung aus gewerkschaftlicher Sicht. In: STAUDT, E./EMMERICH, K. (Hrsg.): Betrieblich Personalentwicklung und Arbeitsmarkt. Nürnberg 1987, S. 134-144

JÄGER,M. u.a.: "Da wird der Geist Euch wohl dressiert..." Kontrolliert und abserviert. Computer in Schule und Betrieb. Mülheim a.d.Ruhr 1985

JANSEN,K.-D./SCHWITALLA,U./WICKE,W.(Hrsg.): Beteiligungsorientierte Systementwicklung. Beiträge zu Methoden der Partizipation bei der Entwicklung computergestützter Arbeitssysteme. Opladen 1989

KADOR,J./PORNSCHLEGEL,H.: Handlungsanleitung zur betrieblichen Personalplanung. Frankfurt a.M. 1977

KANTEL,D.: Informationstechnologien im Betrieb (am Beispiel Opel): PAISY läßt sich nicht halbieren! In: JÄGER, M. u.a.: "Da wird der Geist Euch wohl dressiert..." Kontrolliert und abserviert. Computer in Schule und Betrieb. Mülheim a.d.Ruhr 1985, S. 261-282

KAUNE,A.: Lernstatt mit Auszubildenden. Ein wesentlicher Baustein der Organisationsentwicklung bei BMW. In: EVANGELISCHE AKADEMIE BAD BOLL (Hrsg.): Berufliche Bildung im Betrieb. Integrierte Ausbildung von fachlichen und persönlichkeitsbezogenen Qualifikationen im Betrieb. Bad Boll 1988

KERN,H./SCHUMANN,M.: Das Ende der Arbeitsteilung? Rationalisierung in der industriellen Produktion. München 1984

KILIAN,W.: Personalinformationssysteme in deutschen Großunternehmen. Ausbaustand und Rechtsprobleme. Berlin/Heidelberg/ New York 1982

KIPP,M.: Berufliche Weiterbildung im Dritten Reich. In: GEORG, W. (Hrsg.): Schule und Berufsausbildung. Bielefeld 1984, S. 83-99

KITTNER,M.: Arbeits- und Sozialordnung. Ausgewählte und eingeleitete Gesetzestexte. Mit den Neuregelungen des Einigungsvertrages. Köln 1991

KOBI,J.-M./WÜTHRICH,H.A.: Unternehmenskultur verstehen, erfassen und gestalten. Landsberg 1986

KOCH,G.A.: Arbeitsplatz- und Personaldaten als notwendige Informationen für die qualitative Personalplanung. In: SCHMIDT, H./ HAGENBRUCK, H./SÄMANN, W.: Handbuch der Personalplanung. Frankfurt a.m./New York 1975, S. 122 ff.

KOHL,H.(Hrsg.): Betriebliche Beschäftigungspolitik und Personalplanung, Beiträge zur DGB-Fachtagung 1977. Köln 1978

KOHL,H.: Personalplanung, Arbeitsplatzsicherung, Tarifvertrag. Handlungsanregungen und Materialien für die gewerkschaftliche Praxis. Köln 1979

KOMPA,A.: Personalbeschaffung und Personalauswahl. Stuttgart 1984

KOSSBIEL,H. (Hrsg.): Personalentwicklung. Wiesbaden 1982

KRALLMANN,H.(Hrsg.): Expertensysteme im Untenehmen. Berlin 1986

KUBICEK,H.: Führungsgrundsätze. Lösungen von gestern für die Probleme von morgen? In: Zeitschrift Führung und Organisation, Jg. 53, 1984a, 1. Teil, H. 2, S. 81-88, 2. Teil, H. 3, S. 182-188

KUBICEK,H.: Führungsgrundsätze als Organisationsmythen und die Notwendigkeit von Entmythologisierungsversuchen. In: Zeitschrift für Betriebswirtschaft, Jg. 54, 1984b, S. 4-29

KÜHL,J.: Vorschläge einer besseren Verzahnung der betrieblichen und überbetrieblichen Arbeitspolitik. In: KOHL, H. (Hrsg.), Betriebliche Beschäftigungspolitik und Personalplanung. Köln 1978, S. 219-237

KÜLLER,H.-D.: Organisationsentwicklung - ein Rationalisierungsinstrument. Unternehmer wollen "Produktivkraft Partizipation" nutzen. In: Das Mitbestimmungsgespräch, Jg. 27, H. 10, 1981, S. 235-340

KUFER,G.: BMW Lernstatt. Integraler Bestandteil der Personal-und Organisationsentwicklung im Werk Dingolfing. In: Grundlagen der Weiterbildung, Jg. 1, H. 3, 1990, S. 140-142

KUNSTEK,K.: Das Konzept der Lernstatt im Industriebetrieb. Kritik eines Ansatzes der Organisationsentwicklung. Spardorf 1986

KURTZ,H./MARCOTTY,A./STIEFEL,R.T.(Hrsg.): Neue Evaluierungskonzepte in der Management-Andragogik. München 1984

KUWAN,H./GNAHS,D./SEUSING,B.: Weiterbildungsstatistik in Deutschland - Ausgangslage und zukünftige Anforderungen. In: Mitteilungen aus der Arbeitsmarkt- und Berufsforschung, Jg. 24, H. 2. 1991, S. 277-303

LAMSZUS,H. (Hrsg.): Weiterbildung im Handwerk als Zukunftsaufgabe. Berlin/Bielefeld/München 1990

LATTMANN,Ch.: Leistungsbeurteilung als Führungsmittel. Stuttgart 1975

LAURITZEN,G.: Die Rolle der betrieblichen Weiterbildung in der Qualifizierungsoffensive der Bundesanstalt für Arbeit. In: Gewerkschaftliche Bildungspolitik, Jg. 37, H. 10, 1986, S. 234-240

LEHNHARDT,G.: Berufliche Weiterbildung und Arbeitsteilung in der Industrieproduktion. Frankfurt 1974

LEITER,R./BURSCHIK,R./GRAUSAM,G./RUNGE,T.E.: Der Weiterbildungsbedarf im Unternehmen. Methoden der Ermittlung. München/Wien 1982

LENSKE,W.: Strukturwandel Ost. Personalentwicklung - Qualifizierung - Rahmenbedingungen wirtschaftlicher Entwicklung. Ergebnisse einer Umfrage bei ostdeutschen Unternehmen. Kölner Texte und Thesen 3. Köln 1992

LIPSMEIER,A.: Zum Problem der Kontinuität von beruflicher Erstausbildung und beruflicher Weiterbildung. In: Die Deutsche Berufs- und Fachschule, Jg. 73, 1977, H.10, S. 723-737

LIPSMEIER,A.: Ganzheitlichkeit als berufspädagogische Kategorie. Pädagogische und betriebliche Illusionen und Realitäten. In: Zeitschrift für Berufs- und Wirtschaftspädagogik, Jg. 85, H. 2, 1989, S. 137-151

LIPSMEIER,A.: Berufliche Weiterbildung: Theorieansätze, Strukturen, Qualifizierungsstrategien, Perspektiven. Frankfurt a.M. 1991

LORENZEN,H.-P.: HdA - 12 Jahre Erfahrung und Perspektiven für die Zukunft. In: RKW (Hrsg.): IPS 2 - Dokumentation, Productivity and the Future of Work. Eschborn 1987

LOTZ,H.: Ansätze für eine arbeitnehmerorientierte Weiterbildung. In: Gewerkschaftliche Bildungspolitik, Jg. 37, H. 5, 1986, S. 113-120

LUCZAK,H./ROHMERT,W.: Ansätze zu einer anthropologischen Systematik arbeitswissenschaftlicher Erkenntnisse. In: Zeitschrift für Arbeitswissenschaft, Jg. 39, (11. NF), H. 3, 1985, S. 129-144

LUKIE,M.: Erfassung und Analyse betrieblichen Weiterbildungsverhaltens. Aachen 1984

LUTZ,B: Personalplanung in der gewerblichen Wirtschaft der Bundesrepublik. Frankfurt a.M./New York 1977

MAASE,M.: Beschäftigungspolitische Aspekte beruflicher Weiterbildung. In: Bundesinstitut für Berufsbildungsforschung. Ordnungsvorstellungen für die berufliche Weiterbildung. Berlin 1977

MAASE,M./SCHULTZ-WILD,R.(Hrsg.): Personalplanung zwischen Wachstum und Stagnation. Frankfurt a.M. 1980

MAG,W.: Hemmnisse und Fortschritte bei der Entwicklung der Personalplanung in der Bundesrepublik Deutschland. In: Schmalensbachs Zeitschrift für betriebswirtschaftliche Forschung, Jg. 37, H. 1, 1985, S. 3-25

MALCHER,W.: Möglichkeiten zur Ermittlung des Weiterbildungsbedarfs im Betrieb. Herausgegeben von der Bundesvereinigung der deutschen Arbeitgeberverbände. Köln 1988

MANSKE,F.: Ende oder Wandel des Taylorismus? Von der punktuellen zur systematischen Kontrolle des Produktionsprozesses. In: Soziale Welt, H. 2, 1987, S. 166-180

MARCOTTY,A.: Durch Übungen im Nachbereitungstreffen evaluieren heißt: Vier Fliegen mit einer Klappe zu schlagen. In: KURTZ, H.-J. u.a. (Hrsg.): Neue Evaluierungskonzepte in der Management-Andragogik. München 1984

MARR,R./STITZEL,M.: Personalwirtschaft. Ein konfliktorientierter Ansatz. München 1979

MAUCH,H.J.: Werkstattzirkel - Wie Arbeiter und Meister an der Lösung betrieblicher Probleme beteiligt werden. Quickborn 1981

MAUL,CH./BÖNISCH,W.: Personalplanung im Mittelbetrieb. Probleme, Ziele, Instrumente. Heidelberg 1976

MEIER,A.: Zur Lage der Weiterbildung in der DDR. In: Grundlagen der Weiterbildung, Jg. 1, H. 3, 1990, S. 111-113

MEIER,H.: Personalentwicklung: Konzept, Leitfaden und Checklisten für Klein- und Mittelbetriebe. Wiesbaden 1991²

MEIRITZ,W.: Eignungsorientierte Personaleinsatzplanung. Frankfurt a.M. 1984

MENTZEL,W.: Personalentwicklung. Handbuch für Förderung und Weiterbildung der Mitarbeiter. Freiburg i.Br. 1980

MERKENS,H.: Das Konzept der Unternehmenskultur als Herausforderung für Personalplanung und Weiterbildung. In: DÜRR, W. u.a. (Hrsg.): Personalentwicklung und Weiterbildung der Unternehmenskultur. Baltmannsweiler 1988, S. 119-147

MERTENS,D.: Schlüsselqualifikationen. Thesen zur Schulung für eine moderne Gesellschaft. In: Mitteilungen aus der Arbeitsmarkt- und Berufsforschung, H. 1, 1974, S. 36-43

MERTENS,D.: Das Konzept der Schlüsselqualifikationen als Flexibilitätsinstrument (Ursprung und Entwicklung einer Idee sowie neuerliche Reflexion). In: GÖBEL, U./ KRAMER, W.: Aufgaben der Zukunft - Bildungsauftrag des Gymnasiums. Köln 1989, S. 79-96

MINISTER FÜR WIRTSCHAFT, MITTELSTAND UND VERKEHR DES LANDES NORDRHEIN-WESTFALEN: Pädagogische Qualifizierung von Lehrkräften in der beruflichen Weiterbildung (unveröffentlichter Abschlußbericht eines Untersuchungsvorhabens). Düsseldorf 1981

MOHR,A.: Personalplanung und Betriebsverfassungsgesetz, Beteiligungsmöglichkeiten des Betriebsrats. Köln 1977

MÜNCH,J./MÜLLER,H.J.: Evaluation in der betrieblichen Weiterbildung als Aufgabe und Problem. In: DÜRR, W. u.a. (Hrsg.:) Personalentwicklung und Weiterbildung in der Unternehmenskultur. Baltmannsweiler 1988, S. 17-61

MUHR,G.: Sozialpolitisches Programm des DGB verabschiedet. In: Soziale Sicherheit, Jg. 19, H. 4, 1980, S. 97-108

NEGT,O.: Alternative Schlüsselqualifikationen. In: Literatur- und Forschungsreport Weiterbildung, H. 22, 1988, S. 84 ff.

NEUBERGER,O./KOMPA,A.: Wir, die Firma: Der Kult um die Unternehmenskultur. Weinheim/Basel 1987

NIEBUR, R.: EDV in Betrieb und Verwaltung - eine Gefahr für die Arbeitnehmer. Praktikerreihe 2 der Hans-Böckler Stiftung. Düsseldorf 1983

NUISSL,E./SIEBERT,H./WEINBERG,G.(Hrsg.): Literatur- und Forschungsreport Weiterbildung. Münster 1988

OECHSLER,A.: Personal und Arbeit - Einführung in die Personalwirtschaft. München/Wien 1985

PFEIFFER,W./DÖRRIE,U./STOLL,E.: Menschliche Arbeit in der industriellen Produktion. Göttingen 1977

PFEIFFER,W./STAUDT,E.: Teilautonome Arbeitsgruppen. In: GROCHLA, E. (Hrsg.): Handwörterbuch der Organisation. Stuttgart 1980², S. 112-118

PILLAT,R.: Neue Mitarbeiter: erfolgreich anwerben, auswählen und einsetzen. Freiburg 1986

PÖHLER,W./PETER,G.: Erfahrungen mit dem Humanisierungsprogramm. Köln 1982

POLLMEYER,B.: Einführung: Ansatzpunkte regionaler Aus- und Weiterbildung. In: WSI-Projektgruppe: Regionale Beschäftigungspolitik und gewerkschaftliche Interessenvertretung. Düsseldorf 1985

PORNSCHLEGEL,H.: Perspektiven arbeitswissenschaftlicher Forschung im Förderprogramm "Humanisierung des Arbeitslebens" der Bundesregierung. In: Zeitschrift für Arbeitswissenschaft, Jg. 40, NF, H. 12, 1986, S. 1-6

PROJEKTGRUPPE PERSONALPLANUNG DER HBV: Für eine arbeitnehmerorientierte Personalplanung - gegen Personal- und Sozialabbau. Arbeitsheft Personalplanung für Betriebsräte und Vertrauensleute. Düsseldorf o.J.

PRZYBYLSKI,C.: Die mitbestimmungsrechtliche Bedeutung des Arbeitsdirektors nach dem MitbestG 1976. Frankfurt a.M. 1983

PUPPE,F.: Expertensysteme. In: Informatik-Spektrum, 9. Jg., H. 1, 1986, S. 1-13

REBER,G.(Hrsg.): Personalinformationssysteme. Stuttgart 1979

REETZ,L./REITMANN,T.(Hrsg.): Schlüsselqualifikationen: Dokumentation des Symposiums in Hamburg "Schlüsselqualifikationen - Fachwissen in der Krise? Hamburg 1990

REFA (Verband für Arbeitsstudien): Methodenlehre des Arbeitsstudiums, Bd. 4 "Anforderungsermittlung". München 1985[5]

REICHART,L.: Kooperative Selbstqualifizierung durch Lernstatt. Eine kritische Reflexion der Lernstatt-Philosophie. In: HEIDACK, C. (Hrsg.): Lernen der Zukunft. Kooperative Selbstqualifikation - die effektivste Form der Aus- und Weiterbildung im Betrieb. München 1989

REINECKE,P.: Vorgesetztenbeurteilung. Ein Instrument partizipativer Führung und Organisationsentwicklung. Köln 1983

REISCHMANN,J.: "Das bißchen Pädagogik kommt dann von selbst...". Optimierte betriebliche Weiterbildung durch Coaching. In: Grundlagen der Weiterbildung, Jg. 2, H. 1, 1991, S. 11-17

RIEKHOF,H.-C.(Hrsg.): Strategien der Personalentwicklung. Beiersdorf, Bertelsmann, Esso, IBM, Opel, Otto Versand, Philips, VW. Wiesbaden 1986

RIESTER,W./KRÜGER,B.: Für betriebliche Weiterbildung - gegen tarifvertragliche Qualifizierung? Anmerkungen zu einer Untersuchung des Instituts der Deutschen Wirtschaft. In: Gewerkschaftliche Bildungspolitik, Jg. 41, H. 10, 1990, S. 226-229

RISCHE-BRAUN,D.: Mitbestimmung in der betrieblichen Weiterbildung. In: WSI Mitteilungen, Jg. 39, H. 1, 1986, S. 1-5

RISCHER,K./TITZE,C.: Qualitätszirkel. Effektive Problemlösung durch Gruppen im Betrieb. Ehmingen bei Böblingen 1988[2]

RKW-Handbuch: "Praxis der Personalplanung", Teil I-X, Rationalisierungs-Kuratorium der Deutschen Wirtschaft. Neuwied/Darmstadt 1978

RÖTHIG,P.: Zum Entwicklungsstand der betriebswirtschaftlichen Personalplanung. In: Die Betriebswirtschaft, Jg. 46, H. 2, 1986, S. 203-223

ROHMERT,W.: Das Belastungs-Beanspruchungskonzept. In: Zeitschrift für Arbeitswissenschaft, Jg. 38, N.F., H. 10, 1984, S. 193-204

ROHMERT,W./LANDAU,K.: Das Arbeitswissenschaftliche Erhebungsverfahren zur Tätigkeitsanalyse (AET). Bern/Stuttgart/Wien 1979

ROHMERT,W./WEG,F.J.: Organisation teilautonomer Gruppenarbeit: betriebliche Projekte, Leitlinien zur Gestaltung. München/Wien 1976

SABEL,H.: Erfolgreiche Mitarbeiterbildung. Die gezielte Durchführung und Kontrolle. Offenbach 1978

SASS,J./SENGENBERGER,W./WELTZ,F.: Weiterbildung und betriebliche Arbeitskräftepolitik. Eine industrie-soziologische Analyse. Köln/Frankfurt a.M. 1974

SCHAA,S./SCHLOTTER,G./TÄNZLER,H.-J.: Personal-Computer - Qualifizierung für kaufmännische Fachkräfte im zwischenbetrieblichen Verbund - Ein Modellversuch. In: SIEHLMANN, G. (Hrsg.): Weiterbildung im zwischenbetrieblichen Verbund. Köln 1988

SCHELTEN,A.: Grundlagen der Arbeitspädagogik. Stuttgart 1991^2

SCHEPANSKI,N.: Die Integration der Personalentwicklung in die Unternehmensplanung - Methodische Defizite. In: STAUDT, E./ EMME-

RICH, K. (Hrsg.): Betriebliche Personalentwicklung und Arbeitsmarkt, Beiträge zur Arbeitsmarkt- und Berufsforschung, Bd. 109. Nürnberg 1987, S. 92-114

SCHILLER,M.: Betriebliche Weiterbildung im Spannungsfeld unterschiedlicher Interessen. Frankfurt a.M./Bern/New York 1985

SCHLAFFKE,W.: Die gesellschaftspolitische Bedeutung der beruflichen Weiterbildung aus der Sicht der Unternehmen. In: GÖRS,D./SCHLAFFKE,W.: Die gesellschaftspolitische Bedeutung der Weiterbildung - aus der Sicht der Unternehmen und der Arbeitnehmer. Berlin 1982

SCHLAFFKE,W./WEIß, R. (Hrsg.): Tendenzen betrieblicher Weiterbildung. Aufgaben für Forschung und Praxis. Köln 1990

SCHMIDT,D.: Checklists für Personalleiter. Zürich 1973

SCHMIED,V.: Alternativen der Arbeitsgestaltung und ihre Bewertung. Wiesbaden 1982

SCHMIEL,M.: Schlüsselqualifikationen als Lernziele in der beruflichen Aus- und Weiterbildung. In: ROSA, S./ SCHART, D./SOMMER, K.-H. (Hrsg.): Fachübergreifende Qualifikationen und betriebliche Aus- und Weiterbildung. Esslingen 1988, S. 51-80

SCHMITZ,E.: Leistung und Loyalität. Berufliche Weiterbildung und Personalpolitik in Industrieunternehmen. Stuttgart 1978

SCHMITZ,E.: Betriebliche Weiterbildung als Personalpolitik. In: WEYMANN, A. (Hrsg.): Handbuch für die Soziologie der Weiterbildung. Darmstadt/Neuwied 1980

SCHÖNFELD,T./GENNEN, K.: Mitbestimmung bei Assessment-Centern - Beteiligungsrechte des Betriebsrates und des Sprecherausschusses. In: Neue Zeitschrift für Arbeits- und Sozialrecht, H. 14, 1989, S. 543-546

SCHOLZ,C: Strategische Personalplanung. In: Personalwirtschaft, Jg. 11, H. 8, 1984, S. 261-266

SCHOLZ,C.: Unternehmenskultur (Corporate Cultur). In: WISU - Das Wirtschaftsstudium, Jg. 15, H. 5, 1986, S. 223-224

SCHOLZ,C.: Strategisches Management - Ein integrativer Ansatz. Berlin, New York 1987

SCHOLZ,C.: Organisationskultur: Zwischen Schein und Wirklichkeit. In: Schmalenbachs Zeitschrift für betriebswirtschaftliche Forschung, Jg. 40, H. 3, 1988, S. 243-272

SCHOLZ,C.: Personalmanagement. Informationsorientierte und verhaltenstheoretische Grundlagen. München 1989

SCHOLZ,C./HOFBAUER,W.: Unternehmenskultur und Personalführung. In: Zeitschrift für Personalforschung, H. 1, 1987, S. 461-482

SCHOLZ,C./HOFBAUER,W.: Organisationskultur in Theorie und Praxis. Grundlagen - Methodik - Empirie., München 1989

SCHULER,H. (Hrsg.): Assessment Center als Methoden der Personalentwicklung. Stuttgart 1987

SCHULER,H./STEHLE,W.: Neuere Entwicklungen des Assessment-Center-Ansatzes - beurteilt unter dem Aspekt der sozialen Validität. In: Psychologie und Praxis, Jg. 27, N.F.1, H. 1, 1983, S. 33-44

SCHULTZ-WILD,R.: Betriebliche Beschäftigungspolitik in der Automobilindustrie während der Absatzkrise. In: KOHL, H. (Hrsg.): Betriebliche Beschäftigungspolitik und Personalplanung. Köln 1978, S. 132-154

SCHULTZ-WILD,R.: Verbreitung und Entwicklung betrieblicher Personalplanung. In: MAASE, M./SCHULTZ-WILD (Hrsg.): Personalplanung zwischen Wachstum und Stagnation., Frankfurt a.M./New York 1980, S. 48-60

SCHUMANN,M./BAETHGE-KINSKY,V./NEUMANN,U./SPRINGER,R.: Breite Diffussion der Neuen Produktionskonzepte - zögerlicher Wandel der Arbeitsstrukturen. In: Soziale Welt, Jg. 41, H.1, 1990, S. 47-69

SCHWARZ,H.: Betriebsorganisation als Führungsaufgabe. München 1969

SEIBT,D./MÜLDER,W.(Hrsg.): Methoden- und computergestützte Personalplanung. Köln 1986

SEYD,W.: Betriebliche Weiterbildung. Daten - Tendenzen - Probleme. Alsbach/Bergstraße 1982

SEYER,K.P.: Aus der Praxis der Personalplanung und Personalentwicklung. In: DÜRR, W. u.a. (Hrsg.): Personalentwicklung und Weiterbildung in der Unternehmenskultur. Baltmannsweiler 1988, S. 65-79

SIEGERS,J.: Kosten und Finanzierung der Weiterbildung. Manuskript der Enquete-Kommission 'Bildung 2000'. Kommissionsdrucksache Nr. 11/21. Bonn, 13.3.1989

SIEMENS AG: Investition in die Zukunft, Bildungsarbeit bei Siemens o.J.

SIMON,W.: Qualitätszirkel: Fragen und Antworten. In: Personal, Jg.35, H. 5, 1983, S. 190-192

SONNTAG,KH.: Ermittlung des qualitativen Personalbedarfs aus arbeitswissenschaftlicher und personalwirtschaftlicher Sicht. In: DYBOWSKI, G. u.a.: Strategien qualitativer Personal- und Bildungsplanung bei technisch-organisatorischen Innovationen. Frankfurt a.M. 1989a, S. 25-34

SONNTAG,KH.: Trainingsforschung in der Arbeitspsychologie: Berufsbezogene Lernprozesse bei veränderten Tätigkeitsinhalten. Bern 1989b

SONNTAG,KH./HEUN,D./SCHAPER,N.: Der Leitfaden zur qualitativen Personalplanung bei technisch-organisatorischen Innovationen (LPI) - Konzeption und erste Version. In: DYBOWSKI, G.u.a.: Strategien qualitativer Personal- und Bildungsplanung bei technisch-organisatorischen Innovationen. Frankfurt a.M. 1989, S. 95-105

SOZIALPOLITISCHE GESPRÄCHSRUNDE beim Bundesministerium für Arbeit und Sozialordnung: Betriebliche Personalplanung. Empfehlungen, Jg. V/20, v. 19.7.1971

SPIEKER,W./KOHL,H.: Betriebliche Beschäftigungspolitik und Mitbestimmung vor dem Hintergrund der wirtschaftlichen und sozialen Entwicklung in der Bundesrepublik. In: KOHL, H. (Hrsg.), Betriebliche Beschäftigungspolitik und Personalplanung. Köln 1978, S. 17-38

STAEHLE,W.H.: Management - eine verhaltenswissenschaftliche Einführung. München 1985^2

STAEHLE,W.H.: Entwicklung und Stand der deutschen Personalwirtschaftslehre, in: STAUDT,E./EMMERICH,K. (Hrsg.): Betriebliche Personalentwicklung und Arbeitsmarkt. Beiträge zur Arbeitsmarkt- und Berufsforschung, Bd. 109. Nürnberg 1987, S. 45-65

STAUDT,E.: Qualitätszirkel in Deutschland: Zwei Führungsphilosophien im Widerspruch. In: BIETHAHN,J./STAUDT,E. (Hrsg.): Der Betrieb im Qualitätswettbewerb. Von der Qualitätssicherung zur offensiven Qualitätspolitik. Berlin 1982, S. 79-86

STAUDT,E.: Die Führungsrolle der Personalplanung im technischen Wandel. In: Zeitschrift Führung und Organisation, Jg. 53, H. 7, 1984, S. 395-399, S. 402-405

STAUDT,E.: Bestimmungsfaktoren betrieblicher Personalpolitik. In: STAUDT,E./EMMERICH,K. (Hrsg.): Betriebliche Personalentwicklung und Arbeitsmarkt. Beiträge zur Arbeitsmarkt- und Berufsforschung, Bd. 109. Nürnberg 1987, S. 1-36

STAUDT,E.: Defizitanalyse betrieblicher Weiterbildung. In: SCHLAFFKE,W./WEIß,R. (Hrsg.): Tendenzen betrieblicher Weiterbildung. Aufgaben für Forschung und Praxis. Köln 1990, S. 36-78

STORR,R.: Betriebliche Weiterbildung. Grundlagen einer akquisitionswirksamen Weiterbildungspolitik. Frankfurt a.M. 1981

STROMBACH,M.E./JOHNSON,G.: Qualitätszirkel in Unternehmen. Köln 1983

STRUBE,A.: Mitarbeiterorientierte Personalentwicklungsplanung. Berlin 1982

THOM,N.: Personalentwicklung als Instrument der Unternehmensführung. Stuttgart 1987

ULICH,E./GROSKURTH,P./BRUGGEMANN,A.: Neue Formen der Arbeitsgestaltung. Möglichkeiten und Probleme einer Verbesserung der Qualität des Arbeitslebens. Frankfurt a.M. 1973

ULICH,E.: Arbeitsgestaltung. In: GROCHLA,E. (Hrsg.): Handwörterbuch der Organisation. Stuttgart 1980², S. 103-112

ULRICH,H./STAERKLE,R.: Personalplanung. Köln/Opladen 1965

VAHRENKAMP,R.: Taylors Lehren - Ein Mittelklassentraum. Überlegungen zu einem Rätsel. In: MICHEL,K.M./WIESER,H. (Hrsg.): Kursbuch 43, Arbeitsorganisation - Ende des Taylorismus? Berlin 1976, S. 14-26

VILMAR,F.: Menschenwürde im Betrieb - eine theoretische und empirische Bestandsaufnahme. In: VILMAR, F. (Hrsg.): Menschenwürde im Betrieb. Reinbek 1973, S. 14-55

VILMAR,F.: Humanisierung der Arbeit. Entwurf eines integralen Konzepts für die Bundesrepublik. In: Aus Politik und Zeitgeschichte, Beilage zur Wochenzeitung 'Das Parlament', B. 43, 1977

VOGT,A.: Dispositionsgrundlage von Personalkosten in Industriebetrieben. Bochum 1983

VOGT,A.: Personalkostenerfassung und -analyse für Planungs- und Kontrollzwecke. In: Schmalenbachs Zeitschrift für betriebswirtschaftliche Forschung, Jg. 36, H. 10, 1984, S. 861-877

VOIGT,W.: Berufliche Weiterbildung. Eine Einführung. München 1986

VOLPERT,W.: Der Zusammenhang von Arbeit und Persönlichkeit aus handlungstheoretischer Sicht. In: GROSKURTH, P. (Hrsg.): Arbeit und Persönlichkeit. Reinbek b. Hamburg 1979, S. 21-46

VOLPERT,W.: Psychologische Aspekte industrieller Arbeit. In: GEORG, W./KIßLER, L./SATTEL, U. (Hrsg.): Arbeit und Wissenschaft: Arbeitswissenschaft? Bonn 1985, S. 180-213

WALTER,J./HEIDEMANN,W.: Betriebliche Weiterbildung und Mitbestimmung. In: Gewerkschaftliche Bildungspolitik, Jg. 39, H.10, 1988, S. 270-276

WEBER,W.: Zur Praxis betrieblicher Weiterbildung. Ergebnisse einer Unternehmensbefragung. In: Das Mitbestimmungsgespräch, Jg. 27, H. 11, 1981, S. 363-369

WEBER,W. (Hrsg.): Betriebliche Aus- und Weiterbildung. Paderborn 1983

WEBER,W.: Betriebliche Weiterbildung - Empirische Analyse betrieblicher und individueller Entscheidungen über Weiterbildung. Stuttgart 1985

WEINBRENNER,P.: Personalinformationssysteme. Der gläserne Mensch im Betrieb? In: arbeiten + lernen, Nr. 42, H. 11, 1985, S. 30-33

WIEBUS,H.-O.: Humanisierung: Lust statt Frust. In: Wirtschaftswoche, Nr. 44, 23.10.87, S. 96-103

WIESNER,H.: Techniken des Personalmanagements. Wiesbaden 1980

WIMMER,P.: Personalplanung: Problemorientierter Überblick - Theoretische Vertiefung. Stuttgart 1985

WINTER,H./THOLEN, H.H.: Schwerpunkte zukunftsorientierter Weiterbildung. Köln 1983

WITTWER,W.: Die Legitimation von Zielen in der betrieblichen Weiterbildung. Diss. München 1980

WITTWER,W.: Weiterbildung im Betrieb. Darstellung und Analyse. München/Wien/Baltimore 1982a

WITTWER,W.: Weiterbildung und betriebliches Interesse. In: Gewerkschaftliche Bildungspolitik, Jg. 33, H. 8, 1982b, S. 230-234

WITTWER,W. (Hrsg.): Annäherung an die Zukunft. Zur Entwicklung von Arbeit, Beruf und Bildung. Weinheim/Basel 1990

WSI-PROJEKTGRUPPE: Mitbestimmung in Unternehmen und Betrieb. Köln 1981

WUNDERER,R.: Neuere Konzepte der Personalentwicklung. In: Die Betriebswirtschaft, Jg. 48, H. 4, 1988, S. 435-443

ZABECK,J.: "Schlüsselqualifikationen". - Zur Kritik einer didaktischen Zielformel. In: Wirtschaft und Erziehung, Jg. 41, H. 3, 1989, S. 77-86

ZIEGLER,A.: Menschengerechte Anwendung neuer Technologien - Ein Schwerpunkt im Förderprogramm "Forschung zur Humanisierung des Arbeitslebens". In: Fortschrittliche Betriebsführung/Industrial Engineering, Jg. 35, 1986, S. 52-55

ZINK,K.J. (Hrsg.): Personalwirtschaftliche Aspekte neuer Technologien. Berlin 1985

ZINK,K.J.: Quality Circles. München 1986

ZINK,K.J./SCHICK,G.: Quality Circles - Qualitätsförderung durch Mitarbeitermotivation. München 1984

ZÖLLER, W./GULDIN, A.: Implementierung von Assessment-Centern zur Personalentwicklung. In: Personalführung, H. 6, 1989, S. 598-603

Deutscher Universitäts Verlag
GABLER · VIEWEG · WESTDEUTSCHER VERLAG

Aus unserem Programm

Peter Cornelius
Führung von Beratern in der öffentlichen Verwaltung
1993. XI, 245 Seiten, Broschur DM 98,-
ISBN 3-8244-0156-8
In diesem Buch wird auf der Basis von führungstheoretischen Ansätzen und von Analysen der praktischen Bedingungen in der Berufsberatung ein Führungskonzept für den Beratungsbereich entwickelt.

Evelyne Dietmann
Personalmarketing
Ein Ansatz zielgruppenorientierter Personalpolitik
1993. XVII, 324 Seiten, 69 Abb., 3 Tab., Broschur DM 98,-
ISBN 3-8244-0168-1

Der zentrale Beitrag von Personalmarketing liegt im Aufbau eines Arbeitgeber-Image, das dem Unternehmen in der arbeitsplatzbezogenen Wahrnehmungswelt seiner Zielgruppen eine strategische Erfolgsposition gegenüber der Konkurrenz einräumt.

Maryam Djarrahzadeh
Internationale Personalentwicklung
Ausländische Führungskräfte in deutschen Stammhäusern
1993. XV, 333 Seiten, 14 Abb., 75 Tab., Broschur DM 98,-
ISBN 3-8244-0157-6
Im Zusammenhang der Zunahme von Auslandsaktivitäten deutscher Unternehmen (von der Exportorientierung bis zur Gründung von Tochtergesellschaften) stellt sich die Frage nach dem Personalmanagement. Die Arbeit gibt theoretische und empirische Antworten.

Uwe Götze
Szenario-Technik in der strategischen Unternehmensplanung
2., aktualisierte Auflage 1993.
XVIII, 397 Seiten, 48 Abb., 40 Tab., Broschur DM 128,-
ISBN 3-8244-0166-5
In der Arbeit werden Möglichkeiten der Szenario-Erstellung sowie der strategischen Planung und Modellanalyse auf der Basis von Szenarien erarbeitet.

Deutscher Universitäts Verlag
GABLER · VIEWEG · WESTDEUTSCHER VERLAG

Hans Hermann Hüttemann
Anreizmanagement in schrumpfenden Unternehmungen
1993. XIX, 443 Seiten, 105 Abb., 7 Tab., Broschur DM 128,-
ISBN 3-8244-0136-3
Unternehmungen suchen in der Schrumpfung nach einer geeigneten Anpassungsstrategie. Das Buch gibt Anregungen zu einer situationsentsprechenden Gestaltung von Anreiz- und Kontrollsystemen für die Schrumpfung.

Christian Krämer
Marketingstrategien für Produktionsgüter
1993. XXVIII, 503 Seiten, 204 Abb., Broschur DM 128,-
ISBN 3-8244-0163-0
Auf Basis einer Repräsentativbefragung westdeutscher Hersteller lotet das Buch das Spektrum an internationalen, verwenderorientierten, wettbewerbs- und handelsbezogenen Absatzstrategien aus und informiert über aktuelle Markttrends sowie kritische Erfolgsfaktoren.

Thies Wache, Dirk Brammer
Corporate Identity als ganzheitliche Strategie
1993. XXV, 287 Seiten, 46 Abb., 14 Tab., Broschur DM 98,-
ISBN 3-8244-0153-3
Begriffe wie Unternehmensphilosophie und -kultur, Organisationsentwicklung sowie Corporate Design, Corporate Communication und Corporate Behaviour prägen die moderne Managementtheorie und -praxis. Sie werden hier in ein Gesamtkonzept integriert.

Die Bücher erhalten Sie in Ihrer Buchhandlung!
Unser Verlagsverzeichnis können Sie anfordern bei:

Deutscher Universitäts-Verlag
Postfach 30 09 44
51338 Leverkusen